ALISON LAPPER

Ich nehme mein Leben selbst in die Hand

Buch

Von klein auf hat sich Alison Lapper für ihre Behinderung geschämt: Sie kam ohne Arme und mit stark verkürzten Beinen zur Welt. Doch die Einstellung zu ihrem Körper änderte sich dramatisch, als sie die Statue der Venus von Milo sah: Plötzlich wusste sie, dass auch sie schön war. Heute ist Alison Lapper eine bekannte und renommierte Künstlerin – und eines der prominentesten Aktmodelle Englands. Im September 2005 wurde eine riesige Marmorstatue auf dem ehrwürdigen Trafalgar Square in London enthüllt: Alison Lapper, schwanger. Ohne jede Larmoyanz, dafür aber mit hinreißendem Mutterwitz erzählt sie in diesem Buch von der lieblosen Kindheit in einem Behindertenheim, von der schwierigen Beziehung zu ihrer Mutter und von der Mühsal, aber auch von ihrer ungeheuren Willensstärke, den Alltag zu meistern. Sie berichtet von dem Moment, als sie erkennt, dass Kunst das ist, »worin ich wirklich gut bin«. Und sie stellt beglückt fest, welche positive Ausstrahlung sie auf andere hat. Mit siebzehn bezieht sie eine eigene Wohnung, studiert Kunst in Brighton und heiratet einen nicht-behinderten Mann. Doch die Ehe hält nur kurz. Als sie schwanger wird, und ihr Freund sie verlässt, bringt sie das Kind ohne seine Unterstützung zur Welt. Und sie tut dies auf ihre ganz eigene, mutige und lebensbejahende Weise.
Mit ihrer bewegenden Lebensgeschichte verändert Alison Lapper unseren Blick auf Behinderungen von Grund auf – indem sie auf eindringliche Weise zeigt, wie sie mit Optimismus, Lebenslust und Willenskraft alle quälenden Hindernisse überwand und wie es ihr gelang, sich ein erfülltes, glückliches und unabhängiges Leben aufzubauen.

Autoren

Alison Lapper wurde 1965 in Burton-upon-Trend geboren und wuchs in einem Behindertenheim auf. Sie erwarb sich internationales Renomée durch fotografische Selbstporträts. Sie lebt mit ihrem Sohn Parys in Südengland.
Guy Feldman drehte mehr als dreißig Dokumentarfilme, darunter den vielfach ausgezeichneten Fernsehbeitrag »Alison's Baby«, der in mehr als zwanzig Ländern, darunter in Deutschland u. a. in der Sendereihe »37 Grad«, ausgestrahlt wurde.

Alison Lapper

mit Guy Feldman

Ich nehme mein Leben selbst in die Hand

Autobiografie
einer Optimistin

Aus dem Englischen
von Andrea Stumpf
und Gabriele Werbeck

blanvalet

Verlagsgruppe Random House FSC-DEU-0100
Das für dieses Buch verwendete FSC-zertifizierte Papier *Holmen Book Cream*
liefert Holmen Paper, Hallstavik, Schweden.

2. Auflage
Taschenbuchausgabe Juli 2008 bei Blanvalet,
einem Unternehmen der Verlagsgruppe
Random House GmbH, München.
Copyright © 2005 by Verlagsgruppe Random House GmbH
Dieses Buch erschien 2005 als Blanvalet-Hardcover
unter dem Titel »Autobiografie einer Optimistin«
Umschlaggestaltung: HildenDesign, München
Umschlagfoto: © Patrick Lichfield
LW · Herstellung: Heidrun Nawrot
Satz: Uhl + Massopust, Aalen
Druck und Einband: GGP Media GmbH, Pößneck
Printed in Germany
ISBN 978-3-442-36989-8

www.blanvalet.de

Für Parys

Mein Dank gilt Mark Dawkins, der mich inspirierte,
dieses Buch zu schreiben.

Inhalt

Prolog

Ein großer Polizist in einer gelben, reflektierenden Jacke beugte sich zum Fenster auf der Fahrerseite herunter: »Dürfte ich bitte Ihre Einladung sehen?« Ich saß mit meinen Freunden im Fond der Limousine und wartete, während er das Schriftstück aufmerksam durchlas. Wir hatten uns in die lange Schlange von Luxusautos vor den Toren des Buckingham Palace eingereiht – Bentleys, Rolls-Royces, ein paar Limousinen wie die, die ich für diesen Tag gemietet hatte, und die eine oder andere Familienkutsche, die ein wenig fehl am Platz wirkte. Es war ein sonniger Tag im Mai 2003, und ein paar der Leute, die wie wir eine Einladung in den Palast hatten, standen plaudernd auf dem Bürgersteig. Ich sah Admiräle und Generäle in ihren Uniformen, Männer in Cutaways und Frauen, die Kleider trugen, mit denen sie auch beim Royal Ascot nicht aus dem Rahmen gefallen wären. Aber auch Leute aus fernen Ländern waren darunter, die ihre jeweilige Landestracht trugen. Alle wirkten so elegant, dass mich plötzlich Besorgnis überfiel. Mein Kleid stammte aus einem Secondhandladen für Designerkleidung in Arundel. Es war aus in sich gemusterter, weißer Seide und auf meine Maße umgearbeitet worden, dazu trug ich rote Accessoires. Im Laden hatte es sehr schön ausgesehen, aber jetzt fragte ich mich, ob es sich mit den Kleidern der anderen Frauen messen konnte. Ich äußerte meine Bedenken gegenüber meinen Freunden, aber sie waren der einhelligen Meinung, mein Kleid sei wunderbar und stünde mir ausgezeichnet.

Einige Monate zuvor hatte ich ein Schreiben aus dem Buckingham Palace erhalten, in dem mir mitgeteilt wurde, dass ich für meine Verdienste in der Kunst zum Member of the Order of the British Empire ernannt werden sollte. Diese Nachricht traf mich wie ein Blitz aus heiterem Himmel, und entsprechend überrascht war ich. Mein erster Gedanke war, dass mich jemand auf den Arm nehmen wollte. Warum sollten sie ausgerechnet mich ausgesucht haben? Ich rief meinen Freund Peter Hull an, dem vor zehn Jahren diese Ehrung selbst zuteil geworden war. Ich erzählte ihm, dass ich von irgendeinem Witzbold diesen Brief erhalten hätte, und fragte, was ich damit anstellen sollte. Nachdem ich ihm das Schreiben vorgelesen hatte, meinte er, ich solle mir keine Sorgen machen, der Brief käme tatsächlich aus dem Buckingham Palace, er sei echt. Ich legte den Hörer etwas beruhigter auf, war aber noch immer wie benommen. Auch wenn ich keine Ahnung hatte, wer mich nominiert haben könnte oder warum, empfand ich große Dankbarkeit. Man fragte mich in dem Brief, ob ich den Orden annehmen wolle und ob ich bereit sei, ihn am 8. Mai im Buckingham Palace von der Königin in Empfang zu nehmen. Meine Entscheidung war klar. Ich liebe Feierlichkeiten, gleichgültig, welcher Art, und mir fiel kein Anlass ein, der feierlicher sein konnte, als im Buckingham Palace zu erscheinen und von der Königin höchstpersönlich einen Orden zu erhalten. Dann bat man mich noch, Stillschweigen darüber zu bewahren, bis am Neujahrstag die New Year's Honours List mit den Namen aller zu Ehrenden bekannt gegeben wurde. Diese Klausel stellte natürlich die reinste Folter für mich dar, da ich es kaum erwarten konnte, allen davon zu erzählen.

In dem Brief stand, dass ich drei Gäste mitbringen durfte, und ebendiese drei saßen nun gemeinsam mit mir in der großen weißen Limousine. Sue und Jane waren enge Freundinnen von mir, und der dritte Gast war Michael, mein damaliger

Freund. Außerdem war noch ein Kameramann vom dänischen Fernsehen dabei, aber in seiner Gegenwart fühlte ich mich nicht gehemmt, da er mich in den letzten fünf Jahren immer wieder gefilmt hatte.

Wir fünf waren an diesem Morgen die hundert Kilometer von Shoreham, wo ich lebe, hierher gefahren. Die Fahrt hatte lange gedauert, über drei Stunden, aber das hatte unserer guten Laune keinen Abbruch getan. Im Kühlschrank der Limousine warteten einige Flaschen Champagner auf uns, die wir allerdings erst nach der Zeremonie öffnen wollten. Die Vorstellung, beschwipst im Buckingham Palace aufzulaufen und über den roten Teppich zu torkeln, um meinen Orden von der Königin entgegenzunehmen, hielt mich davon ab, es gleich zu tun, auch wenn ich sehr in Versuchung geriet. Bis es so weit war, genossen wir das ganze Drumherum, wozu auch der Luxus gehörte, von einem Chauffeur gefahren zu werden.

Die Fenster der Limousine waren getönt, so dass wir sehen konnten, was in der Welt draußen vor sich ging, aber niemand uns sehen konnte. Als wir durch Croydon fuhren, starrten die Leute dem Auto nach, so als fragten sie sich, welche Berühmtheit darin saß. Wie hätten sie wohl reagiert, wenn ich das Fenster heruntergelassen und sie gegrüßt hätte? Ich glaube, sie wären ziemlich erstaunt gewesen, nicht nur, weil sie mich vermutlich nicht erkannt hätten, sondern auch, weil sie dann gesehen hätten, dass ich keine Arme habe, dass ich behindert bin. Sogar im 21. Jahrhundert wird den Leuten meistens unbehaglich zumute, wenn sie einem Behinderten begegnen. Ich bin überzeugt, wenn sie mich in meinem langen weißen Seidenkleid im Fond der Stretchlimousine gesehen hätten, wäre das doppelt verwirrend und höchstwahrscheinlich auch recht enttäuschend gewesen. Bis auf ein paar bemerkenswerte Ausnahmen – Stephen Hawking, Tanni Gray Thomson und Heather Mills – sind Behinderte einfach nicht berühmt.

Während wir dasaßen und warteten, überlegte sich der Kameramann, dass dies eine gute Gelegenheit für ein paar Außenaufnahmen sei, und verließ den Wagen, um den Buckingham Palace mit unserer Limousine davor zu filmen. Aber kaum hatte er sein Stativ aufgestellt und die ersten Aufnahmen gemacht, als sich die Autoschlange in Bewegung zu setzen begann. Wir mussten alle furchtbar lachen, als er mit seiner Ausrüstung unterm Arm angehastet kam.

In unserer Nervosität hatten wir im Kopf alle möglichen Katastrophenszenarios durchgespielt. Mein Kleid würde reißen. Die Einladung würde sich als Fälschung herausstellen. Es täte ihnen furchtbar Leid, aber es habe da ein Missverständnis gegeben, eine andere Alison Lapper würde den Orden für ihre Verdienste in der Kunst verliehen bekommen. Aber all unsere Nervosität war wie weggeblasen, als wir durch die Palasttore glitten und in den Innenhof fuhren.

Ich war noch nie im Buckingham Palace gewesen. Genauso wenig hatte ich bislang viele Gedanken an die königliche Familie verschwendet oder daran, was sie so machte. Soweit es mich betraf, lebten sie in einer Welt, die meiner so fern war, wie ich es mir nur vorstellen konnte. Sie waren mir immer wie Menschen aus einer längst vergangenen Zeit vorgekommen, die zwar noch unter uns weilten, aber kaum etwas mit normalen Leuten wie mir oder dir zu tun hatten, und zwar weder im Guten noch im Schlechten. Als ich jedoch den hohen Säulengang entlangging und den Palast betrat, begann ich plötzlich etwas von der Geschichte des Königshauses zu empfinden, und auch von der Macht, die der Thron seit Jahrhunderten innehatte. Die riesigen Gemälde an den Wänden und die unglaublich hohen Decken, die sich über mir spannten, betonten den Ernst und die Bedeutsamkeit dieses Anlasses noch mehr. Als ich in dem gedruckten Programm die Liste mit den Namen all derer las, die an diesem Tag geehrt werden sollten, wurde mir klar, dass dies bei den meisten für ihren jahrzehntelangen, hingebungsvollen Dienst an der Öffentlichkeit geschah. Ich will nicht gerade sagen, dass ich mir wie eine Betrügerin vorkam, aber ich empfand auf einmal so etwas wie Demut. Ich begann zu ahnen, welche Ehre mir dadurch zuteil wurde, dass ich hier sein durfte.

Man teilte uns dem Alphabet nach in Gruppen auf und führte uns in die Gemäldegalerie, wo Rembrandts und Canalettos an den Wänden hingen. Der Zeremonienmeister erklärte uns den Ablauf des Geschehens und wie wir uns der Königin gegenüber zu verhalten hätten. Das erste Mal sollten wir sie mit »Eure Majestät« ansprechen, in der Folge genügte ein »Ma'am«. Es war streng verboten, ihr den Rücken zuzukehren, und wenn sie das letzte Wort an uns gerichtet hätte, täte sie das mit einem Händedruck kund oder, in meinem Fall, mit einer Berührung der Schulter. Dann sollten wir uns rückwärts bis zu einem angemessenen Abstand von ihr entfernen.

Man teilte mir einen jungen Mann namens Ian zu, der einer der Pagen der Königin war. Er kümmerte sich in der Gemäldegalerie um mich und wich mir auch nicht von der Seite, als wir uns zu dem Saal begaben, wo die Königin ihres Amtes waltete. Ich fragte ihn, wie lange es dauern würde, bis ich an der Reihe war, und er meinte, etwa vierzig Minuten. Da ich nicht so lange stehen konnte, veranlasste er, dass man mir ganz vorn einen Sitzplatz zuwies, von dem aus ich den Feierlichkeiten zusehen konnte, während er meinen Platz unter den Wartenden einnahm. Er fragte mich, ob er mich begleiten solle, wenn die Reihe an mir war, vor die Königin zu treten, und ich sagte ja, weil es mir furchtbar peinlich gewesen wäre, wenn ich gestürzt wäre, und abgesehen davon hätte mir jemand wieder auf die Beine helfen müssen. Ich war sehr froh über Ians Hilfe, da ich mittlerweile angesichts der Bedeutsamkeit dieses Augenblicks schrecklich nervös war. Darüber hinaus befanden sich vierhundert Leute in dem Saal, die irgendwann alle den Blick auf mich richten würden, was nicht gerade zu meiner Beruhigung beitrug.

Endlich wurde mein Name aufgerufen, und Ian trat gemeinsam mit mir vor. Beim Podium angekommen, begrüßte ich die Queen wie geheißen mit Eure Majestät und verbeugte mich. Sie erklärte, sie würde zu mir kommen und verließ das Podium. Ich meinte, das sei eine gute Idee, weil sie sich sonst ziemlich weit zu mir hätte herunterbeugen müssen. Die Queen lachte und fragte mich über meine Kunst und über Parys aus und erkundigte sich nach meinem nächsten Projekt. Egal, welchen Hintergrund die Leute hatten, sie konnte mit jedem über alles reden. Natürlich wusste ich, dass sie darin jahrzehntelange Übung hatte, aber ich fand es trotzdem sehr beeindruckend.

Sie hat eine kleine Ewigkeit mit mir gesprochen, zumindest kam es mir so vor, aber wahrscheinlich war es nicht länger als eine halbe Minute. Sie befestigte den Orden an dem kleinen Häkchen, das man mir in der Gemäldegalerie ans Kleid gesteckt hatte, und gratulierte mir. Dann bekam ich den angekündigten leichten Klaps auf die Schulter. Ian, der einige Schritte hinter mir gewartet hatte, trat vor, und wir zogen uns beide von der königlichen Hoheit zurück. Als wir am hinteren Ende des Raums angelangt waren, meinte er: »Sehen Sie, Sie sind nicht hingefallen. Im Gegenteil, Sie haben Ihre Sache sogar sehr gut gemacht.«

Ian und ich setzten uns und warteten, bis auch die letzten vierzig Leute ihren Orden in Empfang genommen hatten und die Zeremonie mit dem Abspielen von *God save the Queen* beendet wurde. Ich war das erste und wahrscheinlich auch das letzte Mal von der Hymne gerührt.

Als ich wieder den im hellen Sonnenschein liegenden Innenhof betrat, schwebte ich wie auf Wolken. Das Filmteam der

BBC-Serie *Child of our Time* wartete schon auf mein Erscheinen, um ein Interview mit mir zu machen, und natürlich auch der dänische Kameramann, der mir wie gewohnt auf Schritt und Tritt mit seiner Kamera folgte. Die BBC-Leute wollten wissen, was ich im Moment der Ordensverleihung durch die Queen empfunden hätte, aber sie hatten auch bohrendere Fragen auf Lager, und ich musste fast weinen, als sie sich erkundigten, warum ich Parys nicht mit in den Buckingham Palace genommen hatte. Ich hätte nichts lieber getan als das, aber ich wusste, dass die Zeremonie sehr lange dauern würde, und es wäre ihm sicher langweilig geworden und er hätte zu quengeln begonnen. Deswegen hatte ich ihn zu Hause gelassen.

Nach dem Interview für das dänische Fernsehen ließ ich mich noch von einem der vielen offiziellen Fotografen im Hof fotografieren. Unmittelbar neben mir hatte sich der Schauspieler Edward Fox mit Familie für die Fotografen in Pose gestellt. Ich sonnte mich ganz ungeniert im Glanz des Ereignisses und hatte überhaupt keine Lust, mich von dort wegzubewegen. Ian gesellte sich zu uns, und wir unterhielten uns ein bisschen. Er klärte mich über den Unterschied zwischen einem Pagen und einem Lakaien auf und über die Hierarchie und verschiedene Seiten des Lebens im Palast aus der Sicht der Bediensteten. Vollkommen fasziniert hörte ich ihm zu, da ich bis zu diesem Tag keine Ahnung von solchen Dingen gehabt hatte. Das Ganze war wie ein Rausch. Ich war umgeben von berühmten und bedeutenden Menschen und fühlte mich ihnen irgendwie zugehörig. Und die siebzehn Jahre, die ich in einer staatlichen Behinderteneinrichtung zugebracht hatte, schienen mit einem Mal in ferner Vergangenheit zu liegen.

Wir lungerten also so lange wie möglich im Innenhof des Buckingham Palace herum. Es war bereits drei Uhr, als wir schließlich auf der Pall Mall entlangfuhren und mit der ersten Flasche Champagner anstießen. Beim letzten Schluck aus unseren Gläsern bog der Fahrer in die kleine Sackgasse ein, die vom Strand abgeht und in der das Savoy liegt. Ich hatte dort einen Tisch für uns reserviert, um dafür zu sorgen, dass dieser Tag uns allen unauslöschlich im Gedächtnis blieb. Der Service war erstklassig. Noch bevor ich einen Wunsch aussprechen konnte, stand schon ein Kellner an meiner Seite, um ihn mir zu erfüllen. Das Essen sah wunderbar aus und schmeckte hervorragend. Und dann kamen auch noch zwei der Pagen, mit denen ich mich vorher schon unterhalten hatte, von einem der Nachbartische zu uns herüber, und wir plauderten ein wenig. Sie hatten Prinz Philip auf einer Kreuzfahrt mit der königlichen Jacht *Britannia* begleitet und wussten einige amüsante Geschichten zu erzählen. Wir alle waren noch immer wie berauscht von der Zeremonie, es war einfach wunderbar.

Als wir uns zurück zu unserer Limousine begaben, um die Heimfahrt anzutreten, wurde es bereits dunkel. Wir öffneten eine neue Flasche Champagner und plauderten über die Ereignisse des Tages, aber irgendwann versiegte das Gespräch, und eine Weile sagte keiner mehr etwas, während der Wagen durch die Außenbezirke von London glitt. Ich dachte über den Orden nach, der noch immer an meinem Kleid befestigt war, und versuchte, das Geschehen von einem neutraleren Standpunkt aus zu betrachten. Einerseits begriff ich die Ehrung natürlich als etwas, das mir persönlich zuteil wurde. Aber gleichzeitig glaubte ich, dass sie allen Behinderten auf der ganzen Welt galt. Wir sind eine benachteiligte Gruppe in der Gesellschaft, mit der viele Leute Probleme haben. Für die meisten stellen wir eine unangenehme Störung dar, und für gewöhnlich entscheiden sie sich dafür, uns zu ignorieren. Die übliche Art, mit uns umzugehen. Es gibt diesen Spruch, dem zufolge man Kinder sehen, aber nicht hören sollte. Ich denke, insgeheim herrscht bezüglich Behinderter eine ähnliche Einstellung: dass man sie nämlich weder sehen noch hören sollte. Und viele Behinderte führen ein entsprechendes Leben. Sie geben dem Druck nach, dem Starren, den unduldsamen Blicken, den ablehnenden Gesichtern.

Auch ich habe diesen Druck gespürt, aber aus einem mir selbst unerklärlichen Grund habe ich nie zugelassen, dass er allzu großen Einfluss auf mich und mein Leben ausübt. Mich hat immer die Idee beherrscht, dass mein Leben genauso erfüllt sein kann wie das der anderen, egal, wie meine Umwelt dazu steht. Im Gegenteil, immer dann, wenn mir jemand erklärte, ich könne irgendetwas nicht tun, spornte mich das umso mehr an zu beweisen, dass er Unrecht hatte. Mir war allerdings immer klar, dass ich mehr als die Nichtbehinderten tun musste, wollte ich meine Ziele erreichen. Und eines der größten Hindernisse auf diesem Weg waren deren Vorurteile und ihre beschränkte Sicht im Hinblick auf das, was ich erreichen konnte.

Es lässt sich natürlich leicht darüber klagen, dass Behinderte diskriminiert werden und dass unsere Gesellschaft sie vernachlässigt. Vereinzelt kann man Veränderungen feststellen, und ganz langsam verbessert sich die Lage auch insgesamt, aber die Möglichkeiten von Behinderten bleiben überall in Großbritannien weit hinter dem europäischen Durchschnitt zurück, und die Diskriminierung durch öffentliche Stellen gehört nach wie vor zum Alltag Behinderter. In Großbritannien gibt es beispielsweise sehr viel weniger behinderte Ärzte als in anderen Ländern Europas. Aber solange Menschen mit Behinderungen wie ich nicht bereit sind, darüber zu reden, was es bedeutet, ein solches Leben zu führen, wird die übrige Bevölkerung niemals verstehen, mit welchen Schwierigkeiten wir zu kämpfen haben. Wie kann ich den Leuten vorwerfen, dass sie keine Ahnung von Behinderung haben, und mich gleichzeitig weigern, ihnen irgendetwas über mein Leben zu erzählen? Es war an diesem

Tag im Buckingham Palace, als ich zu dem Schluss kam, dass ich die Dinge, für die ich mehr Verständnis erreichen will, am besten erklären kann, indem ich meine Lebensgeschichte erzähle.

1

Es ist ein Mädchen, Mrs. Lapper

Es war der 8. April 1965, ein Tag nach meiner Geburt. Meine Mutter lag allein in einem kleinen Zimmer des Krankenhauses in Burton-upon-Trent. Sie hatte starke Beruhigungsmittel erhalten und war ziemlich benommen. Sie wusste nur noch, dass sie zur Geburt ins Krankenhaus gebracht worden war, weil sich das Kind in Steißlage befunden hatte. Es war alles furchtbar schnell gegangen. Jetzt lag sie da und fühlte sich sehr matt und von den vielen Beruhigungsmitteln völlig benebelt. Alle Erinnerungen an die Geburt waren wie ausgelöscht – sie wusste von dem Moment an nichts mehr, als sie ihr die Narkose verabreicht hatten. Sie konnte sich allerdings noch daran erinnern, dass sie ins Krankenhaus gekommen war, um ihr Kind zur Welt zu bringen. Wo war das Baby jetzt? Warum hatte man es ihr nicht gebracht, damit sie es sehen konnte? Es war niemand da, den sie hätte fragen können, und nach einer Weile dämmerte sie wieder weg.

Meine Mutter stammt aus einer Arbeiterfamilie aus Birmingham. Sie heiratete Gordon Lapper, und die beiden bekamen eine Tochter, Vanessa, die acht Jahre alt war, als ich das Licht der Welt erblickte. Die Ehe war nicht glücklich. Offensichtlich mochte Gordon keine Kinder, und da Vanessa der Liebling meiner Mutter war, hatte sie sich entschlossen, ihn zu verlassen und zu ihren Eltern zurückzukehren. Als ich meine Mutter später fragte, wie es eigentlich zu meiner Zeugung gekommen war, sagte sie mir, dass sie und ihr Mann um Vanessas willen einen letzten Versuch zur Rettung ihrer Ehe unternommen hätten. Sie merkte zwar bald, dass das Ganze doch keinen Sinn mehr hatte, aber da war sie bereits schwanger mit mir. So lautet zumindest die Geschichte, die sie mir erzählte. Ich weiß nicht, ob meine Eltern schon geschieden waren, als sie schwanger wurde. Jedenfalls stand die Schwangerschaft von vornherein unter keinem guten Stern, und meine Mutter beschloss, sich nicht dem hässlichen Tratsch in der Nachbarschaft auszusetzen, und zog die letzten paar Monate vor meiner Geburt zu ihrer Freundin Sylvia nach Tamworth. Sie wollte das Kind im Haus von Sylvia zur Welt bringen und dann mit ihm zu ihren Eltern ziehen, wo es zusammen mit Vanessa aufwachsen sollte. Das war zumindest ihr Plan.

Die Schwangerschaft verlief normal und ohne jede Komplikation. Meine Großeltern kümmerten sich um Vanessa, während meine Mutter Veronica den Aufenthalt bei ihrer besten Freundin genoss. Die letzten drei Wochen vor der Geburt schleppten sich hin, aber schließlich war es so weit. Die Wehen setzten ein, und Sylvia rief die Hebamme, die sofort kam und meine Mutter untersuchte. Die Fruchtblase war geplatzt, und die Wehen kamen in regelmäßigen Abständen, allerdings stellte die Hebamme fest, dass sich das Kind in Steißlage befand. Das war alles, was sie meiner Mutter zu diesem Zeitpunkt sagte, aber ich vermute, sie wusste, dass es noch andere Probleme gab. Damals sprachen Ärzte und Schwestern mit Patienten weniger offen als heute und hielten sich mit Erklärungen zurück. Die Hebamme teilte meiner Mutter mit, dass es unter diesen Umständen zu riskant sei, das Kind zu Hause zur Welt zu bringen, und ließ einen Krankenwagen kommen, der meine Mutter zu dem Krankenhaus in Burton-upon-Trent brachte, wo man Erfahrungen mit Risikogeburten hatte.

Sie konnte die Geräusche des Krankenhausbetriebs durch ihre Tür hören, und ein paarmal kam eine Krankenschwester, um nach dem Rechten zu sehen, aber keiner sagte etwas zu ihr, man ließ sie nur jedes Mal eine weitere Beruhigungstablette schlucken. Später am Tag betrat eine Putzfrau das Zimmer, um aufzuräumen und den Boden zu wischen. Als sie zu meiner Mutter sah, bemerkte sie, dass sie wach im Bett lag. Sie gehörte zu der Sorte geschwätziger Frauen, denen man häufig unter dem Hilfspersonal eines Krankenhauses begegnet.

»Hören Sie das Geschrei da draußen? Das ist ein Kind, das heute erst zur Welt gekommen ist. Fürchterliche Geschichte. Keine Arme und keine Beine und übers ganze Gesicht ein riesiges rotes Mal. Die Kleine sieht schrecklich aus. Die Schwestern meinen, dass sie entweder in ein, zwei Tagen stirbt oder ihr ganzes Leben lang eine verkrüppelte Idiotin bleibt. Ein richtiges kleines Monster, das kann ich Ihnen sagen. Ich hab mitbekommen, wie eine der Schwestern von ihr geredet hat. Alle rennen kopflos herum und wissen nicht, was sie tun sollen. Die Ärzte auch nicht. Ich schätze mal, sie warten darauf, dass sie stirbt.«

Dieses Kind war natürlich ich, aber das wusste meine Mutter nicht. Sie hatte Mitleid mit dem armen Neugeborenen auf der Entbindungsstation. Sie fragte sich, wo seine Mutter war und wie sie das Geschrei aushalten sollte. Die Putzfrau war bald darauf mit ihrer Arbeit fertig, verließ das Zimmer und schloss leise die Tür hinter sich. Meine Mutter lag benommen da, hörte das ferne, aber unablässige Schreien und stellte sich hin und wieder die Frage, wo ihr eigenes Kind wohl war.

Am nächsten Tag kam eine Krankenschwester herein, die besorgt aussah und den Eindruck erweckte, als sei ihr ganz und gar nicht wohl in ihrer Haut. Man hatte ihr die Aufgabe übertragen, meine Mutter über den Zustand ihres Kindes in

Kenntnis zu setzen. Ich frage mich, warum man gerade sie als Überbringerin der traurigen Botschaft auserkoren hatte. Sie kam ohne Umschweife zur Sache und erklärte meiner Mutter, das Kind, das sie zur Welt gebracht hatte, lebe, es habe jedoch schwere Missbildungen und würde möglicherweise nur ein paar Tage überleben. Und wenn es überleben würde, wäre es mit größter Wahrscheinlichkeit schwachsinnig. Ich weiß nicht, ob sie tatsächlich das Wort schwachsinnig gebrauchte, daran erinnert sich jedenfalls meine Mutter. Die Schwester fügte hinzu, dass es für meine Mutter wahrscheinlich das Beste wäre, wenn sie ihr Kind im Moment noch nicht zu Gesicht bekäme.

Meine Mutter zeigte keinerlei Regung. Sie hatte die Worte der Schwester vernommen, ohne sie wirklich zu verstehen. Was ihr die Schwester gesagt hatte, war schrecklich, unfassbar. Wie stark missgebildet? Sie dachte, dass es ziemlich schlimm sein musste, wenn das Kind jeden Tag sterben konnte. Dann setzte der Schock ein, als ihr klar wurde, warum man ihr nicht erlaubt hatte, ihr Kind zu sehen. Und schließlich stellte sich Scham und ein schlechtes Gewissen ein. Hundert Gedanken schossen ihr gleichzeitig durch den Kopf, einer schrecklicher als der andere. »Was werden nur die Nachbarn denken?« und »Warum gerade ich?« Wie sollte sie bloß damit fertig werden? Vom Krankenhaus kam niemand, der sie beriet, Mitgefühl zeigte, ihre Hand hielt oder auch nur eine Zeit lang an ihrem Bett saß. Ich denke, die Leute im Krankenhaus, angefangen bei den Ärzten bis hin zu den Reinigungskräften, waren alle entsetzt über meinen Zustand. Es muss schlimm für meine Mutter gewesen sein, dass keiner sich die Zeit nahm, sie zu trösten.

Meine Mutter lag in ihrem Bett und versank nach und nach in einer tiefen Depression. Sie hatte nur noch einen Gedanken: das Krankenhaus verlassen und nach Hause gehen. Als sie an diesem Nachmittag wieder etwas klarer im Kopf war, suchte sie ihre Kleidung zusammen, zog sich an und schlüpfte mit ihrer kleinen Reisetasche in der Hand aus dem Zimmer. Sie schaffte es allerdings nur ein paar Meter den Korridor hinunter, als sie auch schon von einer der Schwestern entdeckt wurde, die sie abfing und sofort nach Unterstützung rief. Auf ihr Klingeln hin kamen zwei Hilfsschwestern aus der Entbindungsstation angerannt, und zu dritt schafften sie sie zurück ins Bett. Die Stationsschwester wurde gerufen. Ohne ein Wort packte sie sämtliche Kleider meiner Mutter in eine Tasche und nahm sie mit. Die Tür sperrte sie hinter sich zu.

Einige Stunden später hörte meine Mutter, wie sich ein Schlüssel im Schloss drehte. Die Tür öffnete sich, und ein Mitarbeiter der Krankenhausverwaltung betrat das Zimmer. Mit unfreundlicher, ernster Miene hielt er ihr einen Vortrag über ihre rechtliche Situation und ihre Pflichten. Er schloss mit der Erklärung, wenn sie noch einmal versuchen sollte, das Krankenhaus zu verlassen, brächte man sie zur Polizei und ließe sie einsperren. Sie war überzeugt, dass er jedes Wort ernst meinte.

Zwei weitere Tage vergingen, in denen meine Mutter ständig unter Beruhigungsmitteln stand. Ich bin überzeugt, dass die Krankenhausleitung nicht wusste, was sie tun sollten. Vielleicht warteten sie darauf, dass ich sterben würde, was sie einer Entscheidung enthoben hätte. Aber ich starb nicht.

Am Karfreitag schloss wieder einmal eine Schwester die Tür zum Zimmer meiner Mutter auf und trat mit einem Klemmbrett in der Hand an ihr Bett.

»Mrs. Lapper, wir glauben nicht, dass Ihre Tochter noch länger als ein oder zwei Tage lebt. Wir müssen ihr daher einen Namen geben – für die Geburtsurkunde. Haben Sie schon einen Namen ausgesucht?«

»Alison«, antwortete meine Mutter.

Ich bekam nur einen Vornamen. Ich war Alison Lapper, und

fertig. Als sie noch mit mir schwanger gewesen war, hatte meine Mutter mich Francesca nennen wollen, aber als sie jetzt nach einem Namen gefragt wurde, fiel ihr nur Alison ein. Warum, wusste sie nicht.

Meine Mutter wurde noch am selben Tag aus dem Krankenhaus entlassen, und ihre Eltern nahmen sie mit zu sich nach Hause. Sie war wie gelähmt und verbrachte Tag um Tag damit, in tiefes Schweigen versunken in einem Sessel im Wohnzimmer zu sitzen. Eines Morgens kam ihr Vater mit einem Blumenstrauß zu ihr, um sie aufzumuntern. Er stellte ihn in eine Vase neben ihrem Sessel und setzte sich zu ihr.

»Wenn du nur mit uns sprechen würdest, Liebes. Sag doch was«, bat er.

Aber sie antwortete nicht. Ihre Mutter kümmerte sich zwar auch um sie, aber sie verfuhr sehr viel härter mit ihr als ihr Vater. Vielleicht hatte es etwas damit zu tun, dass sie sehr altmodisch war und fand, man müsse sich unter allen Umständen zusammenreißen und dürfe sich durch nichts aus der Bahn werfen lassen. Was geschehen war, war geschehen, und es hatte keinen Sinn, darüber zu klagen. Meine Mutter gibt zu, dass auch sie diese Härte an sich feststellt.

Etwa eine Woche später fand man, sie hätte sich so weit erholt, dass man sie zur Untersuchung zu ihrem Frauenarzt bringen konnte. Nachdem der Arzt sie untersucht hatte – sie litt an einer Entzündung, weil die Wunde im Krankenhaus schlecht versorgt worden war –, brachte sie den Mut auf, sich nach mir zu erkundigen. Er redete nicht lange um den heißen Brei herum.

Er erklärte ihr, es sei das Beste für mich, wenn man sich in einer staatlichen Einrichtung um mich kümmern würde, und dass sie einfach nicht mehr an mich denken solle. Dasselbe sagte er meinen Großeltern, und von diesem Zeitpunkt an wurde ich in der Familie kaum jemals erwähnt. Als sie völlig wiederhergestellt war, nahm meine Mutter ihre Arbeit in der Montageabteilung bei einer Zulieferfirma für Autoteile wieder auf und verbannte mich vollständig aus ihren Gedanken. Ich war nicht länger ein Teil ihres Lebens.

Als ich später davon erfuhr, regte ich mich fürchterlich auf und wurde wütend, aber ich habe ihr nie Vorwürfe gemacht. Ich kann verstehen, warum sie so reagierte, vor allem, wenn ich bedenke, wie man im Krankenhaus mit ihr umging. Stellen Sie sich vor, Ihnen würde gesagt, Ihr Kind sei missgebildet, möglicherweise geistig schwer behindert, und Sie sollten es besser schnell taufen lassen, bevor es stirbt. Ich bin mir sicher, dass man es damals für eine furchtbare Sache hielt, ein Kind mit fehlenden Gliedmaßen zur Welt zu bringen, dass es etwas war, wofür man sich schämte. Es gab auch Leute, die es als eine Strafe Gottes betrachteten, und diese Überzeugung ist in manchen Teilen der Bevölkerung noch immer sehr verbreitet. Andere wiederum, zu denen vielleicht auch die Schwestern und Ärzte gehörten, hielten es für einen schrecklichen Fehlgriff der Natur, eine Katastrophe, der durch keine medizinische Maßnahme abzuhelfen war. Dass irgendjemand meinem Dasein in der Welt etwas Positives hätte abgewinnen können, war kaum denkbar.

Aber da war ich nun. Alison Lapper, eine Woche alt. Ohne Arme. Und meine Beine hatten keine Knie, nur die Oberschenkelknochen, die in den Füßen endeten, mit denen auch irgendetwas nicht stimmte. Ich sah aus wie ein Contergankind, aber tatsächlich litt ich unter Phokomelie. Im Lexikon der Medizin steht dazu:

»Fehlbildung mit flossenartigem Sitz der Hände bzw. Füße am Schulter- bzw. Hüftgelenk; gestörte Entwicklung oder Fehlen der Röhrenknochen, sog. Robbengliedrigkeit.«

Niemand kannte die Ursache dafür, aber da ich den früheren Conterganfällen sehr ähnlich sah, gingen die meisten Leute davon aus, dass ich einer davon war. Man stufte mich als schwerbehindert ein. Ich hasse dieses Wort, aber dieses Etikett hing mir die nächsten neunzehn Jahre an.

2

Trautes Heim

Die Behörden gelangten zu dem Schluss, dass es für alle Beteiligten das Beste sei, wenn ich in ein Heim käme. Man wählte eines im Südosten Englands für mich aus, in dem allerdings gerade die Windpocken ausgebrochen waren, und denen wollte man ein sieben Tage altes Baby nicht aussetzen. Deshalb brachte man mich zunächst in einem Altersheim unter, und mit knapp sieben Wochen wurde ich in das Kinderheim verfrachtet, das während meiner ganzen Kindheit mein Zuhause war.

1965 herrschte die Überzeugung, dass behinderte Kinder nicht zu Hause bei ihren Eltern leben sollten. Es war besser, wenn man sie irgendwo unterbrachte, wo man ihnen die angemessene Pflege zuteil werden lassen konnte, denn Eltern, die ihre Kinder bei sich behalten wollten, erhielten nur wenig Hilfe von staatlicher Seite. Aber im Grunde brauchten unsere Eltern mehr Hilfe als wir oder zumindest ebenso viel. Und die bekamen sie nicht. Und auch keinerlei Beratung, nur Schweigen.

Mein neues Zuhause, hielt man europaweit für das beste Heim für Kinder mit Körperbehinderungen. Sie kümmerten sich dort zwar auch um geistig Behinderte, aber auf Körperbehinderte waren sie spezialisiert. Ich weiß nicht, warum man geistig behinderte und körperbehinderte Kinder so oft in denselben Einrichtungen zusammensteckt. Den Leuten fällt es offenbar schwer, zwischen den beiden Formen von Behinderung zu unterscheiden. Jedenfalls waren die Schwestern stets überrascht, dass ich sprach und malte wie ein gesundes Kind und auch sonst alle Zeichen einer normal entwickelten Intelligenz zeigte.

Da waren wir also, ungefähr zweihundertfünfzig Kinder mit den verschiedensten Behinderungen: Thalidomid-Embryopathie und Spina bifida, zerebrale Kinderlähmung, Gliedmaßenfehlbildungen, Geistesschwächen und andere Arten von Beeinträchtigungen, alle in einer riesigen Einrichtung zusammengepfercht. Die Angestellten bezeichneten uns als »seltsame kleine Wesen« und taten ihr Bestes, mit uns in einer Situation fertig zu werden, für die man sich im Grunde auf nahezu keine Erfahrungen stützen konnte. Schwester Shepherd, eine mitfühlende, mütterliche Frau, die zu den wenigen Erwachsenen gehörte, denen ich vertraute, sagte einmal zu mir: »Wir wussten nicht, was wir mit dir anstellen sollten. Du konntest nicht sitzen, du konntest nicht stehen, … du … du konntest rein gar nichts.«

Das Personal verwandte viel Zeit und Kraft darauf, unsere Grundbedürfnisse zu befriedigen: uns zu füttern, sauber zu machen, Ordnung zu halten – und uns dabei ständig zu gängeln und zu bevormunden. Unser Leben fand in einem großen, in sich geschlossenen Komplex von Gebäuden statt, und jedes dieser Gebäude erschien uns riesig. Eines davon unterschied sich von allen anderen Gebäuden auf dem Gelände und sah mit seinen langen Kreuzgängen und dem hohen hellen Mauerwerk aus wie ein Benediktinerkloster. Ich fragte mich immer, was man mit solch einem Gebäude bezwecken wollte. Sollten wir später alle Mönche und Nonnen werden?

Im Rückblick betrachtet, glaube ich, dass darin, wie in vielen anderen Einrichtungen dieser Art, eine bestimmte Haltung zum Ausdruck kam. Den Leuten fiel es schwer, uns zu akzeptieren. Mit unseren fehlenden Gliedmaßen und verdrehten Körpern sahen wir, gemessen an der Norm, zu fremdartig, zu anders aus. Und einige glaubten, dass unser Zustand eine

Art Strafe Gottes sein musste. In ihrem tiefsten Inneren waren sie überzeugt, dass wir irgendwie Schuld auf uns geladen hatten, und um das zu kompensieren, mussten wir nun übermäßig gut sein, fast schon heilig. Vielleicht hatte man also eine solch klösterliche Architektur gewählt, um uns auf dem Weg dorthin zu helfen. Falls das die Absicht gewesen sein sollte – nun, dann hat es bei mir jedenfalls nicht geklappt.

Die Schwestern waren altmodisch und äußerst streng, sie trugen blaue Kleider und darüber lange, weite dunkelblaue Umhänge, die von gekreuzten breiten roten Bändern gehalten wurden. Darüber hinaus hatten sie gestärkte Hauben, die wie kleine, viereckige Schachteln aussahen, und weiße Schürzen, die sie an den Kleidern feststeckten. Ich erinnere mich noch an das Rascheln ihrer steifen Tracht, wenn sie uns Säuglinge und Kleinkinder in riesigen gefederten Kinderwägen, die aus einem anderen Jahrhundert zu stammen schienen, herumfuhren, oft vier Kinder in einem Wagen.

Wir waren je nach Alter in verschiedenen Gebäuden untergebracht. Als Baby war ich in der Säuglingsstation, an die ich überhaupt keine Erinnerungen mehr habe. Mit sechs Monaten brachte man mich in ein anderes Haus, wo ich blieb, bis ich achtzehn Monate alt war. Abgesehen von dem Geruch kann ich mich auch an diese Zeit nicht erinnern, aber hier muss ich das erste Mal Schwester Shepherd begegnet sein, die ausschließlich im Peck gearbeitet hat. Danach kam ich in den Alban-Block Nummer eins, wo ich bis zu meinem dritten Lebensjahr blieb. Die nächste Station war der Alban-Block Nummer zwei, wie er origineller Weise hieß. Er bestand aus mehreren lang gestreckten, roten Backsteingebäuden, an deren Längsseiten sich Terrassentüren mit Metallrahmen befanden. Die Innenräume waren weiß oder blassgrün gestrichen, und der Boden bestand aus nacktem Beton, der nur vereinzelt mit Linoleum ausgelegt war. In allen Gebäuden roch es nach Desinfektionsmittel und verkochtem Kohl, nur im Peck roch es anders. Hier herrschte ein süßlicher Babygeruch vor, der sich in den ganzen siebzehn Jahren, die ich dort lebte, nicht verlor. Jedes Mal wenn ich in das Heim zurückkehre, vermittelt der Geruch mir ein Gefühl von Wärme und Geborgenheit.

Es mochte angenehm und süß riechen, aber die Schwestern dort waren sehr streng mit den Kindern. Als ich Jahre später, nachdem ich ausgezogen war, wieder einmal dorthin kam, weil ich Schwester Shepherd besuchen wollte, beschloss ich, mir auf dem Weg zu ihr kurz die Babys in ihren Kinderbettchen anzusehen. Alle schliefen friedlich. Dann fing eines der Kinder an zu schreien. Ich wusste nicht, was ich tun sollte, und stand hilflos herum, als eine Hilfsschwester kam, um zu sehen, was los war. Sie wollte das Kleine gerade aus seinem Bettchen nehmen und in den Armen wiegen, als die Oberschwester durch die Tür des Kinderzimmers stürmte und brüllte: »Legen Sie das Kind sofort wieder hin! Es gibt keinen Grund, die Kinder aus den Betten zu holen. Sie brauchen nicht in die Arme genommen zu werden!« Das klang so, als wäre das Aufnehmen und Wiegen eines schreienden Babys gleichbedeutend mit der Verabreichung einer gefährlichen Droge. Was für eine rückständige Denkweise, so als erlitte ein Kind durch eine Umarmung einen bleibenden Schaden. Nun, genau diese Einstellung herrschte hier, auch wenn sich nicht alle Schwestern so verhielten.

Ich glaube, mit ein, zwei Jahren wurde uns allen irgendwie klar, dass uns unsere Eltern verlassen hatten, und wir trugen unterschiedlich schwere Traumata davon. Die Vorstellung, verlassen worden zu sein, saß bei uns allen tief und hatte einen ungeheuer großen Einfluss auf unser Gefühlsleben. Wir hatten alle von dem Jungen gehört, den seine Eltern hier zurückgelassen hatten, als er zwei Jahre alt war. Sie hatten ihn ins Kinderheim gebracht und ihm vor ihrer Abfahrt erklärt, dass sie in einigen Wochen wiederkämen, dass es nicht lange dauern würde. Der Kleine vermisste seine Eltern natürlich ganz fürchterlich und konnte es kaum erwarten, dass sie kamen und ihn besuchten. Und wie versprochen kamen sie tatsächlich, erst ein Wochenende, dann ein zweites. Am Ende ihres zweiten Besuchs küssten sie ihren Sohn zum Abschied und umarmten ihn kurz, und dann fuhren sie durch das Tor und waren fortan nicht mehr gesehen. Sie kamen offensichtlich mit seiner Missbildung nicht zurecht. Die Behörden ließen nach ihnen suchen, aber ohne Erfolg, der kleine Junge sah seine Eltern nie wieder. Die meisten von uns fühlten sich mehr oder weniger genauso wie dieser Junge. Einige Kinder wurden von ihren Eltern zwar gelegentlich besucht, aber das waren nicht unbedingt immer glückliche Begegnungen. So brach eine Mutter stets in Tränen aus, wenn sie ihre Tochter wiedersah.

Jedenfalls wussten wir genau, selbst wenn einer von uns Besuch von seinen Eltern oder anderen Verwandten erhielt, dauerte er nur ein paar Tage, und dann wurden wir wieder verlassen. Und keiner von uns konnte verstehen, warum das so war. Bestimmt erklärten einige der Eltern ihren Kindern, dass es das Beste für sie war, wenn sie hier lebten, wo sie die beste Hilfe von den besten Pflegekräften bekämen, die sehr klug und erfahren waren und sehr viel genauer als ihre Mum und ihr Dad wussten, was gut für sie war.

Für uns bedeutete das allerdings letztendlich nur, dass wir nicht in der Geborgenheit eines elterlichen Heims aufwuchsen. Und wir wussten sehr wohl, dass wir in einer völlig anderen Art von Heim lebten, das überhaupt nichts Heimeliges hatte und in dem es keine Eltern gab. Stattdessen gab es hier Menschen, die wir Oberschwester Jones, Frau Direktor Smith und Schwester Shepherd nannten – das Personal eben.

Man hatte dem Pflegepersonal erklärt, dass es nicht ratsam sei, eine zu enge Beziehung zu den Kindern aufzubauen, was unter anderem dazu führte, dass sie nicht besonders liebevoll und zärtlich mit uns umgingen. Ich mache ihnen daraus keinen Vorwurf, da es der offiziellen Linie entsprach. Man dachte, dass es am besten für alle Beteiligten wäre, jedes Verhalten zu vermeiden, das zu irgendeiner Art emotionaler Bindung führen könnte. Aber wir waren nun einmal kleine Kinder, die sich verzweifelt nach der Liebe eines Erwachsenen sehnten. Untersuchungen haben gezeigt, dass dies ein natürliches und lebenswichtiges Bedürfnis ist, aber an höherer Stelle sah man das anders.

Nur zu der reizenden und altmodischen Schwester Shepherd entwickelte ich eine engere Bindung. Ich weiß nicht, wie lange es dauerte, aber irgendwann begriff ich, dass sie tatsächlich um mein Wohlergehen besorgt war und mir so viel Zuneigung und Aufmerksamkeit zukommen ließ, wie ihr möglich war und wie es die hausinternen Regeln erlaubten. Sie war nicht weniger streng als viele andere Schwestern und auch auf die Erfüllung ihrer Pflichten als Schwester bedacht, wie es ihre Berufsehre verlangte. Für sie war ihre Arbeit eine Berufung, nicht nur ein Job. Aber gleichzeitig konnte sie auch warmherzig und fröhlich sein. Ich spürte, dass sie für mich da war und auf mich aufpasste. Sie behandelte mich wie ein menschliches Wesen, das dieselben Empfindungen und denselben Wert hatte wie jedes andere menschliche Wesen, selbst wenn ich einmal ungezogen oder launisch war. Die Beziehung, die wir entwickelten, hielt während der ganzen Zeit an, die ich dort verbrachte, und sie ist nach wie vor sehr eng. Wenn ich so zurückblicke, frage ich mich, wie es mir ergangen wäre, wenn ich in diesen allerersten Jahren nicht ihre Unterstützung und Liebe erfahren hätte.

Da es dem Personal verboten war, eine engere Beziehung zu uns Kindern zu entwickeln – vielleicht hatten die Leute auch keine Lust dazu –, wendeten wir uns auf der Suche nach

Zuneigung uns gegenseitig zu. Schon als ich noch sehr klein war, freundete ich mich mit einem Jungen, den ich Phil nennen möchte, an. Er wurde mein erster richtiger Freund. Die Schwestern, die uns damals kannten, erzählten mir später, dass wir unzertrennlich gewesen seien. Ich erinnere mich nur noch daran, dass er zu dieser Zeit der wichtigste Mensch in meinem Leben war.

Bevor ich zur Schule ging, hatte mein Leben im Wesentlichen zwei Aspekte. Da war zum einen die häusliche Seite: essen, schlafen, waschen und spielen. Und dann gab es noch die medizinische Seite, das heißt, wir wurden untersucht, beobachtet, fotografiert und von verschiedenen Ärzten, die regelmäßig zur Visite kamen, begutachtet. Eine Schwester betrat den Schlafsaal, konsultierte die Liste auf ihrem Klemmbrett und rief einzelne Namen auf. Die auserwählte Gruppe wackelte dann auf unsicheren Beinen nach draußen, wo eine Art Handkarren auf sie wartete. Er sah ein bisschen wie ein kleiner Traktoranhänger aus und hatte sehr hohe Seitenteile und kein Dach. Wenn man da drin saß und die hintere Klappe geschlossen war, konnte man nicht hinaussehen. Natürlich gab es keine Sicherheitsgurte oder andere Halterungen, und wir kullerten regelrecht herum, wenn die Hilfsschwestern uns zur Krankenstation fuhren.

Dort angekommen, half mir eine Krankenschwester auf einen Untersuchungstisch, auf dem ich dann nackt, manchmal vielleicht noch in meinem Höschen, lag, während zehn oder fünfzehn Ärzte sich um mich herum im Kreis aufstellten. Dann kniffen sie in einen Teil meines Körpers, zogen an einem anderen, oder sie nahmen meinen Fuß und drehten ihn in alle Richtungen, während sie die ganze Zeit über in dieser Medizinersprache miteinander redeten, die kein Mensch, der nicht selbst Arzt ist, versteht. Manchmal machten sie auch Fotos. Sie sprachen mich nur selten direkt an, und ich spürte, dass ich für sie ein Objekt war, an dem sie ihre Wissbegier befriedigten, nichts weiter. Und selbst mit meinen vier Jahren empfand ich die Situation als unangenehm und fühlte mich vollkommen ausgeliefert. Zweifellos betrachteten sie mich mit einem distanzierten, rein wissenschaftlichen Interesse, aber etwas Merkwürdiges hatte es doch. Selbstverständlich fragte uns nie jemand um Erlaubnis. Wir waren einfach nicht menschlich genug, um gefragt zu werden, ob es uns vielleicht etwas ausmachte, vor einer Gruppe älterer Männer nackt auf einem Tisch zu liegen.

Das medizinische Personal war fortwährend damit beschäftigt, dafür zu sorgen, dass wir besser funktionierten oder besser aussahen. Für die Ärzte bedeutete das in den meisten Fällen, dass sie uns operierten. Eine meiner frühesten Erinnerungen ist, wie Phil im Alter von zweieinhalb Jahren von einer Operation an seiner Hand zurückkam. Die Stationsschwester wusste, dass wir miteinander befreundet waren, und als ich immer wieder fragte, wo Phil sei, gab sie schließlich nach und erlaubte mir, ihn im Wachzimmer zu besuchen.

Er lag ganz still in einem metallenen Kinderbett mit hohen Seitenteilen. Sein Arm lag in einer Schlinge, und langsam sickerte Blut durch den weißen Verband, den sie ihm nach der Operation angelegt hatten. Er hatte Schmerzen und weinte. Von nun an besuchte ich ihn jeden Tag, und jeden Tag weinte er. Er sah vollkommen hilflos aus, was er ja auch war. Und ich erinnere mich, dass ich an seinem Bett stand und mich ebenso hilflos fühlte. Ich wollte ihm irgendwie helfen, aber es gab nichts, was ich tun konnte, um ihm seine Schmerzen zu nehmen und ihn wieder gesund zu machen. Diese beiden Empfindungen prägten mein Leben im Heim: Hilflosigkeit und Schmerz.

Endlich heilte Phils Hand, er kehrte in den Schlafsaal zurück, und alles war wieder wie zuvor. Bis ich ungefähr drei

Jahre alt war – da verschwand Phil auf einmal aus meinem Leben, und ich sah ihn nie wieder. Den einen Tag war er noch da, und am nächsten war sein Bett leer, und keiner wusste irgendetwas. Die Schwestern rückten nicht mit der Sprache heraus und stellten sich taub, wenn ich mich nach ihm erkundigte. Vermutlich waren sie tatsächlich davon überzeugt, dass ich es nicht zu wissen brauchte und dass es mich im Grunde auch nichts anging.

Bald nachdem Phil verschwunden war, freundete ich mich mit zwei anderen Kindern an, Peter Hull und Tara Flood. Pete hatte keine Beine, nur den Oberkörper und zwei kleine Armstummel. Er war unerschütterlich und eine treue Seele, jemand, den nichts so schnell aus der Bahn warf. Später, als er erwachsen war, gewann er Gold- und Silbermedaillen bei den Paralympics und wurde wie ich von der Queen zum Member of the Order of the British Empire ernannt. Tara hatte kurze verstümmelte Beine und Armstümpfe, die nicht ganz so lang waren wie normalerweise die Oberarme. Sie war der »kluge Kopf«, dazu bestimmt, auf die Universität zu gehen und eines der erstrebenswertesten Ziele zu erreichen: eine richtige Karriere. Auch wenn wir charakterlich sehr verschieden waren, waren wir bald als infernalisches Trio bekannt, immerzu auf Abenteuer und Streiche aus. Wir drei müssen für das Personal wahre Quälgeister gewesen sein. Sie versuchten immer wieder, uns zu trennen, aber je mehr sie es versuchten, desto stärker klammerten wir uns aneinander.

Eines Tages, es war Winter, spielten wir in unserem Spielzimmer im Alban-Block, als Tara plötzlich rief: »Da, guckt mal!« Pete und ich folgten mit den Augen ihrem ausgestreckten Arm und sahen, wie draußen vor dem Fenster langsam dicke weiße Schneeflocken vom Himmel fielen. Es war das erste Mal, dass wir Schnee sahen, und wir waren wie alle Kinder völlig gebannt davon, wie die dicken weißen Flocken durch die Luft schwebten und nach und nach die Erde bedeckten. Wir hörten auf zu spielen und sahen schweigend zu, wie der Schnee fiel, bis er eine mehrere Zentimeter dicke Decke gebildet hatte. Es kam uns vor wie ein Wunder, die reinste Magie.

Während des Mittagessens sprachen wir ununterbrochen darüber und warfen immer wieder einen Blick aus den Fenstern des Speisesaals, als ob wir uns versichern müssten, dass der Schnee noch da war. Am nächsten Morgen, bevor wir uns anzogen, kamen wir auf die Idee, die magischen Eigenschaften des Schnees zu erkunden und hinauszugehen und im Schnee zu spielen. Und um das Erlebnis voll ausschöpfen zu können, wollten wir das nackt tun. Wir waren überzeugt, dass es den größten Spaß machen würde, ohne Kleider durch den frisch gefallenen Schnee zu rennen. Und es war tatsächlich ein Riesenspaß. Wir bewarfen uns gegenseitig mit Schnee, mit sämtlichen Gliedmaßen oder Teilen von Gliedmaßen, die uns zur Verfügung standen. Wir tollten darin herum, spielten Fangen, ließen uns kleine Hänge hinunterrollen und schubsten uns in die tiefen Schneeverwehungen. Wir wussten zwar, dass wir ungezogen waren, aber das trug nur noch mehr zu unserem Vergnügen bei. Nun, auch dieser Spaß musste natürlich ein Ende haben. Jemand entdeckte uns, wie wir kreischend und lachend draußen herumtollten, und eine der Schwestern kam heraus, um nachzusehen, was da vor sich ging.

»Was, um Himmels willen, denkt ihr eigentlich, was ihr da tut?«

»Wir spielen im Schnee, Schwester.«

»Das sehe ich. Aber ihr habt ja gar nichts an!«

»Nein.«

»Und warum habt ihr nichts an?«

»Ich weiß nicht, Schwester.«

Anfangs hatten wir noch gekichert, doch das Lachen verging

uns, als uns klar wurde, dass wir bis über beide Ohren in Schwierigkeiten steckten.

Weitere Schwestern kamen aus dem Gebäude gestürmt und schleiften uns nach drinnen, wo uns die Oberschwester eine Strafpredigt hielt. Ich weiß nicht, welches Vergehen für schlimmer erachtet wurde: dass wir uns im Schnee gewälzt hatten oder dass wir dabei nackt waren. Jedenfalls waren sie überzeugt, dass Pete der Anstifter gewesen war und dass er uns arme, unschuldige Mädchen überredet hatte, uns splitterfasernackt auszuziehen. Vermutlich dachten sie, dass er irgendwelche grässlichen Gelüste, nackte dreijährige Mädchen im Schnee zu beobachten, befriedigen wollte, was ja, wie man weiß, der Traum eines jeden dreijährigen Jungen ist. Nur wenn hier überhaupt jemand überredet werden musste, nach draußen zu gehen, um ein bisschen im Schnee herumzutollen, dann war das wohl Pete gewesen. Er war der schüchternste von uns dreien. Aber diese Möglichkeit kam den Schwestern gar nicht in den Sinn. Mädchen waren ja schließlich immer lieb und brav – zumindest im Vergleich zu Jungen.

Die Episode im Schnee zog einen weiteren Versuch, uns zu trennen, nach sich. Viele Mitarbeiter im Heim hielten unsere enge Freundschaft für schädlich und meinten, dass wir nicht zu zügeln wären, wenn wir drei zusammen unterwegs waren. Sie beschlossen, mich in eine reine Mädchengruppe, zu verlegen. Ich fand es furchtbar dort. Der Schlafsaal befand sich im oberen Stockwerk des Gebäudes, und der einzige Bereich, in dem wir spielen konnten, war ein großer runder Balkon aus blankem Beton, der sommers wie winters eiskalt war. Die Betonwand des Balkons erlaubte keinen Blick ins Freie, so dass man sich vollkommen isoliert und eingesperrt fühlte, wenn man dort spielte. Sein eigentlicher Zweck, nämlich uns die Möglichkeit zu bieten, draußen zu spielen, wurde damit ins Gegenteil verkehrt. Ich hatte den Rasen vor dem Schlafsaal im Erdgeschoss viel lieber gemocht.

Irgendwie hatte ich das Gefühl, als habe man mir übel mitgespielt. Ich fand es ungerecht, dass man mich herausgepickt hatte und auf einmal als Unruhestifterin zu betrachten schien. Selbst bei den nichtigsten Anlässen wurde mir die Schuld in die Schuhe geschoben, wenn irgendetwas Unerwünschtes geschah, und unterstellt, dass ich ständig ungezogen sei.

Während unserer Mahlzeiten beaufsichtigte uns einmal Schwester Stobard. Sie war ein richtiger Drachen und hatte besonders mich auf dem Kieker. Unter unseren Tellern lag eine blaue Gummimatte, damit die Teller nicht verrutschten, wenn wir das Essen mit unseren Mündern, Stümpfen, Haken oder anderen Prothesen, mit denen uns die Mechaniker aus der Werkstatt ausgestattet hatten, zu packen versuchten. Aus irgendeinem Grund kam Schwester Stobard auf die Idee, die blauen Matten auf Abnutzungen hin zu inspizieren. Wahrscheinlich hatte irgendeine Petze sie darauf gebracht. Als ich an der Reihe war, hob sie meinen Teller in die Höhe, und die blaue Matte hatte genau an dieser Stelle ein handtellergroßes Loch. Mit dramatischer Geste hielt sie mir die Unterlage vor die Nase und beschuldigte mich, das Loch absichtlich mit meinen Metallarmen hineingebohrt zu haben.

Ich gab ihr ja Recht, jemand musste es getan haben, nur war ich es nicht gewesen. Sie glaubte mir nicht. Und das war ein weiteres Merkmal des Lebens im Heim, nämlich dass das Personal uns Kindern selten glaubte, egal, ob wir das getan hatten, dessen man uns bezichtigte, oder nicht. Es standen zwar immer einige von uns höher im Kurs als andere, aber letztlich hatten wir Kinder grundsätzlich Unrecht. Schwester Stobards außerordentliche Fähigkeiten als Aufseherin und unfehlbare Verfechterin der Gerechtigkeit wurden eines Tages natürlich belohnt und man beförderte sie zur Pflegeleiterin.

Der Alban-Block, in dem ich lebte, bestand aus zwei Bereichen: der inneren Abteilung und der äußeren. Die innere Abteilung war warm und verfügte über Zentralheizung. Dort lebten die empfindlicheren von uns Kindern, zum Beispiel die mit Spina bifida. Wir zäheren bewohnten den äußeren Bereich, in dem es keine Heizung gab und der im Winter bitterkalt war. Wir waren in großen Schlafsälen untergebracht, zwanzig oder dreißig Kinder in einem Raum, in denen in langen Reihen unsere Metallbetten standen – Bett, Schrank, Bett, Schrank, Bett, Schrank. Die Betten waren groß und hatten hohe Seitenteile, so dass man sich darin wie in einem Käfig vorkam. Ich konnte nicht allein raus. Erst musste jemand das Seitenteil herunterklappen, damit ich hinausklettern konnte.

Nachts legten sie mich also in dieses Bett mit den hohen Seitenteilen, wobei sie mir aus irgendeinem Grund nie irgendwelche Unterwäsche anzogen, immer nur ein kurzes Nachthemd, und morgens weckten sie mich und die anderen um sechs Uhr, wenn es draußen noch dunkel war. Die Schwester eilte mit raschelnder Tracht durch den Schlafsaal, die Schwesternhelferin im Schlepptau, und sorgte dafür, dass auch wirklich jeder aufwachte.

Bis die Reihe, ins Bad zu gehen, an mich kam – wir waren ungefähr dreißig Kinder –, holte mich eine Schwester aus dem Bett und setzte mich auf den Boden. Ich erinnere mich noch genau an den plötzlichen Kälteschock, wenn meine bloße Haut mit dem harten, kalten Beton in Berührung kam. Um mich flitzten die Kakerlaken herum, aber das machte mir weniger aus als die Taubheit, die sich wegen der Kälte langsam in meinem Hintern und den Beinen ausbreitete. Schließlich kam jemand und brachte mich ins Badezimmer, wo mir das Gesicht gewaschen und die Zähne geputzt wurden. Und dann ging es zum Frühstück, das wir alle gemeinsam in dem großen Speisesaal einnahmen.

Bis ich mit fünf Jahren in die Schule kam, spielte ich einfach nur mit meinen Freunden und mit meinen Puppen. Allerdings kam es häufig vor, dass man uns von einem Spiel wegholte, wenn wir von anderer Seite beansprucht wurden. Das galt insbesondere für die Besuche in der Werkstatt.

Ungefähr einmal in der Woche wurden ein paar von uns Kindern zu den Werkstätten gebracht, damit uns dort irgendwelche künstlichen Arme und Beine angepasst werden konnten. Im Heim lagen die Prioritäten bei Rehabilitation und Unabhängigkeit, und dafür schienen Prothesen unabdingbar. Das wiederum bedeutete, der Werkstatt auf der anderen Seite der Straße einen Besuch abzustatten. Sie wollten uns normal machen, was vom Standpunkt eines Nichtbehinderten aus vollkommen logisch ist. Jedenfalls verfrachtete man uns in den großen hölzernen Anhänger, in dem uns dann eine Schwesternhelferin zur Werkstatt brachte.

Ich habe die Besuche in der Werkstatt immer genossen. Es war jedes Mal eine aufregende Sache, und im Grunde war es mir egal, wozu diese Unternehmung gut sein sollte, weil sich mir dadurch die Gelegenheit bot, mit anderen Leuten zusammenzutreffen. Wir hungerten alle nach sozialen Kontakten, und da wir keine anderen Kinder kennen lernen konnten, war es immer etwas Besondere, Zeit mit den Zauberern in ihren braunen Arbeitskitteln in der Werkstatt zu verbringen. Die Mechaniker waren ausschließlich Männer, die offenbar als Kinder mit großem Ernst mit ihren Lego-Bausteinen gespielt hatten und es noch immer taten, nur in viel größerem Maßstab. Sie waren alle diplomierte Ingenieure, die schon Tausende von Stunden an der Drehbank und der Kreissäge gestanden hatten. Sie gingen ihrer Arbeit mit Ruhe und Geduld nach, was eine angenehme Abwechslung zu dem Kasernenhofton im Heim selbst war.

In der Werkstatt herrschte eine sehr gelassene Atmosphäre. Die Männer dort hatten nichts mit der Heimtradition zu tun, die auf Strenge, Disziplin und der eisernen Regel beruhte, so wenig Informationen wie möglich herauszugeben. Sie plauderten gerne und erlaubten uns zu tun, was wir wollten, während wir darauf warteten, dass sich einer von ihnen um uns kümmerte. Ihre Aufgabe bestand darin, verschiedene Arten von gliedmaßenähnlichen, aus Holz oder Metall bestehenden Apparaturen zu entwerfen, zu bauen und anzupassen. Dem lag einerseits die Absicht zugrunde, uns zu ermöglichen, die Dinge zu tun, die die Menschen in der Welt draußen taten, und andererseits wollten sie uns helfen, so normal wie möglich auszusehen.

Das Prozedere war beeindruckend. Die Werkstatttechniker brachten viele Stunden damit zu, meine Brust, meinen Rumpf, den Umfang meiner Armansätze und die Breite meiner Schultern zu messen, um die Apparaturen anpassen zu können. Es machte mir nichts aus. Da sie in einer mechanischen Welt lebten, hatten sie viel weniger Vorurteile uns gegenüber als die meisten anderen Menschen. Wir waren für sie nicht der Ausschuss der normalen Gesellschaft, sondern eher ein physikalisches Problem, das sich durch die richtige Anwendung der Newton'schen Gesetze und das richtige Rohmaterial lösen ließ. Es war ein bewundernswertes Unterfangen, aber das Endergebnis, jene seltsamen Ersatzarme, war leider vollkommen lächerlich.

Zumindest fand ich sie lächerlich, vor allem, weil sie sich praktisch nicht für den Zweck gebrauchen ließen, für den sie konstruiert worden waren. Meine ersten Arme wurden manuell gesteuert, und ich musste sie mit den Schultern bewegen und durch die Gegend schwenken. Am Ende jedes Metallzylinders befand sich ein Haken, genau wie der von Captain Hook, nur kleiner. Diese Haken waren allerdings gefährlich und schwer zu benutzen. Wenn ich sie trug, sah ich aus wie eine merkwürdig misslungene Puppe. Selbst den Schwestern, die für gewöhnlich stur an einem System festhielten, egal, ob es funktionierte oder nicht, war bald klar, dass der Mark-1-Artificial-Arm keine echte Zukunft hatte.

Doch unverzagt machten sich die Mechaniker erneut an die Arbeit, und ich musste wieder über ein paar Wochen oder Monate hinweg regelmäßig zu ihnen kommen, damit sie irgendwelche Anpassungen vornehmen konnten. Das Ergebnis ihres Feilens und Bohrens und Schraubens war eine verbesserte Version von Mark 1 namens Mark 2. Meine neuen Arme sahen toll aus. Sie bestanden aus poliertem Metall, wurden mittels austauschbarer Gasflaschen betrieben und machten tatsächlich den Eindruck, als stammten sie aus einem billigen Science-Fiction-Film aus den Fünfzigern.

Zum allgemeinen Bedauern entpuppten sich die Mark-2-Arme als ebenso wenig kontrollierbar und brauchbar wie Mark 1. Weder meine Freunde noch ich benutzten diese künstlichen Gliedmaßen jemals zu dem Zweck, zu dem sie konstruiert worden waren, sondern eher dazu, miteinander zu rangeln oder Löcher in die Tische zu bohren. Das machte jedenfalls mehr Spaß.

Meine Arme waren primitive und nahezu unbrauchbare Apparaturen, die ich nur äußerst ungern trug. Jeder Arm wurde an das Schultergelenk angepasst und mit Lederriemen befestigt, die sich mittels kleiner Schnallen verstellen ließen. Die Riemen liefen straff über Kreuz über meine Brust, so dass die Prothesen nicht herunterrutschen konnten. Wenn ich mit dem Kinn einen Hebel in die eine Richtung bewegte, schloss sich am Ende des Arms, an dem sich meine Hand befunden hätte, eine Zange. Bewegte ich ihn in die andere Richtung, öffnete sich die Zange. Von Feingefühl konnte bei diesem Mechanismus keine Rede sein. Die Zangen ließen sich nur öffnen und schließen. Wenn ich damit nach etwas griff, was weniger hart als Metall oder Holz war, zerdrückten sie es einfach. Und da sie sich mit einem plötzlichen Ruck öffneten, ließ ich im Grunde alles fallen, was ich hielt.

Das Personal achtete darauf, dass wir den Gebrauch unserer künstlichen Gliedmaßen übten. Sie sollten uns helfen, richtig zu funktionieren und das höchste Ziel des Heims zu erreichen: imstande zu sein, uns selbst zu versorgen. Wenn wir aßen, stand immer jemand hinter uns und passte auf, dass wir auch wirklich unsere künstlichen Arme benutzten. Sie setzten große Hoffnungen in diese künstlichen Gliedmaßen und dachten, wenn wir mit ihnen übten und sie regelmäßig gebrauchten, könnten wir bald sogar empfindliche Gegenstände greifen, ohne sie zu zerbrechen oder irgendwie zu beschädigen. Wir Kinder wussten allerdings instinktiv, dass in diesen trostlosen Metalldingern nicht das erhoffte Potenzial steckte. Dazu waren sie einfach zu primitiv.

Ich hatte beim Essen eine besondere Technik entwickelt. Sie bestand darin, mit meinem Essen zu spielen, es auf dem Teller herumzuschieben und dabei den Eindruck zu erwecken, als würde ich mir im nächsten Augenblick einen Bissen in den Mund stecken. Es war eine langwierige Operation. Die Teller waren zwar von einem Plastikring umgeben, so dass das Essen nicht herunterfallen konnte, aber wenn ich mich mit meinen Zangen beispielsweise einem Stück Kartoffel näherte, flutschte es einfach weg und rutschte am Rand des Tellers entlang. Ich versuchte es eine Zeit lang und wurde immer frustrierter dabei. Dann, wenn ich dachte, dass niemand hinsah, beugte ich mich rasch vor und nahm mit dem Mund einen Bissen von meinem Essen. Das konnte ich natürlich nicht immer machen. Gelegentlich gelang es mir sogar, den Hebel unter meinem Kinn im richtigen Moment in die richtige Richtung zu drücken, und die Zange schnappte über einem Stück Kartoffel oder Fleisch zu und zerquetschte es. Noch seltener schaffte ich es, das zerquetschte Stück zu meinem Mund zu bringen und den Hebel genau im richtigen Moment in die andere Richtung zu drücken, so dass der Happen auch in meinem Mund landete. Die meisten von uns erreichten das Ideal einer fließenden Bewegung und gelungenen Adaption an ihre Prothesen jedenfalls nie.

Wenn während einer ganz normalen Mahlzeit ein Fremder in unseren Speisesaal getreten wäre, hätten sich ihm dort die lustigsten Slapstick-Szenen geboten. Er hätte einige von uns dabei beobachten können, wie sie einem Happen auf ihrem Teller nachjagten, ohne ihn je zu fassen zu bekommen. Aus diesem Grund waren die Speisen, wenn ich sie endlich im Mund hatte, immer kalt. Andere waren erfolgreicher und bekamen einen Bissen zu fassen, schlugen sich dann aber damit auf das Kinn oder ins Auge, wenn sie versuchten, ihn in den Mund zu stecken. Andere wiederum warfen das Essen versehentlich auf den Tisch oder in ihren Schoß oder ihrem Nachbarn ins Gesicht. Einmal waren meine gasbetriebenen Arme besonders widerspenstig, und ich schaffte es, eine volle Schüssel Cornflakes mit Milch hochzuheben und in einem hohen Bogen hinter mich zu schleudern. Als ich mich umdrehte, sah ich, wie die Cornflakes, die zehn Meter weit geflogen und an einem der Fenster gelandet waren, langsam an der Scheibe herunterrutschten. Lange Zeit waren die Schwestern überzeugt, dass wir uns mit Absicht so ungeschickt anstellten, denn sie hatten großes Vertrauen zu diesen Prothesen.

Es dauerte einige Jahre, aber irgendwann, ich muss damals sieben oder acht gewesen sein, hatten die Verantwortlichen eingesehen, dass das Experiment missglückt war, und sie gaben es mehr oder weniger auf, uns dazu anzuhalten, dass wir die künstlichen Arme trugen. Stattdessen wurden mir Messer und Gabel direkt an meine Stümpfe geschnallt. Ich bin immer wieder erstaunt, wenn ich heute einen erwachsenen Behinderten sehe, der einen Haken an der Stelle hat, an der einmal seine Hand gewesen war. Vielleicht dient der Haken ja als psychologischer Ersatz für die Hand, die der Betreffende einmal hatte. Ich allerdings hatte niemals Hände oder Arme. Ich kenne nichts anderes, und ein Haken oder ein anderes Gerät erschiene mir nur merkwürdig und unnötig.

Aber ich will den Werkstattleuten Gerechtigkeit widerfahren lassen: Nicht alle ihre Experimente gingen so schief wie das mit den Armen. Sie bauten Tara und mir ziemlich brauchbare Beine – erneut nach Monaten des Messens und Anpassens –, die zwar scheuerten, im Übrigen jedoch gut funktionierten. Ich verwendete meine künstlichen Beine während meiner gesamten Zeit im Heim und auch später noch.

Ich mochte die Mechaniker und erinnere mich gern an die Stunden, die ich in ihrer Obhut verbrachte. Was aber wohl tatsächlich von mehr Nutzen gewesen wäre, war etwas, wozu sich keiner der Erwachsenen überwinden konnte: uns zuzuhören und einige unserer Ideen einfach mal auszuprobieren. Es waren schließlich wir Kinder, die aus unmittelbarer Erfahrung wussten, wie ein behinderter Körper funktionierte und in welcher Weise wir unseren Körper einsetzen konnten, um das zu tun, was man uns beizubringen versuchte. Ich wünschte, man hätte uns von Anfang an gefragt, was wir denken. Erst als ich zehn Jahre alt war, entwickelte sich so etwas wie eine Zusammenarbeit, und die Ergebnisse waren wesentlich brauchbarer.

3

Die Zeit in Norfolk

Ich gehörte zu den wenigen Kindern, die während der Ferien nicht nach Hause fuhren. Wir hatten zu den üblichen Zeiten Weihnachts-, Oster- und Sommerferien, und die meisten Kinder fuhren dann nach Hause zu ihren Eltern und Geschwistern. Während der ersten zweieinhalb Jahre meines Lebens bin ich wohl niemals aus dem Heim fortgekommen. Später hat man mir erzählt, dass ich einige Male Besuch von einem Ehepaar namens Hutt hatte, das mich für ein Wochenende mit zu sich nach Hause nahm, als ich klein war. Aber diese Leute gingen nach Amerika, und damit hatten meine gelegentlichen Ausflüge ein Ende. Da ich mich nicht an diese Zeit erinnern kann, weiß ich auch nicht, ob ich traurig war, wenn ich wieder allein gelassen wurde. Dagegen erinnere ich mich noch ganz genau daran, dass ich gern wie die anderen Kinder von jemandem abgeholt werden wollte.

Mit zwei Jahren hatte man mir noch keine künstlichen Beine verpasst, und ich rutschte auf meinem Hosenboden herum. Susannah Child hatte damals im Heim als Schwester zu arbeiten begonnen und war unserem Block zugeteilt worden. Sie war freundlicher und zugänglicher als die anderen Schwestern, und ich fing schon bald an, mich an ihre Fersen zu heften, während sie ihren Aufgaben nachkam. Auch wenn ich damals ein sehr stilles Kind war, schien sie Gefallen an meiner Gesellschaft zu finden und ließ mir ein wenig mehr Aufmerksamkeit zuteil werden, als es ihre Pflicht erforderte.

Die anderen Kinder wurden häufiger von ihren Eltern besucht und einen Tag oder ein ganzes Wochenende mit nach Hause genommen, in der Ferienzeit sogar für länger. Ich wollte auch mitgenommen werden, daher krabbelte ich Schwester Child hinterher und fragte, ob ich nicht mit ihr kommen dürfe. Sie meinte, das verstieße gegen die Heimregeln, da sie keine offizielle Besucherin sei. Ich war enttäuscht, fügte mich aber in mein Schicksal, dass ich Schwester Child nur während ihrer Arbeitszeit sehen konnte. Doch sie musste ihre ganze Überredungskunst eingesetzt haben, um ihren Vorgesetzten die Erlaubnis abzuringen, mich mitzunehmen. Und diese hatten offenbar ein Einsehen gehabt, denn eines Tages fragte sie mich, ob ich Lust hätte, mit ihr Tee trinken zu gehen. Unser Ausflug führte uns zwar nur zu einem der Wohnwagen, die auf dem Gelände für Eltern aufgestellt worden waren, die über Nacht blieben, aber für mich kam unsere Unternehmung einem richtigen Ferienaufenthalt gleich. Bald unternahm ich mit Schwester Child auch Ausflüge in die nähere Umgebung, wenn sie einkaufen ging.

Eine der Ladenbesitzerinnen hatte mich in ihr Herz geschlossen, und sie schenkte mir eine Stoffpuppe, die ich auf den Namen Esmeralda taufte. Schwester Child kaufte mir auch Kleider und ein hübsches kleines Cape, aber keines dieser Dinge durfte ich für mich behalten. Im Heim galt das Prinzip, dass alles Spielzeug und die Kleidungsstücke, mit denen eines von uns Kindern zurückkam, der Gemeinschaft zur Verfügung gestellt wurden. Meine Esmeralda gehörte fortan also allen, und das Cape bekam ein anderes Mädchen. Es gab niemanden, der gesagt hätte, dass dieses oder jenes Stück einem bestimmten Kind gehörte. Das Personal verteilte die Sachen nach Gutdünken, so dass wir kaum persönliche Besitztümer hatten.

Schwester Child teilte sich ein Haus mit der stellvertretenden Oberschwester Jean Tate, und nach kurzer Zeit besuchte ich die beiden dort regelmäßig zum Tee. Sie müssen mich wirklich gern gehabt haben, denn als sie im Sommer einen zehntägigen Urlaub auf den Norfolk Broads buchten, fragten sie mich, ob ich Lust hätte mitzukommen. Ich sagte natürlich ja.

Wir fuhren nach Norfolk und erreichten den Liegeplatz, wo das von uns gemietete Boot auf uns wartete. Ich hatte noch nie ein Boot aus der Nähe gesehen, und als ich es erblickte, wurde mir bei der Vorstellung, an Bord zu gehen, unheimlich zumute. Es machte auf mich einen sehr instabilen Eindruck, wie es da im Wasser schaukelte, und ich fragte die beiden Schwestern, ob wir nicht im Auto bleiben und damit über das Wasser fahren könnten. Sie sahen sich an und fingen an zu lachen. Susannah versuchte, mir zu erklären, warum Autos nicht auf dem Wasser fahren konnten und dass wir alle untergehen würden, wenn wir es versuchen sollten. Dann lockten sie mich in das Boot, und tatsächlich: Kaum hatte es sich in Bewegung gesetzt, war ich begeistert von der Bewegung und dem sanften Dahingleiten durch das ruhige Gewässer. Eines der ersten Wasserfahrzeuge, denen wir begegneten, war ein Amphibienauto. In ganz Großbritannien gab es damals vermutlich nur drei von diesen Dingern, und wir mussten natürlich gleich bei meiner ersten Bootsfahrt den Weg von einem kreuzen. Ich sah die beiden vorwurfsvoll an, aber sie lachten nur. Sie erklärten mir, wie selten solche Gefährte waren, aber das konnte mich nicht von meiner Überzeugung abbringen, dass ich Recht gehabt hatte.

Die Tage vergingen bei strahlendem Wetter. Manchmal kochten die Schwestern in der winzigen Kombüse, und manchmal gingen wir an Land und besuchten einen Pub oder ein Restaurant. Gegen Ende unseres Urlaubs nahm uns Jean mit zu ihrer Mutter, die in einem kleinen Cottage auf der Farm ihres Sohnes Colin wohnte. Jean hatte einen zweiten Bruder, Hilton Tate, der mit seiner Frau Daphne und den beiden Söhnen Simon und Vernon in Colkirk lebte. Ich begegnete Daphne, Hilton und den Jungen das erste Mal in der Küche von Colins Farm und mochte sie auf Anhieb – und sie mich offensichtlich auch. Hilton führte mich auf der Farm herum. Ich sah zum ersten Mal in meinem Leben Truthähne und Schweine und Kühe. Und dann, viel zu schnell, war es an der Zeit, ins Heim zurückzukehren, da die Ferien zu Ende waren.

Susannah und Jean hatten mitbekommen, wie gut ich mich mit den Tates verstand, und eine Idee nahm in ihrem Kopf Gestalt an. Jean rief Hilton und Daphne an und erklärte ihnen meine Situation im Heim. Wären sie bereit, mich in den kommenden Weihnachtsferien eine Woche zu sich zu nehmen? Die Tates hatten, mich nicht nur gleich gemocht, sondern sie gehörten auch zu den Menschen, die davon überzeugt waren, dass man sich stets anständig verhalten und das Richtige tun sollte. Jean hatte ihnen meine Lage beschrieben, und sie hatten Mitleid mit mir, insofern glaube ich nicht, dass viel Überredungskunst nötig war, damit sie sich mit meinem Besuch zu Weihnachten einverstanden erklärten. Sollten sie Befürchtungen gehabt haben, dass es schwierig sein könnte, mich zu versorgen, ließen sich diese leicht zerstreuen, da Jean und Susannah Weihnachten auf der in der Nähe gelegenen Farm von Colin verbringen wollten. Falls Probleme auftauchten, wären Jean und Susannah sofort zur Stelle.

Von all diesen Planungen bekam ich nichts mit, bis drei Tage vor Weihnachten plötzlich die Hutts wieder auftauchten. Sie waren von ihrem langen Amerikaaufenthalt zurückgekehrt und wollten mich über Weihnachten zu sich nehmen. Und da sie die Ersten gewesen waren, die sich immer wieder um mich gekümmert hatten, dachte der Sozialarbeiter im Heim, dass sie Vorrang gegenüber den Tates hätten. Susannah wandte sich erneut an die Heimleitung und bat sie inständig, mich zu den

Tates zu lassen: Es seien doch schon alle Vorkehrungen getroffen worden. Die Tates und ihre Kinder freuten sich auf mich. Wir seien gut miteinander ausgekommen, als wir uns im Sommer kennen gelernt hatten, und es wäre doch wirklich schade, wenn in letzter Minute alle Pläne über den Haufen geworfen werden müssten, insbesondere, weil sich Simon und Vernon doch schon so sehr auf mein Kommen freuten. Die Heimleitung entschied zu guter Letzt zugunsten der Tates, und damit verschwanden die Hutts für immer aus meinem Leben.

Kurz vor den Weihnachtsferien kam Jean zu mir ins Spielzimmer unseres Blocks und fragte mich, ob es mir gefallen würde, die Tates an Weihnachten zu besuchen, anstatt im Heim zu bleiben. Sie versicherte mir, dass sie gut für mich sorgen würden, dass Simon und Vernon mit mir spielen würden und dass ich auch Weihnachtsgeschenke bekäme. Ich würde jetzt gerne sagen, dass ich die Gelegenheit, Weihnachten nicht im Heim verbringen zu müssen, sofort ergriff. Und auch wenn ich mir das innigst gewünscht hatte, wurde mir bei dem Gedanken, eine Woche im Haus anderer Leute zu verbringen, die ich kaum kannte, auf einmal himmelangst. Jean meinte, ich könnte es mir überlegen und dass mich niemand dazu zwingen würde. Und da wusste ich, dass ich ja sagen würde.

Ich konnte es kaum erwarten, dass sie am nächsten Tag wiederkam, damit ich ihr sagen konnte, dass ich die Einladung annehmen wollte. Ich hatte Angst, dass sie ihr Angebot zurückzog, weil ich nicht gleich zugesagt hatte. Als ich es ihr dann sagte, schien sie sehr erfreut zu sein, fast mehr als ich. Ich glaube, sie war froh darüber, weil sie ihren Bruder und seine Frau dazu überredet hatte, aber auch, weil sie Mitleid mit mir hatte und wollte, dass ich wie die anderen Kinder ein richtiges Weihnachten erleben durfte.

Ich war ganz aufgeregt bei dem Gedanken, dass ich Weihnachten bei einer weit entfernt lebenden Familie verbringen würde, und diese Aufregung wuchs mit jedem Tag noch mehr. Immer wieder packte ich den winzig kleinen Koffer mit meinen wenigen Kleidern um, und endlich kam der große Tag. Jean und Susannah setzten mich auf den Rücksitz von Jeans Auto, und wir machten uns auf den Weg nach Colkirk. Leider vertrug ich Autofahren damals nicht besonders gut, und mir wurde während der Fahrt furchtbar übel. Jean und Susannah schien das nichts auszumachen. Sie waren beide angesichts der Weihnachtsferien und ihres Urlaubs fern vom Heim bester Laune – genau wie ich.

Der große Bungalow, in dem die Tates wohnten, befand sich in einer Sackgasse. Wir bogen in die breite Kieseinfahrt ein, und Jean stellte den Motor ab. Ich war sehr still, plötzlich hatte mich wieder Schüchternheit befallen. Jean nahm mich auf den Arm und trug mich ins Haus, und Susannah folgte ihr mit meinem kleinen Koffer. Wir gingen in die Küche, wo Hilton und Daphne und Vernon und Simon schon warteten und mich herzlich begrüßten. Ich wusste sofort, dass ich bei ihnen ein wunderschönes Weihnachtsfest verbringen würde.

Nach dem Tee – bei den Tates gab es eine Menge Tee – brachten sie mich in das Zimmer, in dem sie ein Kinderbett für mich aufgestellt hatten. Daphne legte meine Kleider auf einen kleinen niedrigen Tisch, während ich mich in dem Zimmer umsah. Es war das erste Mal, dass ich allein in einem Zimmer schlafen sollte.

Schon bald war Zeit zum Abendessen, für das Daphne zwei Tische gedeckt hatte. Die beiden Jungen und ich saßen auf drei kleinen Stühlen an einem eigenen Tischchen – es war, als ob wir in einem kleinen gemütlichen Café essen würden. Die Jungen aßen mit den Händen, und ich aß mit den Füßen. Daphne und Hilton nahmen die Mahlzeit an einem normal hohen Tisch ein, sie waren ja schließlich Erwachsene. Diese Tischordnung gefiel mir, und ich genoss es, mit den Jungen in unserer kleinen

Ecke zu essen. Simon und Vernon hatten mich vom ersten Moment an akzeptiert. Sie machten nie abfällige Bemerkungen über meine fehlenden Arme oder zogen mich sonst irgendwie auf. Vielleicht müssen Kinder dieses Alters – sie waren zwei und vier Jahre alt – erst noch Vorurteile entwickeln, aber ich glaube, dass Simon und Vernon einfach zwei sehr nette Jungen mit sehr netten Eltern waren. So etwas soll es ja geben.

Ich lebte mich schnell bei den Tates ein und fühlte mich dort bald wie zu Hause. Am Weihnachtsmorgen wachte ich voller Vorfreude auf. Am Fußende meines Betts hing ein mit Spielzeug gefüllter Nikolausstiefel. Daphne und die Jungen standen in der Tür. Sie hatten es kaum erwarten können, dass ich endlich aufwachte, und nun hob mich Daphne zusammen mit dem Nikolausstiefel aus dem Bett. Wir liefen über den Flur in Hiltons und Daphnes Schlafzimmer und schlüpften in ihr Bett. Zu fünft war es dort zwar reichlich eng, aber das machte nichts. Simon, Vernon und ich holten nacheinander die kleinen Geschenke aus unseren Nikolausstiefeln und packten sie aus, während Daphne und Hilton uns dabei zusahen. Es fällt mir schwer zu beschreiben, was ich damals empfand. Diese Familie hatte mich so liebevoll und mit offenen Armen aufgenommen, dass ich das Gefühl hatte, ich sei schon immer ein Teil von ihr gewesen. Ich war eines der Tate-Kinder, das seine Weihnachtsferien zu Hause verbrachte.

Nach dem Frühstück, natürlich mit Tee, gingen wir alle zum Weihnachtsbaum im Wohnzimmer, wo die großen Geschenke auf uns warteten. Von den Tates bekam ich ein wunderhübsch angemaltes Schaukelpferd und von Susannah ein reizendes rotes Puppenhaus. Ich war hingerissen und konnte mich gar nicht entscheiden, ob ich mich zuerst auf mein Schaukelpferd setzen oder mit meinem Puppenhaus spielen sollte. Beides war gleichermaßen verlockend.

Viel zu früh war die Zeit in Norfolk vorbei, und ich musste

zurück ins Heim und träumte von meinem nächsten Besuch bei den Tates. Sie hatten mich gefragt, ob ich in den Osterferien wiederkommen wollte, und ich hatte begeistert zugestimmt. Jean hielt mich in regelmäßigen Abständen auf dem Laufenden, wie lange es bis dahin noch dauerte, und dann kam Ostern, und ich machte mich erneut auf den Weg in mein neues Zuhause. Mein dritter Besuch in Norfolk lief allerdings etwas anders ab als die beiden vorherigen. Jean und Susannah würden dieses Mal nicht mitkommen. Sie begleiteten mich im Zug zum Bahnhof Liverpool Street in London, wo wir Hilton trafen. Mittlerweile war ich stolze Besitzerin von einem Paar künstlicher Beine und einem Paar künstlicher, gasbetriebener Arme. Sie waren in einem großen Spezialkoffer verpackt, dazu kam noch der Koffer mit meiner Kleidung und meinem Spielzeug.

Als wir am Bahnhof von Norwich ankamen, klemmte mich Hilton unter den einen Arm, nahm meine beiden Koffer unter den anderen und die Tickets steckte er sich zwischen die Zähne. So gingen wir über den Bahnsteig zum Ausgang, wo Daphne und die Jungen auf uns warteten. Es war wunderbar, wieder hier zu sein, und im Laufe der nächsten Tage wurde es für mich immer selbstverständlicher, mich als Mitglied der Familie zu begreifen. Die Jungen nannten ihre Mutter Mummy, und eines Morgens fragte ich sie, ob ich sie auch so nennen dürfte. Sie erlaubte es mir, und von da an war Daphne für mich Mummy.

Ich war furchtbar gern bei den Tates, und auch sie schienen mich gern bei sich zu haben. Daphne und Hilton behandelten mich nicht anders als ihre beiden Söhne, und nach und nach kam ich zu der Überzeugung, dass sie tatsächlich meine Brüder waren. Als wir miteinander spielten, entdeckte ich, dass ich ihre größere Bewegungsfreiheit ausgleichen konnte, indem ich sie mit meinen gasbetriebenen Armen zwickte.

Ich konnte damals noch keinen Schritt laufen, deshalb sollte ich jeden Vormittag ein paar Stunden mit meinen künstlichen

Beinen üben. Brav schnallte mir Daphne nach dem Frühstück die Fiberglasbeine an, auch wenn sie wusste, dass ich die Dinger hasste, und ich unternahm Gehversuche auf dem Rasen im Garten, Daphne immer neben mir, damit sie mich auffangen konnte, wenn ich stolperte. Die Schwestern hatten ihr gesagt, dass es wichtig für mich wäre, mit den Beinen laufen zu lernen, und sie nahm ihre Aufgabe sehr ernst. Sobald sie mir die Beine und Arme umgeschnallt hatte, war ich allerdings steif wie ein Brett und konnte mich kaum rühren, geschweige denn gehen.

Eines Morgens überlegten wir, dass es an der Zeit wäre, in der Einfahrt zu üben, weil der Boden dort ganz anders beschaffen war als der, den ich bis dahin gewohnt war. Ich steckte also in meinen Beinen, unsicher, weil ich auf dem Kies kaum stehen konnte. Wegen meiner fehlenden Arme hätte ich, sollte ich das Gleichgewicht verlieren, den Sturz kaum abfangen können und wäre mit dem Kopf voran auf dem Boden aufgeschlagen. Daphne bekam es mit der Angst zu tun, als sie mich schwanken und herumrudern sah, und sie nahm mich auf den Arm und trug mich zurück ins Haus. Ich bat sie, mich in die Küche zu bringen, damit ich dort spielen konnte, und als sie über die Stufe in dem offenen Türbogen trat, blieb mein Fuß am Rand der Stufe hängen.

Mit einem lauten Schrei stürzte Daphne zu Boden – sie hatte sich, weil sie nicht auf mich drauf fallen wollte, nicht richtig abfangen können – und schlug sich böse das Knie auf. Überall war Blut. Ich erinnere mich, dass Hilton sagte, die Wunde müsste genäht werden, und ich dachte, etwas Schlimmeres könnte einem gar nicht passieren. Ich war ja erst drei Jahre alt und hatte furchtbare Gewissensbisse. Es war alles meine Schuld. Trotz ihrer Schmerzen versuchte sie, mich zu trösten. Ich weiß noch, dass sie lange Zeit ein »schlimmes« Bein hatte. Es war für mich eine ständige Mahnung, dass sie sich meinetwegen verletzt hatte. Sie hat es vermutlich nie so gesehen, aber in mir lauerten stets Schuldgefühle, bereit, sich beim geringsten Anlass zu melden und zu bestätigen, dass innerlich mit mir irgendetwas genauso wenig stimmte, wie für die anderen äußerlich etwas mit mir nicht stimmte.

Am schönsten war es in Norfolk im Sommer, wenn wir zur Farm von Hiltons Bruder Colin fuhren. Sie hatten achtzig friesische Milchkühe und ein paar Schafe und Enten, und für Weihnachten mästeten sie auch Truthähne. Hilton kümmerte sich um das Vieh, während Colin für den Weizen- und Gerstenanbau zuständig war. Abends nahm Daphne mich und die Jungen mit zur Farm, und wir gesellten uns zu Hilton in den Melkraum, wo er die Kühe molk. Ich erinnere mich, dass mich einer von ihnen hochhob, damit ich eine der Kühe streicheln konnte, und ich über ihren riesigen Kopf und die großen braunen Augen staunte. Vielleicht fragen Sie sich, wie ich Tiere streichelte, wenn ich doch keine Arme und Hände hatte: ganz einfach, ich benutzte meine Füße. Die Tiere auf der Farm waren eine ganz besondere Attraktion für mich, da ich aus dem Heim nur Katzen und Hunde kannte.

Das Leben in Colkirk lief in ruhigen Bahnen. Wir gingen spazieren und unternahmen kleine Einkaufstouren, manchmal im Dorf und manchmal im weiter weg gelegenen Dereham. Bei diesen Exkursionen trug ich nie meine künstlichen Beine, und da ich nicht laufen konnte, schob mich Daphne in einem Sportwagen herum. Oft trafen wir Nachbarn der Tates und Leute aus dem Dorf. Sie waren sehr neugierig und erkundigten sich nach meiner Behinderung, aber keiner machte je eine hässliche Bemerkung oder zeigte irgendein Zeichen des Abscheus.

Einmal begegneten wir der Frau eines Generals der Heilsarmee. Die Tates mussten ihr von mir erzählt haben und hatten dabei vielleicht auch erwähnt, dass ich nicht viele Kleider besaß. Jedenfalls machte mir Mrs. Smith daraufhin ein Kleid. Es war ein Häkelkleid mit einem komplizierten Muster, an dem sie mehrere Tage gearbeitet haben musste. Von da an besuchten wir sie jedes Mal, wenn ich in Norfolk war, und immer wartete ein neues Kleid auf mich.

Manchmal unternahmen wir auch ungewöhnlichere Ausflüge. Ich erinnere mich, dass wir einmal eine Bootstour auf den Norfolk Broads machten. Ich liebte das langsame Dahingleiten des großen Bootes auf dem Wasser. Dabei waren alle möglichen Wasservögel zu entdecken, Enten und Schwäne, aber auch kleinere Arten, die sich ihre Nester am Flussufer bauten. Das schönste Erlebnis meiner Sommeraufenthalte war jedoch das Erntefest.

Zur Erntezeit warf Colin frühmorgens den Mähdrescher an und rumpelte über die Weizenfelder, um das Getreide zu schneiden und zu dreschen. Kurze Zeit später kam Colins Frau Phyllis auf einem Traktor mit Anhänger angefahren und brachte das Korn zur Scheune der Farm. Nach dem Mittagessen besuchten Daphne, die Jungen und ich die Farm und sahen bei den letzten Arbeiten der Getreideernte zu, wenn das Stroh zu Ballen gebunden wurde. Etwa um vier Uhr legten alle ihre Arbeitsgeräte nieder, und wir versammelten uns auf dem Stoppelfeld und setzten uns in einen Kreis – Hilton und Daphne, Colin und Phyllis und ihre Kinder, die Jungen und ich und ein paar der Farmarbeiter. Wir packten unsere frisch zubereiteten Sandwiches aus, und jeder bekam einen Becher Tee aus der großen Thermosflasche, die Daphne mitgebracht hatte. Die Sonne stand noch immer hoch am Himmel, aber die schwerste Arbeit war erledigt. In den Stoppeln konnte ich meine Beine nicht anschnallen, weil ich schon beim ersten Schritt umgefallen wäre. Also saß ich einfach da, aß mein Sandwich, trank meinen Tee und beobachtete die Jungen, die auf den Strohballen herumturnten. Es war nichts Besonderes, aber ich erinnere mich bis heute an das wunderbare Gemeinschaftsgefühl und dass ich mich als Teil dieser Gemeinschaft empfand.

Dann kam mein zweites Weihnachten bei den Tates. Wieder brachten mich Jean und Susannah nach London, und Hilton kam mit dem Auto und fuhr mit mir den letzten Teil der Strecke bis nach Colkirk. Ich wurde mit großem Hallo empfangen – es war, als käme ich zurück nach Hause. Ich fühlte mich bei ihnen geborgener und wohler denn je.

Daphnes Mutter war Organistin in der Kirche in Brisby und leitete die dortige Sonntagsschule. Simon und Vernon besuchten die Sonntagsschule regelmäßig, und wenn ich bei den Tates zu Besuch war, schloss ich mich ihnen an. Die Kirche führte auch dieses Jahr zu Weihnachten ein Krippenspiel auf, in dem die Jungen mitspielten. Ich ging mit zu den Proben, und jemand fragte mich, ob ich nicht auch Lust hätte mitzumachen. Das musste man mich nicht zweimal fragen. Es war mir ganz egal, welche Rolle ich spielen sollte, solange ich zusammen mit den anderen Kindern dort oben auf der Bühne sein durfte. Umso erfreuter war ich, als ich erfuhr, dass ich einen der Engel spielen sollte. Engel sahen so hübsch aus. Daphne trieb ein niedliches kleines Kostüm für mich auf, eine Art weißer Kittel, und ich bekam natürlich auch wunderschöne weiße Flügel, die mir an den Schultern befestigt wurden. Hilton meint, ich sei eine echte kleine Bühnenschönheit gewesen. Ich strahlte – auf der Bühne war ich in meinem Element. Ein paar Tage später nahmen sie mich und die Jungen mit nach Dereham, wo wir uns *Aladin*, mein erstes Märchenspiel, ansehen durften. Hilton spielte die Rolle des bösen Ebenezer, und ich erinnere mich, dass er *Aladin* in seiner Höhle in Angst und Schrecken versetzte, während er »If I were a Rich Man« sang. Ich war begeistert, die Aufführung war so wunderbar melodramatisch, und außerdem durfte das Publikum mitmachen. Gegen Ende der Vorstellung gesellten sich die Kinder aus dem Zuschauerraum zu den Schauspielern auf der Bühne, und alle sangen gemeinsam ein Lied. Hilton nahm die Jungen mit hinauf, und ein Freund von ihm, der sein Trauzeuge gewesen war, kam zu meinem Platz und trug mich zu den anderen auf die Bühne. Das war mein zweiter Auftritt auf den Brettern, die die Welt bedeuten, und ich genoss es. Ich beschreibe diese Aufenthalte bei den Tates als eine sehr idyllische Zeit, wie ich gerade merke, in der ich jeden Tag genoss und nie etwas Böses geschah. So habe ich sie tatsächlich in Erinnerung, und ich glaube nicht, dass mich meine Erinnerung trügt.

Zu meinem vierten Geburtstag im Frühjahr durfte ich die Tates erneut besuchen, was ich nun schon seit anderthalb Jahren regelmäßig tat. Ich fühlte mich bei ihnen rundum wohl, und sie hatten mich gerne bei sich – so sehr, dass sie über Jean im Heim anfragen ließen, welche Schritte sie für eine Adoption unternehmen mussten. Ich bin mir sicher, sie sahen in mir ein Mitglied ihrer Familie und liebten mich wie ein eigenes Kind.

Ich glaube nicht, dass die Heimleitung irgendwelche Einwände gegen eine Adoption hatte. Meine Mutter hatte mich nach der Geburt weggegeben und sich auch später nie mit dem Heim in Verbindung gesetzt, um sich nach meinem Befinden zu erkundigen. Ich erhielt weder von ihr noch von irgendwelchen anderen Verwandten aus Birmingham Weihnachts- oder Geburtstagspost. Daher ging man im Heim vermutlich davon aus, dass keiner Einspruch gegen eine Adoption erheben würde. Dass die Tates sich gut um mich kümmerten, mich mochten und dass meine Aufenthalte in Norfolk für alle Beteiligten immer sehr gelungen gewesen waren, wusste man im Heim. Einer Adoption stand also nichts im Weg: Ich konnte Alison Tate, die Schwester von Simon und Vernon werden. Natürlich musste man Kontakt zu meiner Mutter aufnehmen, da man ihre Unterschrift auf den Adoptionspapieren brauchte.

Hätte meine Mutter diese Papiere unterschrieben, wäre ich bei den Tates in Norfolk aufgewachsen. Dann hieße ich heute

Alison Tate, und mein Leben wäre vollkommen anders verlaufen. Aber statt dass ich von den Tates adoptiert wurde und das Heim für immer verlassen konnte, endeten meine Besuche in Norfolk schlagartig. Damals wusste ich nicht, warum. Keiner nannte mir einen Grund, und so weinte ich still vor mich hin und fragte mich, wohin die Tates verschwunden waren. Warum kamen sie nicht mehr und besuchten mich? Ich nahm an, dass ich etwas schrecklich Böses getan hatte und dass sie deshalb nichts mehr mit mir zu tun haben wollten. Jahre später erfuhr ich, dass meine Mutter die Adoption verhindert hatte. Aus einem Grund, den nur sie allein kennt, trat sie genau zu dieser Zeit wieder in mein Leben.

Es war ein Tag wie jeder andere, ein Samstag, und ich krabbelte mit meinen Freunden in unserer Wohneinheit herum. Von unserem Spielzimmer im Erdgeschoss führten Terrassentüren hinaus auf einen betonierten Hof mit einem Rasenstreifen auf der anderen Seite. Auf dem Rasen saß ein Grüppchen von Leuten, die ich noch nie zuvor gesehen hatte. Meine Freunde und ich sahen zu ihnen hinüber und wir fragten uns, wer sie wohl waren. Als Nächstes kann ich mich erinnern, dass eine der Schwestern durch die Tür trat und mich wortlos hochnahm. Ich hatte zunächst keine Ahnung, was sie mit mir vorhatte, vielleicht wollte sie mich ja in die Krankenstation bringen, wo mich eine Ärztegruppe, die zu Besuch war, untersuchen sollte, oder sie hatten in der Werkstatt nach mir verlangt, um wieder einmal Maß für meine künstlichen Arme oder Beine zu nehmen. Aber schon im nächsten Moment wurde mir klar, dass es weder das eine noch das andere sein konnte, weil wir dazu in die falsche Richtung gingen. Sie trug mich zu dem leicht abfallenden Rasenstreifen und den seltsamen Fremden.

»Das sind deine Eltern.«

»Nein, sind sie nicht. Das ist nicht meine Mum. Meine Mum sieht ganz anders aus.«

Die Tates waren meine Eltern. Ich weigerte mich, mit den Fremden zu sprechen, und rutschte sofort die Böschung hinunter, um wegzukrabbeln, so schnell und so weit ich konnte. Aber die Schwester hob mich wieder hoch und setzte mich erneut neben diese Leute ins Gras – dabei hatte ich die Sache doch gerade geklärt! Mein Herz raste, mein Körper war vor Schreck wie erstarrt. Ich ahnte, dass dieses seltsame Zusammentreffen von entscheidender Bedeutung für mein zukünftiges Leben sein würde. Und das verstörte mich zutiefst.

Keine Erklärung. Keine Hilfe und kein Rat. Keiner, der sagte: »Hab keine Angst. Es wird alles gut.« Man erwartete von mir, dass ich glaubte, diese Leute, die wie aus dem Nichts aufgetaucht waren, seien meine Eltern. Einfach so. Nur glaubte ich es nicht. Zum einen sprachen sie so seltsam. Sie redeten in dem Dialekt, den man in Birmingham sprach und den ich noch nie gehört hatte, da ich mein bisheriges kurzes Leben fast ausschließlich in Südengland verbracht hatte. Da saß ich also, vier Jahre alt, und wurde wildfremden Menschen überlassen, die komisch redeten und mich von meinem Zuhause wegholen wollten. Ich war wie betäubt. Nun, diese Fremden waren meine beiden Großeltern, meine Schwester Vanessa, meine Mutter und ihr neuer Ehemann, mein Stiefvater Alan.

Sie verfrachteten mich in ihr Auto und nahmen mich mit nach Birmingham. Ich saß die ganze Fahrt über wie versteinert da. Immer wieder fragte ich, wo wir hinfuhren, wohin sie mich brachten. Möglicherweise antworteten sie mir und sagten, dass wir nach Birmingham fuhren, aber selbst dann hätte ich damit nichts anzufangen gewusst. Schließlich erreichten wir unser Ziel. Meine Mutter und mein Stiefvater lebten im obersten Stockwerk eines dreizehnstöckigen Hochhauses mit Sozialwohnungen. Der Lift fuhr nur bis in den elften Stock, darüber befand sich der Maschinenraum, was bedeutete, dass sie mich die letzten beiden Stockwerke die Treppen hinauftragen mussten. Ich wurde in eine kleine Dreizimmerwohnung gebracht und auf den Boden gesetzt. In meiner großen Verunsicherung nahm ich zunächst überhaupt nichts von meiner Umgebung wahr, bis mich Vanessa, meine Schwester, in das Zimmer brachte, das ich fortan mit ihr teilen sollte. Sie nahm sich meiner auf eine sehr natürliche und liebevolle Weise an, zeigte mir ihre Sachen und packte meinen Koffer aus. Ich war fasziniert von ihr – davon, dass ich eine Schwester hatte – und ließ mich bereitwillig von ihrer Freundlichkeit wie von schützenden Armen umfangen.

Mit meiner Mutter sah die Sache schon anders aus. Von ihr ging eine Kälte aus, als wäre ich eine lästige und unangenehme Sache, die ihr unglücklicherweise widerfahren sei, und ich erinnere mich, dass ich im Bett lag und völlig verstört war. Ich begriff zwar, dass diese Fremden meine eigentliche Familie waren und dass ich mich an diesen Gedanken gewöhnen musste, aber aus irgendeinem Grund verspürte ich nicht die Wärme und Geborgenheit und Liebe, die ich bei den Tates in Norfolk erfahren hatte.

4

Meine liebe Mutter

Meine Mutter. Wo soll ich beginnen? Wir haben eigentlich nie richtig über irgendetwas gesprochen, daher weiß ich im Grunde nicht, was sie empfand. Ein Sozialarbeiter fasste unsere Beziehung in einem Bericht folgendermaßen zusammen:

»Alison wurde im Alter von wenigen Wochen im Heim für behinderte Kinder aufgenommen, da ihre Mutter es ablehnte, sich um sie zu kümmern. Erst als Alison vier Jahre alt war, wandte sich der Sozialarbeiter an ihre mittlerweile wieder verheiratete Mutter, Mrs. Barber, in Birmingham, und es kam zu einem ersten Kontakt. Alison verbrachte in ihrer Kindheit die Ferien zwar mit ihrer Mutter und ihrem Stiefvater, aber die Beziehung war schwierig. Mrs. Barber empfand für Alison nur eingeschränkt Zuneigung, die sich als eine gewisse Bewunderung, gemischt mit Mitleid und Ablehnung, beschreiben lässt.«

Dem muss man wohl nicht viel hinzufügen, oder?

Meine Mutter, Veronica Barber, stammte aus einer Arbeiterfamilie in Birmingham und war zusammen mit zwei jüngeren Brüdern aufgewachsen. Ihr Vater gehörte dem linken Flügel des Stadtrats an und war Gewerkschaftsvertreter in einer Zeit, als man noch für keinen der beiden Posten Geld bekam. Er war ein altmodischer, sehr prinzipientreuer Mann ohne viel Geld. In späteren Jahren wurde ihm das in staatlichem Besitz befindliche Haus, in dem er und seine Familie wohnten, zum Kauf angeboten, aber er schlug das Angebot aus. Er hielt es nicht für richtig, so etwas zu tun. Ich glaube, dass die drei Geschwister die für die Arbeiterklasse typische Kindheit hatten. Es war immer genug Geld da, um die Grundbedürfnisse zu befriedigen, aber nie sehr viel mehr als das.

Meine Mutter verließ mit fünfzehn die Schule und arbeitete als Monatgearbeiterin in einer Fabrik, die Autoteile herstellte. Es fällt mir schwer, sie mir als Fabrikarbeiterin vorzustellen, aber sie musste wohl einer Arbeit nachgehen, und die Fabrik war eben einer der größten Arbeitgeber in der Gegend. Viele ihrer Freunde haben auch dort gearbeitet.

Sie sieht allerdings ganz und gar nicht wie eine Fabrikarbeiterin aus, eher wie eine Kosmetikerin oder Friseurin, und legt stets großen Wert auf ihr Äußeres. »Lieber gehe ich ohne Unterhosen aus dem Haus als ohne Make-up«, gehört zu ihren Standardsprüchen. Sie braucht länger dazu, ihr Make-up aufzutragen als ich, und das will etwas heißen! Mit ihrem langen, dichten braunen Haar und der schmalen Taille ist sie eine attraktive Frau. Alle meine Freunde, die sie kennen gelernt haben, erinnern sich an die beeindruckende Hochfrisur, zu der ihre Haare aufgetürmt waren. Es muss ihren Friseur jedes Mal Stunden gekostet haben, ihr die Haare zu waschen und in diese unglaubliche Form zu bringen.

Männern gegenüber ist sie sanftmütig und fröhlich und genießt es besonders bei gesellschaftlichen Anlässen, im Mittelpunkt der Aufmerksamkeit zu stehen. Sie kann allerdings auch sehr hart sein, wie ihre Mutter es ihr gegenüber nach meiner Geburt gewesen war, aber bei all ihrer inneren Kälte und dem glamourösen Auftreten gehört sie doch nicht zu den Menschen, die ehrgeizig sind und eine tolle Karriere oder Reichtum anstreben. Ihr jüngerer Bruder, mein Onkel Nick, mit dem ich mich vom ersten Moment an sehr gut verstand, ist ein Draufgänger und besitzt neben einem großen Haus auch noch mehrere Geschäfte. Meine Mutter dagegen ist zufrieden mit ihrem kleinen, billigen Häuschen, in das sie später einmal gezogen ist. Wobei dieses Häuschen natürlich wie das Innere einer Pralinenschachtel aussieht. Man kennt diesen Stil – jede Kleenexschachtel muss mit einem Spitzchendeckchen bedeckt sein, und alles ist immer an seinem Platz.

Bald nach meiner Geburt heiratete sie Alan Barber, einen Mechaniker. Soweit ich es beurteilen kann, hängen die beiden sehr aneinander. Ich mag Alan gern. Schon als ich meine ersten Ferien bei ihnen in Birmingham verbrachte, fing ich an, ihn Dad zu nennen, und das tue ich bis heute. Er ist ein sehr geduldiger Mann. Nur wenn wir alle im Flur warteten, weil wir das Haus verlassen wollten, und meine Mutter noch immer damit beschäftigt war, Lippenstift und Puder aufzutragen, verlor er die Geduld. Wie oft standen wir dort und warteten darauf, dass sie endlich in ihrer ganzen Pracht die enge Treppe heruntergerauscht kam. Alan ist stolz auf mich, und ich weiß, dass ihm viel an mir liegt. Er spielte Hoppe-Hoppe-Reiter mit mir und warf mich in die Luft, wie es alle Väter mit ihren kleinen Kindern tun. Ich genoss es, genauso wie die Aufmerksamkeit, die er mir entgegenbrachte.

Dagegen erinnere ich mich nicht, dass mich meine Mutter jemals umarmt, auf den Schoß genommen oder mir auf andere Weise die Zärtlichkeit einer Mutter gegenüber ihrem Kind gezeigt hat. Das konnte ich nie verstehen. Sie vergötterte meine ältere Schwester, war also durchaus fähig zu Liebe und Zuneigung. Vielleicht war sie ja so sehr um Äußerlichkeiten besorgt und darum, was die Leute denken mochten, dass meine Behinderungen sie überforderten. Sie sah mich manchmal mit einem Blick an, der mich bis ins Mark traf. Ich kann ihn nicht genau beschreiben, so viele Empfindungen schienen darin zu liegen: Enttäuschung, Wut, Mitleid, Ablehnung und ab und an blitzte sogar auch so etwas Ähnliches wie Zuneigung darin auf, aber eben nur so etwas Ähnliches. Ich sah diesen Blick oft. Er schien mir zu sagen, dass ich für sie wie eine Wunde war, die niemals heilen würde.

Ich habe mir oft vorzustellen versucht, wie es für sie gewesen sein muss, die kleine deformierte Alison zur Tochter zu haben, und ich bin überzeugt, dass es nicht leicht war. Sie hat niemals irgendeine Beratung oder professionelle Hilfe erhalten, um damit fertig zu werden, dass sie ein behindertes Kind auf die Welt gebracht hatte. Und es muss ihr schwer gefallen sein, bestimmte Gedanken und Gefühle, die sie mir gegenüber hegte, zu verbergen. Sicherlich gab sie zum Teil auch sich die Schuld dafür, wie ich aussah, obwohl man ihr das wohl kaum zur Last legen kann. Vielleicht wusste sie nicht, wie sie mit all der Schuld und dem Schmerz, die sie nach meiner Geburt empfunden haben muss, umgehen sollte, und übertrug ihre Selbstvorwürfe deshalb teilweise auf mich, um mit ihrem inneren Aufruhr fertig zu werden, was möglicherweise ganz natürlich ist. Es wäre so viel einfacher gewesen, wenn ich nie auf die Welt gekommen oder ein paar Tage nach der Geburt gestorben wäre, wie es die Leute im Krankenhaus prophezeit hatten.

Stattdessen erteilte sie dem Krankenhaus die Erlaubnis, mich irgendwohin zu bringen, wo sie mich nie mehr sehen musste. Dabei war ich ihr Kind. Das ist eine sehr schwere Entscheidung für eine Mutter, mit der sie bis zum Ende ihrer Tage zu leben hat. Wie sehr habe ich mich mit dem Gedanken gequält, dass sie mich keineswegs völlig hätte aufgeben müssen. Sie hätte darauf bestehen können, mich nach meiner Geburt zu sehen. Sie hätte darauf bestehen können, dass man ihr mitteilt, wohin ich gebracht worden war, und sie hätte darauf bestehen können, dass man ihr erlaubt, sich meines Wohlergehens im Kinderheim zu versichern, zumindest, als ich ein Baby war. Aber vielleicht hat sie das nicht fertig gebracht. Damals herrschten noch andere Zustände. Und dass sich an diesem Teil unserer Vergangenheit niemals mehr etwas ändern lässt, ist für uns beide schlimm.

Der Mensch, der mir in Birmingham am nächsten stand, ist meine Schwester Vanessa – Nessie. Sie und meine Mutter hatten einen ganz ähnlichen Geschmack – alles rosa und rot und verspielt –, aber ihr Verhältnis zu mir war wesentlich unkomplizierter als das meiner Mutter. Sie stand mir im Alter natürlich näher und war sehr viel offener. Ich bekam ein kleines Klappbett in einer Ecke von Nessies Zimmer und einen Schrank mit ein paar Kleidern und Spielsachen. Sie hatten einen niedrigen Hocker fürs Bad für mich angeschafft, den meine Mutter hasste, weil er die ganze sorgfältig ausgewählte Einrichtung durcheinander brachte. Unterschwellig blieb ihr Verhältnis mir gegenüber missbilligend, was auch dazu führte, dass ich mich zu Hause ständig wie ein Gast fühlte.

Nessie dagegen war immer nett zu mir, und ich fühlte mich in ihrer Gegenwart geborgen. Sie ließ mich an ihrem Leben teilhaben und nahm mich mit, wenn sie in den Park ging oder ins Schwimmbad. Auf unseren Ausflügen in die Welt draußen starrten uns die Leute nach, und wir mussten uns manche verletzende Bemerkung anhören, aber Nessie ließ sich nie davon aus der Ruhe bringen und verteidigte mich stets, wenn sich die Leute mir gegenüber gemein verhielten. Sie gab mir das Gefühl, dass ich etwas Besonderes für sie war, dass ich tatsächlich ihre Schwester war.

Ich sah ihr gerne zu, wenn sie Make-up auflegte. Bevor sie sich selbst schminkte, zeigte sie mir, wie ich Lippenstift und Wimperntusche auftragen konnte. Und sie verpasste mir einen flotten Lidstrich. Ich liebte und bewunderte sie. Sie war meine Freundin – und auch ich bedeutete ihr etwas.

Während meiner ersten Zeit im Heim hatte ich eine Blinddarmentzündung, die aber nie diagnostiziert wurde. Einmal während der Weihnachtsferien, ich war sieben Jahre alt, bekam ich erneut Bauchschmerzen. Ich versuchte, sie zu ignorieren, aber die Schmerzen wurden immer schlimmer. Am Weihnachtsabend musste ich mich alle zehn Minuten übergeben. Weder meine Mutter noch Alan kümmerten sich um mich. Es war Nessie, die sich während dieser langen Nacht, in der ich mich ständig übergab, um mich sorgte. Ich lag im Bett und hoffte, dass die Schmerzen vergehen würden, aber das taten sie nicht, und im nächsten Moment wurde mir schon wieder übel, und ich rief mit erstickter Stimme nach Nessie. Sie kam sofort, half mir aus dem Bett und brachte mich auf die Toilette. Bald war klar, dass es keinen Sinn hatte, jedes Mal wieder ins Bett zu gehen, daher hielt sie mich die ganze Nacht über der Kloschüssel. Sie musste mein volles Gewicht stützen und hatte bestimmt schreckliche Rückenschmerzen, aber sie blieb geduldig bei mir, hielt mich fest und sagte mir immer wieder, dass bald alles wieder gut sein würde. Sie war einfach wunderbar.

Ich weiß nicht, warum sich meine Mutter und Alan nicht mit Nessie abwechselten. Möglicherweise begriffen sie nicht, wie ernst mein Zustand war. Irgendwann riefen sie dann jedenfalls doch einen Arzt. Ich hatte in dieser Nacht einen Blinddarmdurchbruch gehabt, und es drohte eine schwere Bauchfellentzündung. Noch war sie in einem frühen Stadium und konnte behandelt werden, bevor sie lebensbedrohlich wurde.

Diese Geschichte zeigt den Unterschied zwischen dem Verhältnis, das Nessie zu mir hatte, und dem, das meine Eltern zu mir hatten. Sie tat Dinge für mich, die zu Hause sonst niemand für mich tat, und dafür liebe ich sie noch heute. Sie war diejenige, auf die ich mich auf meinen Fahrten nach Hause freute, weil wir so vieles gemeinsam unternahmen. Wir saßen abends zusammen und vervollkommneten unsere Schminkkünste, und nur manchmal, wenn ich ihr wieder einmal Löcher in den Bauch fragte, reagierte sie gereizt. Als Nessie älter wurde und ihren ersten Freund hatte, hatte ich weniger von ihr. Wenn sie sich abends zum Ausgehen fertig machte, versuchte ich mit allen Mitteln, sie so lange wie möglich aufzuhalten, und auch wenn sie mir gegenüber noch genauso freundlich und liebevoll war wie zuvor, hatte sie jetzt doch andere Dinge im Kopf.

Mit neunzehn wurde sie schwanger, heiratete den Vater ihres Kindes und verließ das Haus. Nun war Nessie nicht mehr da, wenn ich in den Ferien nach Birmingham kam, nur noch Alan und Mutter, und das war ein schwerer Schlag für mich. Alan arbeitete in der Nachtschicht in einer Fabrik. Wenn ich morgens aufwachte, war er gerade von der Arbeit nach Hause zurückgekehrt und schlief tief und fest. Für meine Mutter wiederum hatte die Morgenschicht begonnen. Mein Frühstück wartete auf mich, eine Schüssel Cornflakes, die sich in eine breiige Masse verwandelt hatten, weil meine Mutter schon ein, zwei Stunden vor meinem Aufwachen die Milch dazugeschüttet hatte. Da der Küchentisch zu hoch für mich war, stand die Schüssel auf dem Boden, und oft hatte sich bereits die Katze darüber hergemacht. Nach dem Frühstück las ich Zeitung – sie hatten die *Sun* abonniert – und krabbelte durch die Wohnung, möglichst leise, damit ich Alan nicht weckte. Nur wenn ich dringend aufs Klo musste, blieb mir nichts anderes übrig, als ihn aus dem Schlaf zu reißen, damit er mir half, weil ja sonst niemand da war. Meist verbrachte ich die Vormittage vor dem Fernseher, den ich ganz leise gedreht hatte. Ich erinnere mich daran, wie einsam ich mich fühlte und wie langweilig mir war. Ich hatte keine Freunde, und meine Eltern hatten kaum Zeit für mich.

Mittags kam meine Mutter aus der Fabrik zurück und machte uns beiden etwas zu essen, oft nur ein Sandwich oder etwas in der Art. Im Sommer zog sie sich bis auf den BH aus, schmierte sich mit Sonnencreme ein und legte sich in den Garten, um sich zu bräunen. Ich setzte mich neben sie und spielte mit meinen Puppen, stets in der Hoffnung, dass sie sich mit mir unterhalten würde, was sie aber kaum je tat. Da ich Angst hatte, sie zu stören, richtete ich auch nicht das Wort an sie, so dass wir die Zeit im Grunde schweigend miteinander verbrachten. Jahre später, als ich sie danach fragte, gab sie mir allein die Schuld dafür: »Du hast doch nie etwas gesagt, Alison.«

Sie war mir sehr fern, fast wie ein Wesen von einem anderen Stern, und dauernd lief sie zum Friseur. Einmal war Alan mit uns im Garten. Meine Mutter ging durch das Gartentor, die braunen Haare auf dem Kopf aufgetürmt. Zwei Stunden später trat eine schicke Blondine durch dasselbe Tor. Obwohl sie das gleiche Kleid wie meine Mutter trug und genau wie sie sprach, erkannte ich sie nicht. Sie hatte sich äußerlich so sehr verändert, dass es sicher eine halbe Stunde dauerte, bis ich begriff, dass sie es war.

Nur die Freitage und Samstage waren etwas netter. Es war Wochenende, und Alan ging zum »Outhouse«, wie sie den Laden an der Ecke nannten, und kaufte Chips und Süßigkeiten. Dann lümmelten wir uns aufs Sofa und verbrachten den Abend mit Fernsehen, egal, was kam, aßen Chips und stopften nach Herzenslust Süßigkeiten in uns hinein. Ich saß grundsätzlich neben Alan, nicht neben meiner Mutter, und er hielt meinen Fuß, als hielte er meine Hand. Das war seine nette Seite, Balsam für meine Seele. Sie erlaubten mir, so lange aufzubleiben und fernzusehen wie sie selbst, und dann ging es ins Bett. Als Nessie noch zu Hause gewesen war, hatte sie mir immer eine Gutenachtgeschichte vorgelesen, aber meine Eltern hatten dazu keine Lust. Da hieß es nur, Zähne putzen, ab ins Bett und Licht aus.

Ich habe nie verstanden, was meiner Mutter an mir nicht gepasst hat. Abgesehen von den fehlenden Gliedmaßen, natürlich. Sie ärgerte sich über die verschiedenen Apparaturen, mit denen ich angereist kam. Sie fand wohl, dass sie hässlich waren und das Haus verunzierten, weshalb die Heimleitung auch mitteilte, dass ich nur »einen kleinen Koffer« mitbringen durfte, wenn ich nach Hause fuhr. Aber ich brauchte sie nun mal. Und das Personal im Heim hielt es darüber hinaus für unabdingbar, dass wir lernten, sie zu benutzen. Sie wollten, dass wir für uns selbst sorgen konnten, dass wir funktionierten. Und so musste ich wie jedes andere Kind auch lernen, mich selbst anzuziehen.

Dazu benutzte ich zuerst einen Holzständer, der ein bisschen wie eine Staffelei aussah. Daran waren im Abstand von etwa einem halben Meter zwei mit Gumminoppen überzogene Holzstäbe befestigt, die jeweils etwa zehn Zentimeter lang waren. Ich zog meine Unterhose mit den Füßen auseinander und spannte sie dann mit dem Mund über die beiden Stäbe. Die Gumminoppen hielten sie fest, und ich trat in die Beinlöcher und wand mich so lange, bis die Unterhose an der richtigen Stelle saß. Mit T-Shirts oder Blusen verfuhr ich genauso – ich streifte sie über die beiden Stäbe und machte dann eine Art Kopfsprung in den Halsausschnitt.

Es dauerte Jahre, bis ich die Technik beherrschte. Ich übte im Heim immer vor dem Frühstück, aber es war eine furchtbar frustrierende Angelegenheit. Regelmäßig brach ich in Tränen aus, wenn ich es selbst nach einem zwanzigminütigen Kampf nicht geschafft hatte, mir auch nur ein Kleidungsstück anzuziehen.

Nach ein paar Jahren wurde die Staffelei mit den beiden Stäben durch Haken ersetzt, die in die Wand gedübelt wurden – nur dass meine Mutter sich weigerte, sie zu befestigen, weil sie die Wand verunstaltet hätten.

Später entwarf Peter Tutt, der Mechaniker, der alle meine Apparaturen für mich konstruierte, eine neue Anziehhilfe für mich. Sie bestand aus zwei Aluminiumstäben, hatte Gelenke und jeweils an einem Ende der Stäbe einen Haken, mit dem ich meine Kleider überstreifen konnte. Besonders praktisch war, dass ich sie überallhin mitnehmen konnte. Allerdings verursachte sie mir ziemliche Nackenschmerzen, weil ich das Ding nur mit dem Mund bedienen konnte. Ich musste meinen Kopf fast um hundertachtzig Grad drehen, um mir meine Hose über den Hintern zu ziehen. Heute, dreißig Jahre später, habe ich ernsthafte Rücken- und Nackenprobleme.

Nachdem Nessie ausgezogen war, kam ich kaum mehr aus dem Haus, außer um Verwandte zu besuchen oder hin und wieder einen meiner wenigen Freunde. Wir drei gingen jedenfalls nie zusammen weg, um uns zu vergnügen, um ans Meer zu fahren oder einen Rummelplatz zu besuchen. Meine Eltern verreisten durchaus, oft sogar ins Ausland, aber sie legten ihre Urlaube immer so, dass sie mit meiner Rückkehr in die Einrichtung zusammenfielen. Wenn ich sie dann das nächste Mal besuchte, holten sie ihre Urlaubsfotos hervor und zeigten mir all die Orte, an denen sie gewesen waren. Sie erzählten mir, wie schön es gewesen sei. Vielleicht war ihnen tatsächlich nicht bewusst, wie sehr sie mich damit verletzten und wie ausgeschlossen ich mich fühlte.

Von Zeit zu Zeit besuchte uns ein Sozialarbeiter zu Hause, um zu sehen, wie wir zurechtkamen. Ich denke, sie wussten, dass mit unserem Familienleben etwas nicht stimmte, aber sie kamen nie zu einer Entscheidung, was sie deswegen unternehmen sollten. Meine Mutter war geschickt darin, sie abzublocken. Hier sind ein paar Auszüge aus dem Bericht eines Sozialarbeiters aus dem Jahr 1977, als ich zwölf Jahre alt war. Nessie war damals schon ausgezogen.

»Es fällt mir ziemlich schwer, den Eindruck in Worte zu fassen, den ich bei diesem Besuch gewonnen habe ... Das kleine Reihenhaus ist sehr ordentlich und teuer eingerichtet, alles hat seinen festen Platz, so dass es fast einen unbewohnten Eindruck macht. Mir ist jetzt auch klar, warum Alison ihre Prothesen daheim nie trägt, einerseits weil überall im Haus Stolperschwellen sind, andererseits weil sie viel Zeit allein verbringt und weil ihre Mutter sie störend und hässlich findet.

Alison scheint kaum aus dem Haus zu kommen, und wenn, dann nur mit dem Auto, und selbst das kommt offenbar nicht oft vor. Ich habe vorgeschlagen, dass Alison in die Bücherei gehen könnte, um sich ihre Bücher dort selbst auszusuchen, aber die Mutter erklärte, dass Alison ohnehin kein Buch aufschlagen würde, dass sie genug Bücher hätte und dass sie ihr alles kaufen würde, was sie wollte.

Sie isst auf dem Boden, und manchmal geht die Katze an ihr Essen. Alison weiß nicht, wie sie es ihren Eltern recht machen soll. Wenn sie um Erlaubnis wegen irgendetwas fragt, sagt man ihr, sie brauche nicht zu fragen, sie sei schließlich dort zu Hause, aber wenn sie es nicht tut, dann bekommt sie einen Rüffel.«

Diese letzte Bemerkung erfasst genau, wie meine Mutter mit mir umging. Egal, wie ich es machte, es war verkehrt.

Meine Mutter musste ihr Einverständnis erklären, wenn ich in Begleitung irgendwelcher Besucher das Heim verlassen wollte oder wenn sie mich übers Wochenende mit zu sich nach Hause nehmen wollten. Ich habe es immer sehr genossen, während der Schulzeit mal wegzukommen, weil meine Eltern mich kaum jemals besuchten. Wenn ich in den Ferien nach Hause fuhr, erzählte ich immer davon und beschrieb die Orte, an denen ich gewesen war, und wie schön es mit meinem Besuch gewesen sei.

Jahre später erzählte mir eine Sozialarbeiterin, dass sich meine Mutter an die Heimleitung gewandt und sie veranlasst hatte, mich nicht mehr mit diesem oder jenem meiner Besucher weggehen zu lassen, wenn ich mich zu begeistert über ihn äußerte. Ich war vollkommen ahnungslos. Ich nahm immer an, dass ich etwas getan oder gesagt hatte, was die betreffende Person gegen mich aufbrachte, und dass sie deswegen den Kontakt zu mir abbrach. Ich wuchs mit dem Gefühl auf, dass mit mir etwas nicht stimmen konnte, weil die Leute sich immer wieder so radikal von mir abwendeten. Hätte ich gewusst, wie es wirklich war, dann hätte ich meinen Eltern niemals etwas von diesen Ausflügen erzählt, wenn ich in den Ferien bei ihnen war. Die einzige Besucherin, die mir nicht verboten wurde, war eine Frau namens Jackie, die immer mal wieder mit mir ausging, als ich fünfzehn war. Und von Jackie hatte ich zu Hause nie etwas erzählt.

Rückblickend frage ich mich, ob meine Mutter zu den Operationen, denen ich mich unterziehen musste, ihre Einwilligung gegeben hat, ohne sich über die Folgen Gedanken gemacht zu haben. Vermutlich nahm sie an, dass die Ärzte schon wussten, was sie taten, nur waren einige dieser Operationen, die zum Ziel hatten, dass ich mit den Prothesen besser zurechtkam, völlig unnötig. Von einer dieser Operationen habe ich eine Narbe quer über meiner linken Brust zurückbehalten.

Mit sechzehn unternahm ich den ersten Versuch, mit meiner Mutter über meine Geburt zu sprechen. Ich wollte schon damals, wie übrigens noch heute, möglichst viel über meine Behinderung in Erfahrung bringen. So habe ich mich beispielsweise mit einem Genetiker darüber unterhalten, aber alles, was er mir sagen konnte, war, dass er keine Ahnung habe. Normalerweise gingen so schwer missgebildete Föten bei einer Fehlgeburt ab. Warum also hatte ich überlebt? Ich muss einen unglaublichen Lebenswillen gehabt haben, es ist ein regelrechtes Wunder. Ich habe nie ernsthaft mit meinem Schicksal gehadert, aber ich wollte eine Erklärung. Ich wollte mehr über die Umstände erfahren und Antworten auf Fragen bekommen, mit denen ich mich mein Leben lang herumgeschlagen habe. Was war bei meiner Geburt geschehen? Warum hatte meine Mutter zugelassen, dass man mich ins Heim brachte? Warum war ich so lange Zeit dort, bevor sie mich wenigstens zeitweise zu sich nahm? Es schien ihr schwer zu fallen, über ihre Gefühle zu sprechen, und darüber, was passiert war. Ich wollte so viel wie möglich darüber herausfinden, damit ich verstehen konnte, warum sie zugelassen hatte, dass man mich von ihr wegbrachte, und warum sie mir gegenüber immer so abweisend war. Aber ihre Reaktion bestand nur darin, allen anderen die Schuld in die Schuhe zu schieben. Sie behauptete, dass die anderen, nicht sie, Fehler gemacht hätten. Sie war emotional sehr kontrolliert, wie es so typisch für Engländer ist, und sie konnte es nicht leiden, wenn ich weinte oder sonst irgendwelche Gefühle zeigte. Mit Gefühlen kann sie überhaupt nicht umgehen. Die Begleitumstände meiner Geburt hat sie sich so zurechtgelegt, dass es ihren Seelenfrieden am wenigsten gefährdet. Deshalb nimmt sie eine Haltung ein, die für sie am wenigsten schmerzhaft ist und ihr die geringsten Schuldgefühle verursacht. Und dazu muss sie eben auch manchmal die Fakten etwas zurechtbiegen.

Eine der schwerwiegendsten dieser »Schadensbegrenzungen« kam erst ans Tageslicht, als ich mit diesem Buch begonnen hatte. Ich wollte so viel Material wie möglich zusammentragen und hatte die örtlichen Behörden angeschrieben und gebeten, mir alle Unterlagen aus meiner Zeit in der Einrichtung zukommen zu lassen. Man erklärte mir, dass die Unterlagen verloren gegangen seien. Da ich das nicht akzeptieren wollte, fragte ich bei anderen Behörden nach, ob es nicht irgendwelche Papiere gebe, die in ihren Archiven eingelagert worden sein könnten. Monate später förderte man tatsächlich über hundert

Din-A4-Seiten zutage und schickte mir auf meine Bitte hin Kopien davon.

Als ich nach einer Stippvisite in London zurück nach Hause kam, wartete ein großer Umschlag auf mich. Ich sah ihn auf der Matte hinter der Tür liegen und wurde plötzlich von einem Gefühl der Bedrohung und Verunsicherung befallen. Was würde ich in diesen Unterlagen entdecken? Die Leute, die das verfasst hatten, hatten es in dem Glauben getan, dass ihre Berichte vertraulich waren und auch bleiben würden – insbesondere vor mir, um die es in den Aufzeichnungen letztlich ging, sollten sie unter Verschluss gehalten werden.

Ich ging in mein Wohnzimmer und setzte mich mit einer Tasse Tee in meinen Lieblingssessel. Ich wollte mich sammeln und wappnen. Der Freund, der an diesem Tag bei mir war, hatte den Umschlag für mich geöffnet und den Inhalt auf dem Glastisch vor mir ausgebreitet. Ich trank langsam meinen Tee durch einen Strohhalm und betrachtete den dicken Stapel weißen Fotokopierpapiers. Wir machten ein paar Witze, was wir wohl in den Papieren entdecken würden: irgendwelche überraschenden Neuigkeiten oder seitenweise langweilige Berichte, die nichts Interessantes enthüllten. Ich trank weiter meinen Tee, aber nach zehn Minuten überwand ich meine Angst und nahm das erste Blatt.

Es stand nicht viel darauf. Es handelte sich um ein Formular des Sozialamts, das anlässlich meiner Verlegung ins Behindertenheim mit knapp sechs Wochen ausgefüllt worden war. Ich überflog rasch die maschinengeschriebenen Einträge. Von einem solchen Standardformular erwartete ich eigentlich keine interessanten Informationen. Da stand mein Name, Geburtsdatum, Nationalität und Geburtsort – das Übliche eben. Ungefähr auf der Hälfte des Blatts begann ein Abschnitt, der mit »Familie« überschrieben war. Als ich zu diesen Einträgen kam, stockte mir plötzlich der Atem:

Vater: George Morton, 32, Busfahrer
Mutter: Veronica Lapper, 29, Montagearbeiterin
Andere Kinder: Vanessa, 8
Vater war von seinem 16. bis zu seinem 24. Lebensjahr in der
Navy (Adresse unbekannt)

»Nein!«

»Was ist?«

»Sieh dir das mal an!«

Während mein Freund das Dokument las, spürte ich, wie
es mir die Luft abschnürte und mir leicht schwindlig wurde.
Mein ganzes Leben hatte ich geglaubt, was mir meine Mutter
erzählt hatte: dass Vanessa und ich denselben Vater hatten,
Gordon Lapper. Ich hatte neununddreißig Jahre meines Lebens den Namen Lapper getragen, in der Überzeugung, das
sei der Name meines Vaters. Und plötzlich wurde mir diese
nicht besonders schöne, aber vertraute Geschichte genommen. Sie entpuppte sich als komplette Lüge. Doch die Wahrheit konnte ich auch nicht glauben. Ich nahm mir noch einmal das Formular vor und las die wenigen getippten Worte
wieder und wieder. Es fiel mir schwer zu akzeptieren, was ich
da las. Warum nur hatte mich meine Mutter all die Jahre be-
logen?

Sie musste eine Affäre mit einem Mann namens George
Morton gehabt haben und schwanger geworden sein. Zur damaligen Zeit war es sicher am einfachsten und am wenigsten
beschämend, dies vor den Augen der Welt zu verbergen. Und
als die Jahre ins Land zogen, fiel es ihr vermutlich immer leichter, bei der einmal erfundenen Geschichte zu bleiben: dass ich
die Tochter von Gordon Lapper, dem Vater von Nessie, war.
Aber die Moralvorstellungen hatten sich gewandelt, und man
wusste mittlerweile, dass es nicht zuträglich war, die Wahrheit
zu unterdrücken und solche Geheimnisse für sich zu behalten.

Nicht zuletzt, weil sie schließlich doch ans Tageslicht kommen mussten. Warum hast du mich nur angelogen, Ma?

Ich durchlebte ein Wechselbad der Gefühle – Zorn, Schock, Bestürzung und sogar ein wenig Erleichterung, wenigstens jetzt die Wahrheit zu erfahren. Aber über alldem schwebte ein Wort, das mich schon immer verfolgt und meine Empfindungen gegenüber meiner Mutter geprägt hatte: Betrug. Ich dachte über unsere Mutter-Tochter-Beziehung nach. Was hatte ich getan? Verhielt ich mich tatsächlich so falsch, dass alle unsere Probleme mir angelastet werden konnten? Ich glaube nicht. Ich hatte mich immer bemüht, ihren Vorstellungen gerecht zu werden. Ich wollte, dass sie zufrieden mit mir war, aber sie war es nie. Ich war einfach immer an der Aufgabe gescheitert, ihre Tochter zu sein. Die Unzufriedenheit meiner Mutter zeigte sich selbst zu solchen Anlässen wie meinen Geburtstagen. Die Geburtstage, die ich zu Hause verbrachte, waren nie etwas Besonderes. Es gab nie eine Feier. Niemand kam vorbei, und meine Mutter ging wie üblich zum Arbeiten. An meinem siebzehnten Geburtstag kam sie zu mir, überreichte mir mein Geschenk und eine Glückwunschkarte – doch, doch, die bekam ich – und sagte: »Weißt du, wenn es damals schon Ultraschalluntersuchungen gegeben hätte, würdest du heute nicht hier stehen.«

Ich habe keine Ahnung, ob sie mich bewusst provozieren oder meine Reaktion testen wollte, oder ob sie mich einfach verletzen wollte. Vielleicht war es ja auch nur ein Witz, ich weiß es nicht. Das gehörte zu meinem Leben wie das Amen in der Kirche: Alles konnte eine Schimpfkanonade meiner Mutter hervorrufen. Einmal besuchte ich Nessie bei ihr zu Hause, ich war damals Mitte zwanzig. Auch meine Mutter und meine Großmutter waren da. Damals waren gerade Zysten an meinen Eierstöcken diagnostiziert worden, und meine Großmutter erkundigte sich nach meinem Befinden. Ich antwortete ihr, dass ich im Moment nicht darüber sprechen wolle, sie aber am nächsten Tag anrufen würde. Sie nickte, und wir plauderten weiter über irgendwelche anderen Dinge.

Als wir dann auf dem Heimweg waren, fuhr meine Mutter mich an, dass ich nie mehr so mit meiner Großmutter sprechen dürfe und sie am nächsten Tag anrufen solle, um mich zu entschuldigen. Im Grunde ging es ihr jedoch darum, mich für irgendeine Bemerkung Nessie gegenüber zu bestrafen, die sie in den falschen Hals bekommen hatte. Nessie war der Anlass für viele Streitereien zwischen uns. Meine Mutter hielt meine Schwester für wunderbar, und das war sie ja auch in vielerlei Hinsicht, aber sie musste uns ständig vergleichen, und diese Vergleiche fielen stets zu meinen Ungunsten aus. Nessies Ehe und Kinder wurden gefeiert, als wäre sie mit olympischem Gold nach Hause gekommen, doch egal, welche Leistungen ich erbrachte – sei es, dass ich Schulsprecherin wurde, Kunstwettbewerbe gewann oder mir die Mitgliedschaft in der Vereinigung der Mund- und Fußmalender Künstler angeboten wurde –, sie konnte sich nie überwinden, sie zu würdigen. Ich kann mich nicht erinnern, während meiner ganzen Kindheit jemals ein Wort des Lobes oder der Ermutigung aus ihrem Mund gehört zu haben. Als ich siebzehn Jahre alt war, gab ich unsere Beziehung mehr oder weniger auf. Sie tat mir einfach zu sehr weh. Ich besuchte meine Mutter auch später noch gelegentlich in Birmingham, aber nach diesen Besuchen fühlte ich mich immer vollkommen erschöpft, wie durch die Mangel gedreht.

Mein ganzes Leben lang habe ich mich nach der Liebe und Bestätigung meiner Mutter gesehnt, aber sie konnte sich nie dazu durchringen, sie mir zu schenken. Der Rest der Familie hat offensichtlich nicht bemerkt, dass unsere Beziehung grundlegend gestört war. Zumindest behaupten sie das, und es mag auch bis zu einem gewissen Grad stimmen, wobei ich durchaus weiß, wie schwierig es ist, sich in die Beziehung eines anderen Menschen zu seinem Kind einzumischen. Vermutlich haben sie lieber die Ahnungslosen gespielt, als mit meiner Mutter zu reden. Was hätten sie auch sagen sollen? Unsere Beziehung ist so, wie sie ist. Vielleicht ist die Erklärung dafür im schlechten Gewissen meiner Mutter zu suchen. Vielleicht hat sie sich auch nie damit abfinden können, wie ich aussehe. Vielleicht kann sie auch meinen Ehrgeiz nicht leiden und das, was sie als meinen südenglischen Akzent bezeichnet, der ihrer Meinung nach von Arroganz zeugt. Sie hält die Südengländer allesamt für hochmütig und distanziert, und das bezieht mich mit ein. Ich halte mich für etwas Besonderes, das stimmt. Ich bin, anders als der Rest der Familie, nicht im Arbeitermilieu aufgewachsen. Und ich habe wesentlich höhere Erwartungen und Vorstellungen bezüglich dessen, was ich erreichen will, als meine Mutter sie jemals für sich hatte.

Ich glaube, sie hat sich nie mit meiner Behinderung abgefunden und damit, dass ich nicht glücklich und zufrieden bin und bescheiden und still in einer Ecke sitze. Es hat lange gedauert, bis mir klar wurde, dass sie mich einfach nicht versteht und nicht begreift, was ich vom Leben will, und dieser Gedanke hat in gewisser Weise etwas Tröstliches. Langsam kann ich auch akzeptieren, dass ich niemals die liebende, verständnisvolle Mutter haben werde, die ich mir immer gewünscht habe, und dass sie nie die normale, mit allen Gliedmaßen ausgestattete Tochter haben wird, die sie sich immer gewünscht hat.

5

Der Junior-Trakt

Als ich fünf Jahre alt wurde, zog ich in den Junior-Trakt um, der sich in einem anderen Gebäude befand. Das Pflegepersonal war für unsere Versorgung zuständig, aber beaufsichtigt wurden wir von Hilfskräften. Es herrschte ein Drill wie auf dem Kasernenhof. Unsere Aufseher waren besessen von Ordnung und Pünktlichkeit und hielten sich strikt an den täglichen Stundenplan, der die Mahlzeiten, den Unterricht und den übrigen Tagesablauf festlegte.

Das Leben im Junior-Trakt war erbärmlich. Ich kenne niemanden, der auch nur ein gutes Wort über seine Zeit im Junior-Trakt verlieren würde. Woran liegt das? Ganz einfach. Diese Leute haben uns missbraucht. Sie haben uns ausgebeutet. Sie haben uns terrorisiert. Es gibt keine freundlichere Beschreibung dafür.

Ich erinnere mich an eine spezielle Clique von Aufsehern, die die Anführer waren. Sie gebärdeten sich in dem überschaubaren Reich des Junior-Trakts wie Despoten. Ich glaube nicht, dass auch nur einer von ihnen irgendeine Qualifikation in Kinderpflege vorweisen konnte, und es ist mir ein Rätsel, warum man diese Leute eingestellt hat. Vielleicht war es schwierig, jemanden zu finden, der im Behindertenheim arbeiten wollte. Bestimmt war die Bezahlung nicht besonders gut. Oder man dachte, sie wären in der Lage, unter den aufsässigen Kindern Zucht und Ordnung zu halten. Wie dem auch sei, sie waren jedenfalls da, und wir fühlten uns ihnen auf Gedeih und Verderb ausgeliefert. Damals gab es keine besonderen Gesetze und Bestimmungen zum Schutz von Kindern, und wir hatten den Eindruck, dass ihnen nichts Einhalt gebieten könnte.

Es ist schrecklich, das sagen zu müssen, aber die Kinder, die am schwersten behindert und am schutzlosesten waren, noch viel mehr als ich, waren diejenigen, die sie am schlimmsten misshandelten und quälten. Sie missbrauchten sie körperlich und seelisch. Der körperliche Missbrauch war auf den ersten Blick schlimmer und versetzte uns in Angst und Schrecken, aber die seelischen Wunden gingen tiefer und brauchten sehr viel länger zum Heilen. Und sie hinterließen keine sichtbaren Narben. Viele Kinder wurden durch die Erfahrungen, die sie im Junior-Trakt machten, für ihr Leben gezeichnet.

Ich muss gestehen, dass wir alle zu feige waren, jemanden zu verteidigen, den diese miesen Typen auf dem Kieker hatten. Kam es zu irgendwelchen Übergriffen, war ich jedes Mal einfach nur froh, wenn es mich nicht traf. Wir lebten in unserem Trakt in ständiger Furcht. Unter der Woche war natürlich die Schule ein sicherer Hort, aber nur bis vier Uhr, wenn der Unterricht endete. Wir trödelten immer alle so lange wie möglich im Klassenzimmer herum, aber irgendwann wurden wir schließlich hinausgetrieben und in unsere Wohneinheit zurückgeschickt, um dort unseren Tee zu trinken. Für den Weg von der Schule zurück in unser Gebäude brauchten wir ungefähr drei Minuten, die wir immer so lange wie möglich auszudehnen versuchten. Keiner hatte es eilig, dort anzukommen oder der Erste zu sein, der durch die Tür trat, weil wir nie wissen konnten, was uns erwartete – wen sie sich dieses Mal herauspicken oder was sie mit ihm anstellen würden. Das war vermutlich einer der Gründe, warum wir alle so gern in die Schule gingen. Der Unterricht konnte Spaß machen oder langweilig sein oder auch anstrengend, aber keiner der Lehrer traktierte uns jemals so, wie wir im Junior-Trakt malträtiert wurden.

Einer der Aufseher war besonders gewalttätig. Und er konnte tun und lassen, was er wollte, weil es weit und breit niemanden gab, der ihn daran gehindert hätte. Er begann sein Unterhaltungsprogramm oft damit, dass er spielerisch mit einem von uns zu raufen anfing, für gewöhnlich mit einem der am schwersten behinderten und schwächsten Kinder, aber schnell wurde aus dem Spiel bitterer Ernst, und seine Schläge oder Tritte oder Stöße taten dem Kind wirklich weh. Eine andere seiner Lieblingsbeschäftigungen bestand darin, uns hochzuheben und quer durch den Raum zu schleudern. So eine Art Wurfspiel, bei dem er allerdings nicht besonders treffsicher war. Er stellte sich mit einem von uns auf dem Arm ans eine Ende des Spielzimmers und warf uns dann in einem hohen Bogen quer durch den Raum auf die andere Seite. Ich schätze, dass dazwischen mindestens fünf oder sechs Meter lagen. Auf der anderen Seite gab es ein paar Kissen, auf die er zielte. Gelegentlich klappte es, und wir landeten auf den Kissen, aber meistens verfehlte er sie. Dann schlugen wir mit einem lauten Knall auf dem Fußboden auf. Wenn wir uns dabei verletzten und Schmerzen hatten, war es ganz wichtig, nicht zu weinen, weil er uns sonst entweder anbrüllte oder sich ein anderes Kind schnappte und dieses mit noch mehr Schwung in Richtung Kissen warf.

Es war unglaublich. Da vertraute man einem Mann ohne entsprechende Ausbildung und Qualifikation eine Gruppe von Kindern an, Jungen und Mädchen im Alter zwischen fünf und elf Jahren, für die er allein verantwortlich war. Und er war nicht der Einzige.

Leider konnten wir nicht darauf zählen, dass die Schwestern uns halfen, da das Personal wie Pech und Schwefel zusammenhielt. Es war schlichtweg undenkbar, dass eine Schwester eines der Kinder vor einem der anderen Angestellten in Schutz genommen hätte. Einmal, als wir besonders schlimme Misshandlungen über uns hatten ergehen lassen müssen, beschlossen wir, eine der Lehrerinnen um Hilfe zu bitten. Wir berichteten ihr von einigen der Vorkommnisse im Schlafsaal und fragten sie, ob sie uns helfen könnte, etwas dagegen zu unternehmen. Sie hörte sich an, was wir ihr erzählten, und nahm es ernst genug, um zur Pflegeleitung zu gehen und sie darüber zu informieren. Ich habe keine Ahnung, was bei dieser Unterredung gesagt wurde, aber die Folgen für uns Kinder waren so, wie wir es uns eigentlich hätten denken können. Die für unseren Schlafsaal zuständige Oberschwester schimpfte uns aus, weil wir einer Lehrerin Lügenmärchen erzählt hätten, und zur Strafe mussten wir alle eine Woche lang früher ins Bett. Die Lehrerin erhielt eine Abmahnung und wurde angewiesen, ihre Nase gefälligst nicht in die Angelegenheiten des Pflegepersonals zu stecken. Und alles blieb beim Alten.

Für uns sah die Sache so aus: Wir hatten uns mit unseren Problemen an eine Erwachsene gewandt, und sie hatte ernsthaft versucht, uns zu helfen. Aber das hatte nur dazu geführt, dass wir wieder zu leiden hatten. Wir haben uns nie mehr an jemanden vom Personal gewandt, wenn wir Hilfe brauchten. Es hieß nur noch Erwachsene gegen Kinder. Die und wir. Die Frage war nicht, ob unser Wort gegen ihres stand. Darum ging es überhaupt nicht. Für das Personal waren wir bei jeder Auseinandersetzung automatisch im Unrecht, weil in ihren Augen unser ganzes Tun nur dazu diente, entweder Schwierigkeiten zu machen oder Aufmerksamkeit zu bekommen.

Natürlich bestand nicht das gesamte Heimpersonal aus Sadisten. Einige der Betreuer waren sehr nett und fürsorglich, aber viele von den jüngeren und vor allem die ungelernten Hilfskräfte scherten sich einen Teufel um uns. Sie schienen ihre Grausamkeiten zu genießen. Meistens waren es Kleinigkeiten, aber wir mussten uns tagaus, tagein ihre Gemeinheiten und Sticheleien anhören, was uns das Leben zur Qual machte. Unter dem Personal gab es einen bestimmten Betreuer, der mich nicht leiden konnte. Ich weiß nicht, warum, es war einfach so – wobei ich diesen Mann, den ich hier Jack nennen will, allerdings auch nicht mochte.

Ich war damals eine sehr schlechte Esserin. Das Personal hatte zur Erklärung eine eigene Theorie entwickelt, aber soweit es mich betraf, war der Grund ganz simpel: Das Essen war einfach Ekel erregend – nach nichts schmeckendes, vollkommen verkochtes Gemüse und die billigsten Fleischpasteten, die sie auftreiben konnten. An diesem speziellen Vormittag schaute ich jedenfalls aus dem Fenster und sah einen Lieferwagen das Tor passieren und hinter den Küchentrakt fahren. Er war mit frischem Obst beladen, genug, um das ganze Heim eine Woche lang zu versorgen – das heißt, es war ein großer Lieferwagen und eine Menge Obst. Ich freute mich immer auf die Obstlieferung, weil ich dann endlich etwas zu essen bekam, was mir schmeckte, statt der üblichen verkochten Pampe. Ich wartete bis zum Mittagessen, und dann fragte ich Jack, ob ich eine Orange bekommen könnte, wenn ich mit dem Essen fertig war.

»Nein.«

»Warum nicht?«

»Weil es keine Orangen gibt.«

»Aber ich habe heute früh gesehen, dass der Obstlieferwagen gekommen ist.«

»Nein, hast du nicht. Und hör auf, mit mir zu streiten, sonst kriegst du überhaupt kein Obst mehr. Was du gesehen hast, du neunmalkluges Gör, war der Lieferwagen der Wäscherei. Und ob du's glaubst oder nicht: der Wäschewagen liefert kein Obst.«

Die Sache war klar. Er mochte mich nicht und wollte nicht, dass ich eine Orange bekam, deshalb log er einfach. Ich hatte allerdings nicht die Absicht, so schnell aufzugeben, also wartete ich ein paar Minuten, bis er den Speisesaal kurz verließ, und fragte eine der anderen Betreuerinnen. Sie holte mir eine Orange und schälte sie für mich, und ich machte mich mit Genuss über die saftige Orange her. Ich liebe frisches Obst.

Zu diesem Zeitpunkt wusste ich noch nicht, dass diese Betreuerin eine Freundin von Jack war, sonst hätte mir die Orange sicher nicht geschmeckt. So kaute ich zufrieden vor mich hin, als er plötzlich wieder auftauchte. »Woher hast du die Orange?« In meiner Ahnungslosigkeit antwortete ich: »Die habe ich von ihr bekommen«, und nickte in Richtung der Frau. Zugegeben, ich wollte ihn ein bisschen ärgern, aber ich fühlte mich auch völlig im Recht. Mir stand eine Orange zu, wie ich fand, und das letztlich umso mehr, weil er mich angelogen hatte. Immerhin versuchte man, uns beizubringen, nicht zu lügen und immer die Wahrheit zu sagen – und dieser Mann bildete sich ein, er könnte mich nach Gutdünken anlügen! Ich mochte nur ein kleines Mädchen sein, aber ich wusste, dass er kleinlich und ungerecht war und dass es nicht richtig von ihm war, sich so zu verhalten. Aber er hatte die Macht dazu.

Jack ging zu der Frau, die mir die Orange gegeben hatte, und gemeinsam kamen sie zu dem Schluss, dass ich etwas Unrechtes getan hatte und dafür bestraft werden müsste. Außer mir waren etwa fünfzig andere Kinder im Speisesaal, als er wieder angestürmt kam und sich vor mir aufbaute. Ich drehte mich auf meinem Stuhl herum und wartete ab, was er zu sagen hatte. Sein Gesicht war ganz bleich vor Zorn. Und dann beugte er sich zu mir herunter, bis sich unsere Nasenspitzen fast berührten, und brüllte mich vor all den anderen an.

»Du kommst dir wohl furchtbar schlau vor, Alison Lapper. Ich hab gesagt, du kriegst keine Orange! Du glaubst, dass du mich reinlegen kannst, wie? Du… du… undankbares, freches Ding!«

So ging es noch eine ganze Weile weiter, während ich still dasaß und seinen Zornesausbruch über mich ergehen ließ. Er tobte wie ein Irrer und bemühte sich erst gar nicht, seine Wut zu zügeln. Vor Angst sank ich auf meinem Stuhl immer mehr zusammen. Ich wäre nie auf die Idee gekommen, dass mein kluger Einfall, jemand anderen um die begehrte Orange zu bitten, solche Folgen haben könnte.

Die Strafe, die sie sich für mich ausdachten, war angesichts der Geringfügigkeit meines Vergehens vollkommen überzogen und vermieste mir das Leben noch mehr. Sie sorgten dafür, dass ich jeden Tag abends um sechs im Bett lag. Das bedeutete, dass ich noch meinen Tee trinken konnte, wenn ich um Viertel nach vier aus der Schule kam, aber ohne Abendessen ins Bett geschickt wurde. Es war Hochsommer, und um diese Zeit schien noch die Sonne, und alle meine Freunde waren unterwegs, spielten und vergnügten sich miteinander. Ich aber musste im Bett liegen und zuhören, wie sie sich draußen auf dem Rasen unterhielten und lachten, während ich an die Decke starrte. Das war die Strafe dafür, dass ich mich gegen die Autorität aufgelehnt und eine Orange gegessen hatte. Und das Personal sorgte dafür, dass ich dieser Strafe nicht entkam.

Einmal war ich spät dran für den Zapfenstreich um sechs, weil ich warten musste, bis ich in die Badewanne konnte, und die an diesem Abend für das Baden zuständige Hilfskraft hatte gesagt, ich solle inzwischen ins Spielzimmer gehen und dort warten, sie würde kommen und mich holen, wenn ich an der Reihe war. Natürlich machte Jack gerade um diese Zeit seine Runde und erwischte mich dabei, wie ich mit meinen Freunden spielte. »Alison Lapper, warum bist du nicht im Bett?«, brüllte er quer durch den Raum. Ich versuchte, ihm zu erklären, dass ich warten musste, bis ich mit Baden an der Reihe war, und dass mich die Hilfskraft solange ins Spielzimmer geschickt hatte. Er hörte mir überhaupt nicht zu und schleppte mich stattdessen einfach in mein Bett. In jenen Tagen konnte das Heimpersonal im Grunde mit uns machen, was es wollte. Sie hoben uns einfach hoch und stellten oder setzten uns irgendwohin. Es waren ihnen kaum Grenzen gesetzt. Keiner schritt ein, und wenn sich einer von uns an höherer Stelle beschwerte, glaubte man ihm einfach nicht oder er wurde als Störenfried betrachtet, meistens beides.

Nachdem Jack wieder weg war, lag ich im Bett und kämpfte mit meinem Kummer und meinem Zorn. Ich versuchte, die Zähne zusammenzubeißen und tapfer zu sein, aber wir litten alle so sehr unter unserer Situation, dass uns die kleinste Kleinigkeit aus der Fassung brachte. Ich konnte überhaupt nicht mehr aufhören zu weinen. Was mich aber am meisten aufbrachte, war, dass die Hilfskraft gar nicht auf die Idee gekommen war, mir beizustehen und Jack klar zu machen, dass ich die Wahrheit sagte und das Ganze nicht meine Schuld war. An so etwas war gar nicht zu denken. Die meisten Angestellten im Heim steckten unter einer Decke und scherten sich nicht darum, dass Tag für Tag Ungerechtigkeiten wie die Sache mit dem Baden passierten. Und es hatte auch keinen Sinn, mit jemandem zu reden, der uns wohlgesinnt war, weil uns das nur noch mehr Ärger mit solchen fiesen Typen wie Jack eingetragen hätte. Ich lebte in ständiger Angst vor ihm. Er hatte mich völlig in der Hand, und es machte ihm Spaß, das bei jeder sich bietenden Gelegenheit unter Beweis zu stellen.

Glücklicherweise waren nicht alle Angestellten so. Einige der anderen Betreuer behandelten mich wie eine gleichwertige Person oder zumindest respektierten sie, dass ich ein Mensch mit einer eigenen Persönlichkeit war. Ich freundete mich mit einer sehr netten Physiotherapeutin an. Ihr Name war Margaret, und gelegentlich unternahm sie mit ein paar von uns kleine Ausflüge. Zu dieser Gruppe von Kindern gehörten jene, die niemals Besuch von ihren Eltern bekamen und am Wochenende auch nicht nach Hause fuhren. Margaret nahm uns mit in ihr Haus oder in das Haus ihres Freundes, und dann setzten sie uns ein fantastisches Mittagessen vor. Wir verbrachten einen wunderbaren Tag fernab vom Junior-Trakt in einer ganz anderen, menschlichen Umgebung und genossen jede einzelne Minute. Aber selbst die gut gemeinten Bemühungen von Leuten wie Margaret wurden oft von denen zunichte gemacht, deren oberstes Ziel es zu sein schien, anderen das Leben schwer zu machen.

Zu dieser Zeit musste ich immer viel zu kurze Kleider tragen. Schon als sehr kleines Mädchen war mir bewusst, dass meine Unterhose darunter hervorsah, aber was sollte ich tun? Ich hatte kein Geld, um mir irgendetwas zu kaufen, deshalb musste ich anziehen, was man mir gab.

Margaret wusste um meine Nöte, und auf einem der Ausflüge, bei denen wir bei ihr zu Mittag aßen, machte sie mit mir einen Einkaufsbummel. Wir gingen von Geschäft zu Geschäft und sahen uns alle möglichen Kleider an. Eines stach mir besonders ins Auge, und ich probierte es in der Umkleidekabine an. Das Kleid passte perfekt, und als ich Margaret fragte, ob ich es haben könnte, sagte sie ja. Es war das erste Kleid, das ich mir jemals selbst ausgesucht hatte, ganz im Stil der Siebziger, mit einem psychedelischen Muster in Gelb- und Orangetönen. Ich war hingerissen. Nach unserem Ausflug kehrte ich in den Junior-Trakt zurück, und natürlich hatte ich mein neues Kleid an. Ich war sehr stolz darauf und fühlte mich wohl darin – zum ersten Mal trug ich ein Kleid, das meinen Po bedeckte. Ich strahlte. Klar, dass Jack bereits auf mich wartete.

»Wo hast du das her?«

»Margaret hat es mir geschenkt.«

»Ich wette, das war deine Idee, was? Du hast gebettelt, dass sie es dir schenkt. Sie gibt sich so viel Mühe und macht Ausflüge mit euch, und dann wird sie auch noch bequatscht, für das gnädige Fräulein Klamotten zu kaufen. Du missratener kleiner Balg!«

Er zeterte weiter, dass ich kein Recht auf irgendetwas hätte und am wenigsten auf ein neues Kleid. Dann zwang er mich dazu, etwas anderes anzuziehen. Mein neues Kleid wurde konfisziert, und ich bekam es erst wieder zurück, als es mir zu klein geworden war. Das gesamte Personal wusste, was er getan hatte, aber alle hielten den Mund. Bis heute habe ich keine Ahnung, warum er es gerade auf mich abgesehen hatte und warum er sich so mies verhielt. Jahre später erzählte ich die Geschichte Margaret, und sie wollte wissen, warum ich ihr damals nichts davon gesagt hatte. Ich erklärte ihr, dass in dem Fall die Konsequenzen noch schlimmer gewesen wären, als nur das Kleid hergeben zu müssen. Das war es nicht wert, deshalb schwieg ich. Wenn man Angst hat, schweigt man. Ich vermisste das Kleid. Es war das erste, das ich mir selbst hatte aussuchen dürfen, aber schwerer noch als der Verlust des Kleides wog das Gefühl, das dieser Kerl mir vermittelte: dass ich es nicht verdiente, etwas Schönes zu besitzen.

Neben den Schwestern und Betreuern gab es im Heim Lehrer für sämtliche Fächer, die allgemein an Schulen unterrichtet werden. Sie hatten alle eine abgeschlossene Ausbildung und waren zum überwiegenden Teil mit Begeisterung bei der Sache. Keiner der Lehrer brüllte herum, quälte oder hänselte uns. Aus diesem Grund kam uns Kindern die Schule, auch wenn sie auf demselben Gelände lag, wie das Paradies vor. Hier hatte ich eine Verschnaufpause von den ständigen Quälereien im Junior-Trakt. Ich leide unter Leseleistungsschwäche, was aber erst festgestellt wurde, als ich Mitte zwanzig war und das Heim längst verlassen hatte. Die Lehrer dort waren zu der Ansicht gelangt, dass ich in meinen schulischen Leistungen eben keine Leuchte war. Trotzdem fand ich den Unterricht oft interessant und manchmal sogar anregend. Ich freute mich jeden Tag darauf, in die Schule gehen zu dürfen.

Wir hatten eine wunderbare Englischlehrerin namens Jane Barton. Sie wohnte mit ihren Katzen in einem umgebauten Stall und erzählte uns ständig Geschichten darüber. Obwohl sie wahrscheinlich nur von ganz alltäglichen Ereignissen in ihrem Leben berichtete, hörte ich ihr immer wie gebannt zu. Wir waren alle fasziniert von dem, was in der Welt da draußen vor sich ging, davon, wie andere Leute lebten, wie sie ihre Wohnungen einrichteten, was sie taten. Miss Bartons Offenheit war ungewöhnlich. Es gab nur wenige Erwachsene, die sich die Zeit nahmen, uns etwas von sich zu erzählen, mit uns über ihr Leben zu sprechen, über ihre Familien und ihre Haustiere. Normalerweise redeten die Leute nicht so mit uns. Nur sie.

Aus irgendeinem Grund brachte man uns im Kinderheim keine Tischmanieren bei, und Miss Barton nahm es auf sich, diesen Mangel zu beheben. Sie hätte das nicht tun müssen, da es nicht zu ihren Aufgaben gehörte, aber aus irgendeinem Grund lag ihr daran, dass wir lernten, uns anständig zu benehmen. Einmal in der Woche kam sie in den Junior-Schlafsaal, und wir veranstalteten eine Teestunde. Alle saßen im Kreis und aßen Brot mit Zucker und Zuckerrübensirup. Ernährungswissenschaftlich betrachtet war das vermutlich eine Katastrophe, aber in meiner Erinnerung sind es die besten Brote, die ich je gegessen habe. Wenn wir während dieser Teestunde mit Miss Barton zusammensaßen, schnappten wir nicht wie sonst nach dem Essen, um es hinunterzuschlingen und damit herumzuwerfen. Stattdessen aßen wir langsam und mit geschlossenem Mund und sagten zueinander: »Bitte, nach dir« und »Wärst du so nett, mir das Brot zu reichen? Danke.« Wir schenkten uns gegenseitig Tee in weiße Porzellantassen ein. Jemand, der wusste, wie wir uns normalerweise beim Essen benahmen, wäre über diese Verwandlung sehr erstaunt gewesen, aber uns machte es wirklich Spaß, uns Miss Barton zuliebe »ordentlich« zu benehmen.

Da das Ganze außerhalb der Schulstunden stattfand, forderte Jane uns auf, sie mit ihrem Spitznamen, Bartbox, anzusprechen. Immer wenn sie zu einer dieser kleinen Teestunden zu uns kam, wurde sie also zu Bartbox. Ich nannte sie furchtbar gern so, es brachte sie mir näher. Aber es kam, wie es kommen musste: Nach einer Weile gefiel dem Pflegepersonal unsere Freundschaft mit Jane Barton nicht mehr. Als eine der Schwestern hörte, wie ich Jane mit Bartbox ansprach, schleppte sie mich in ihr Büro, um ein Wörtchen mit mir zu reden. Sie sagte, ich müsse sofort damit aufhören, Miss Barton Bartbox zu nennen, und wenn sie das noch einmal hören würde, würde ich bestraft werden. Warum? War sie eifersüchtig auf unser gutes Verhältnis? Hatten wir zu viel Spaß miteinander? Was zum Teufel trieb sie dazu, alles kaputtzumachen, was uns Vergnügen bereitete und unsere Situation etwas erträglicher machte? Am nächsten Tag hielt sie eine Ansprache vor der versammelten Mannschaft. Wir mussten uns einen Vortrag über gutes Betragen anhören, und zum Schluss erklärte sie uns, dass wir unsere Teestunden nur dann fortsetzen dürften, wenn wir Bartbox mit »Miss Barton« ansprächen. Bei der nächsten Teestunde fragten wir Miss Barton, ob es in Ordnung wäre, wenn wir sie weiterhin Bartbox nennen. Wir gingen davon aus, dass sie uns das selbstverständlich erlauben würde. Aber die Schwester hatte bereits mit ihr darüber gesprochen, und sie erklärte, die Schwester wolle nicht, dass wir sie weiterhin mit ihrem Spitznamen anredeten, das sei respektlos. Nur war ich Jane gegenüber nie respektlos, keiner von uns war das, weil wir sie mochten und weil sie uns ebenfalls mit Respekt behandelte.

Ich ging sehr gern in den Englischunterricht von Jane Barton, obwohl ich wegen meiner Leseleistungsschwäche keine besonders gute Schülerin war. Sie gab mir nie das Gefühl, dumm zu sein, und hatte sehr viel Geduld mit mir, wenn ich beim Lesen und Schreiben langsam war. Am Freitagnachmittag nach Unterrichtsschluss ließ mich Jane immer auf einem Abstellbrett neben einer langen Reihe von Edelstahlwaschbecken sitzen, die auf einer Seite des Klassenzimmers angebracht waren. Mir gefiel dieser Platz, weil das Holz so angenehm warm war. Noch heute erinnere ich mich daran. Jane gab mir die Malbecher, die ausgespült werden mussten, und ich spielte mit dem Wasser und der Farbe und den verschmierten Bechern herum. Das war meine Lieblingsbeschäftigung, weil ich leidenschaftlich gern Farben mischte und damit experimentierte. Ich ließ sie zusammenfließen und in allen möglichen, immer neuen Mustern in die Waschbecken laufen. Damit konnte ich mich stundenlang beschäftigen – so lange jedenfalls, wie man mich ließ.

Die Kinder in der Einrichtung hatten etwas gemeinsam: Wir waren ganz wild darauf, das Heim zu verlassen und die faszinierende Welt draußen kennen zu lernen, in der alle anderen Menschen lebten. Sie zog uns unwiderstehlich an, und Tag für Tag sehnten wir uns danach. Wir konnten die kleinen Ausflüge kaum erwarten, die uns aus den Mauern des Heims hinausführten und von denen jede Klasse pro Trimester mindestens einen machte. Manche waren ungeheuer aufregend, wie beispielsweise ein Besuch im Londoner Zoo, manche aber auch ziemlich langweilig, wie ein Besuch im örtlichen Wasserwerk.

Seit ich drei Jahre alt war, unternahmen wir regelmäßig Ausflüge ins örtliche Gefängnis. Ich weiß nicht, wie sie gerade auf ein Gefängnis kamen. Vielleicht wollten sie den Häftlingen zeigen, dass es Menschen gab, denen es noch schlechter ging als ihnen, Menschen, die keine Wahl gehabt haben. Vielleicht würden sich die Gefängnisinsassen dann weniger unglücklich fühlen und ihr asoziales Verhalten bereuen und sich bessern. Vielleicht hatte es aber auch lediglich damit zu tun, dass das Gefängnis nur zehn Minuten vom Heim entfernt lag. Wie auch immer, uns war es egal – uns bot es einfach die Gelegenheit, einen aufregenden Tag außerhalb der Einrichtung zu verbringen.

Wir wurden in unserem blauen Kleinbus zum Gefängnis gefahren, und die Wachleute durchsuchten das Fahrzeug, um sicherzugehen, dass wir keine verbotenen Gegenstände hineinschmuggelten. Obwohl sie wussten, wer wir waren und warum wir kamen, führten sie diese Prozedur durch. Dann schlossen sich die hohen Gefängnistore hinter uns, und der Fahrer stellte unseren Bus im Vorhof ab. Wir saßen im Bus und warteten gespannt. Nach einer Weile bestieg ein Trupp Häftlinge, alles Männer in blauen Gefängnisoveralls, den Bus. Wir sahen sie an, und sie sahen uns an, und keiner wusste, was er von der Sache halten sollte. Die Schwester, die uns begleitet hatte, veranstaltete eine Art Vorstellungsrunde, während wir geduldig abwarteten, was als Nächstes geschehen würde. Nun, offensichtlich hatte man den Häftlingen bereits gesagt, was sie tun sollten, denn sie traten zu unseren Sitzen, lösten unsere Sicherheitsgurte und hoben uns heraus. Dann kletterten sie einer nach dem anderen mit einem Kind auf dem Arm aus dem Bus und trugen uns in das Gefängnis.

Immer noch sicher geborgen in den Armen der Häftlinge, passierten wir große Freizeiträume und gemeinschaftlich genutzte Sanitärräume und Speisesäle. Alles war in tristen Farben und so einfach wie möglich gehalten, und von den Wänden bröckelte der Putz. Diese weiß und hellgrün gestrichenen Wände und die schmuddeligen Resopaloberflächen kannte ich nur zu gut. Alles sah sehr vertraut aus, genauso wie da, wo ich lebte, und eine Zeit lang war ich tatsächlich davon überzeugt, dass auch das Heim ein Gefängnis war. Im Lauf des Tages begriff ich allerdings, dass die Männer sich hier befanden, weil sie etwas Schlimmes angestellt hatten und bestraft werden sollten. Aber das war mir egal, weil sie sehr nett zu uns waren. Als ich zwei von ihnen fragte, was sie getan hatten, dass man sie deswegen ins Gefängnis gesteckt hatte, sagte der eine, er säße wegen Raubes, und der andere sagte, wegen Betrugs. Ich hatte keinen Schimmer, was Betrug war, trotzdem nickte ich verständnisvoll. In der Strafanstalt saßen keine Vergewaltiger oder Mörder ein. Oder wenn sich welche unter den Insassen befanden, dann sprach zumindest niemand davon.

Der Gefangene, der mich herumtrug, war ein großer, kräftiger Schwarzer namens Charlie, der die ganze Zeit über sehr freundlich zu mir war. Ich fand, dass er ausgesprochen gut aussah, und er sagte, er fände mich niedlich. Wir gaben ein tolles Paar ab. Er setzte mich den ganzen Tag über kaum einmal ab, wohin auch immer er ging, nahm er mich mit.

Irgendwann brachte er mich in einen der Freizeiträume, in dem wir bis dahin noch nicht gewesen waren. Es war ein großer Raum mit einer hohen Decke wie in einer Turnhalle, und in der Mitte hatten sie als Überraschung für uns Kinder ein großes Indianerzelt aufgebaut. Was für ein wunderbarer Anblick, auch wenn es in dieser Umgebung etwas fehl am Platz wirkte. Es war groß und bunt und ragte bis fast an die Decke. Außen waren ringsum Büffel aufgemalt und Indianer, die auf ihren Pferden hinter den Büffeln herjagten und mit Pfeilen nach ihnen schossen. Ich ließ mich von Charlie langsam um das Zelt herumtragen und sah mir die liebevoll gemalten Bilder genau an. Einer der Gefängnisinsassen musste ein sehr guter Maler gewesen sein, bevor er eine Verbrecherkarriere einschlug.

Als wir ein paarmal um das Zelt herumgegangen waren, fragte mich Charlie, ob ich hineinsehen wolle. Ich schwankte, ich wollte es und wollte es auch wieder nicht. Charlie zog mich auf und tat sehr geheimnisvoll. Ich entdeckte eine Klappe, die zurückgeschlagen war, damit man hineingehen konnte. Die Öffnung war groß genug für uns, aber drinnen war es dunkel, und plötzlich bekam ich Angst, Neugier hin oder her.

»Was ist da drin, Charlie? Sag es mir. Ich gehe rein, wenn du es mir sagst.« Das tat er aber nicht.

Schließlich nahm ich meinen ganzen Mut zusammen, und er trug mich in das dämmrige Zeltinnere. Es war vollkommen leer – bis auf die bedrohliche, lebensgroße Figur einer Hexe mit Warzen und verfaulten Zähnen. »Bring mich hier raus!«, brüllte ich. Noch nie hatte ich etwas so Unheimliches gesehen.

Danach zeigte mir Charlie seine Zelle, was offiziell nicht erlaubt war, aber darum scherte er sich nicht. Da drin gab es zwar nicht viel zu sehen, aber ich fand es trotzdem aufregend, weil es gegen die Vorschriften verstieß. So ein Gefängnisbesuch war wirklich eine tolle Sache. Anschließend gingen Charlie und ich zurück zu den anderen Häftlingen und Kindern, um mit ihnen in einem großen Speisesaal zu Mittag zu essen. Das Essen schmeckte fast genauso wie das im Heim, nur dass die Portionen viel größer waren. Das Küchenpersonal im Gefängnis schien den Unterschied zwischen dem Appetit einer Fünfjährigen und dem eines erwachsenen Mannes nicht zu kennen. Ich kaute wie gewöhnlich zögerlich auf meinem Essen herum und aß nicht besonders viel.

Nach dem Mittagessen kehrten wir alle zurück in den Freizeitraum. Charlie stellte mich auf den Boden. Ich riss erstaunt die Augen auf: Das Tipi war verschwunden, und an seiner Stelle stand ein wunderschön bemaltes Karussell, an dem die Häftlinge monatelang gearbeitet hatten. Wir Kinder waren begeistert. Im Laufe der Woche wurde es ins Heim gebracht, und einige der Häftlinge bauten es für uns auf. Statt der üblichen Rummelplatzpferde, von denen wir hätten herunterfallen können, hatte es hübsche kleine Sitze, immer zwei nebeneinander.

Für meinen Geschmack war der Tag viel zu früh vorbei, und es wurde Zeit für die Heimfahrt. Die gleichen Häftlinge, die sich tagsüber um uns gekümmert hatten, trugen uns nun im Gänsemarsch hinaus in den Gefängnishof. Charlie und ich waren beide traurig. Wir hatten an diesem Tag viel Spaß miteinander gehabt, aber der Fahrer wartete schon im Bus, und die Wachleute hatten die großen Gefängnistore geöffnet, damit wir hinausfahren konnten.

Charlie und sein Zellengenosse Ron brachten mich zum Bus. Beide warfen einen Blick auf das geöffnete Tor, und ich hörte, wie Charlie fragte: »Na, sollen wir abhauen, Ronnie?« Ich sah ihn beunruhigt an. Würde ich etwa gleich an einem Gefängnisausbruch teilnehmen? Ron antwortete: »Das lassen wir mal lieber bleiben, Charlie. Wir kommen ohnehin in zwei Wochen raus.« Dann lachten wir alle drei über diesen kleinen Scherz. Ich erinnere mich gerne an die Besuche im Gefängnis. Ich hatte nie Angst vor den Leuten dort. Es waren einfach Ausflüge, die uns viel Spaß machten.

Jeden Mittwoch war Besuchszeit in der Schule. Ich kann mich noch gut an die wohlmeinenden Leute erinnern, die zu uns kamen. Sie waren eine Attraktion – nicht nur wegen ihres Aussehens, sondern allein schon deswegen, weil sie da waren. Noch mehr Gesichter aus der Welt außerhalb unserer Mauern! Wenn ich daran zurückdenke, fallen mir immer diese Hollywoodfilme ein, in denen sich wohlhabende, elegant gekleidete Leute ins städtische Tierheim begeben, um einen ausgesetzten kleinen Hund zu adoptieren. Die Kamera zeigt den Zuschauern nacheinander die Hunde, wie sie alle mit großen Augen in ihren Käfigen sitzen und ganz versessen darauf sind, derjenige zu sein, der das Heim mit seinen neuen Besitzern verlässt. Die beiden Hollywoodstars gehen langsam an der Käfigreihe entlang und sehen sich jeden Hund an, bevor sie schließlich vor einem stehen bleiben. Sie blicken sich lächelnd an und nicken, und dann nehmen sie ein niedliches Hündchen auf den Arm und streicheln und knuddeln es. Die Szene endet damit, dass sie mit ihrem neuen Haustier das Heim verlassen und es liebevoll auf der lederbezogenen Rückbank ihrer riesigen Limousine unterbringen. »Wir wollen ihn Struppi nennen, Liebling!«

Diese Besucher waren uns ein vertrauter Anblick. Sie wurden grüppchenweise über das Gelände geführt und schauten durch die Fenster in unsere Klassenzimmer. Oft wurden sie auch hereingebeten, damit sie alles aus der Nähe betrachten konnten. Sie waren weder die Eltern von uns Kindern, noch kannten wir sie sonst von irgendwoher. In erster Linie waren es Leute, die das Heim finanziell unterstützten und hergekommen waren, um einen Blick auf uns zu werfen und herauszufinden, wofür ihr Geld verwendet wurde. Das sie ganz offensichtlich besaßen. Man sah ihnen die gehobene Mittelschicht an: Sie hatten schicke Mäntel und einn bestimmten Geruch, von dem ich immer glaubte, dass Leute mit Geld so riechen – nach Lavendel und Leder.

Und ich erinnere mich an den von Entsetzen und Mitleid geprägten Ausdruck auf ihren Gesichtern. Als würden sie denken: Oh Gott! Das ist ja furchtbar. Was um alles in der Welt ist das denn? Sie hatten nicht die geringste Ahnung, wem sie da gegenüberstanden. Wir waren ganz normale junge Menschen, die zufällig missgebildete Körper hatten und denen einzelne Gliedmaßen fehlten. Was sie dagegen zu sehen glaubten, war ein Haufen bedauernswerter Monster. Ich habe heute noch das Bild vor Augen, wie sie sich an der Tür zusammendrängten und ein Gesicht machten, als hätten sie gerade einen Krankenhaussaal betreten, in dem lauter todgeweihte Patienten mit ansteckenden Krankheiten lagen.

Gehe ich zu hart mit ihnen ins Gericht? Wahrscheinlich. Sie waren Musterbeispiele für die englische Mittelschicht mit ihrem bewundernswerten, aber fehlgeleiteten Drang, Gutes zu tun. Ich denke, sie waren froh, uns mit ihrem Geld helfen zu können, aber ich glaube tatsächlich nicht, dass sie auch nur die geringste Ahnung hatten, wer wir waren. Wir für unseren

Teil genossen ihre Anwesenheit in unserem Klassenzimmer. Schließlich spielten wir alle seit Jahren in der einen oder anderen Form Theater. Man kann sagen, dass wir die heikle Situation intuitiv erfassten und uns, wahrscheinlich ohne dass wir uns dessen bewusst waren, für diese Besucher mit Geld und Helfersyndrom wie die Zirkusclowns aufführten. Wir schlenkerten unsere hydraulisch gesteuerten Arme herum, führten unsere verstümmelten Gliedmaßen vor und humpelten und watschelten vor ihnen auf und ab. Jedenfalls waren wir nicht schüchtern oder peinlich berührt, im Gegenteil, wir fühlten uns wohl in ihrer Gesellschaft.

Ich galt im Heim als gesellig, laut und frech, dabei verbrachte ich viel Zeit allein, in meiner eigenen kleinen Welt. Schon früh war ich eine Einzelgängerin, was mir aber vermutlich die meisten Leute nicht glauben würden. Ich zog mich oft zurück in meine Fantasiewelt und spielte zum Beispiel gern mit meiner Puppensammlung. Was ich hier als Sammlung bezeichne, dürfte aus kaum mehr als fünf oder sechs Puppen bestanden haben, alles Barbies und Sindys, die ich im Lauf der Jahre von meiner Familie zu Weihnachten geschenkt bekommen hatte. Auch später, mit dreizehn oder vierzehn Jahren, spielte ich noch mit ihnen. Am Samstag oder Sonntag, wenn wir Freizeit hatten, ging ich hinauf in den Schlafsaal und holte meine Puppen aus dem Schrank. Dann legte ich sie alle in einer Reihe nebeneinander und zog ihnen die winzigen Kleider an, die sie meiner Ansicht nach an diesem Tag tragen sollten. Wenn ich zufrieden mit ihrem Aussehen war, setzte ich mich zwischen den Betten auf den Boden und spielte den ganzen Tag mit ihnen. Manchmal leistete mir meine beste Freundin Tara Gesellschaft, und wenn sie keine Lust mehr hatte, spielte ich eben allein weiter.

Ich dachte mir kleine romantische Geschichten aus, in denen die Puppen verschiedene Rollen spielten. Ich glaube, ich hatte einen Ken, der alle männlichen Figuren verkörperte. Genau genommen handelte es sich bei den Geschichten, die ich erfand, um Tragödien. Die Mädchen waren immer hungrig und froren, oder sie litten an einem gebrochenen Herzen oder versuchten, irgendeiner schrecklichen Situation zu entfliehen. Wenn ich mich recht erinnere, packte ich sie erst endgültig weg, als ich schon fünfzehn war.

Als mein Interesse an Puppen schließlich nachließ und ich mich nicht mehr in die Welt der Puppentragödien flüchtete, verbrachte ich Stunden vor dem Fernseher. Ich hatte einen ganz bestimmten Stuhl zum Fernsehen. Wenn ich nicht fernsah, dann zeichnete ich. Ich malte Strichmännchen und dachte mir für sie ebenfalls tragische Geschichten aus. Die Frauen waren schwanger. Und ihre Liebhaber ließen sie im Stich und verschwanden auf Nimmerwiedersehen. Meine armen Geschöpfe mussten harte Zeiten durchmachen.

In meinen letzten beiden Jahren im Junior-Trakt passierte etwas Merkwürdiges. Plötzlich behandelte uns das Pflegepersonal wie menschliche Wesen. Einige von ihnen luden uns sogar zu sich nach Hause ein oder machten Ausflüge mit uns. Ich habe keine Erklärung dafür, wie es dazu kam, aber ich kann mich noch ganz genau daran erinnern.

6

Der Senior-Trakt

Mit elf Jahren zog ich in die Sation für größere Kinder um – den Senior-Trakt. Das Gebäude hatte einen langen Mittelgang, von dem zu beiden Seiten Anbauten abgingen, ideal geeignet für Schlafsäle. Die Mädchen schliefen im ersten Stock und die Jungen im Erdgeschoss, und auch hier standen die Betten von Tara und mir nebeneinander. Wir Mädchen waren ein wilder Haufen und kamen die meiste Zeit gut miteinander aus.

Am Anfang war es im Senior-Trakt nicht sehr viel anders als im Junior-Trakt. Genau wie dort gab es einen Oberaufseher, der wiederum mehrere Aufseher unter sich hatte, genau wie im Junior-Trakt. Doch als ich mit elf Jahren in den Senior-Trakt einzog, konnte man mich nicht mehr in dem Maß quälen wie vorher. Ich wurde größer und stärker und war auch nicht mehr so leicht einzuschüchtern, so dass ich mich besser verteidigen konnte.

Bald darauf hatte es mit den harten, von unqualifizierten Hilfskräften durchgeführten Disziplinierungsmaßnahmen ein Ende. Vermutlich waren den Leuten an höherer Stelle Gerüchte über bestimmte Vorfälle zu Ohren gekommen. Sie schafften jedenfalls das alte System ab, und dem Oberaufseher wurde eine Hausmutter zur Seite gestellt. Dadurch sollte eine familiärere Atmosphäre geschaffen werden. Meine Hausmutter gab sich wirklich Mühe, uns allen eine Mutter zu sein, aber zu dieser Zeit wollte das keiner mehr von uns . Wir waren inzwischen zu selbstständig geworden und hatten unsere eigenen Methoden entwickelt, um uns zurechtzufinden und zu überleben. Heutzutage ist das Behindertenheim ein freundlicher Ort, und die Kinder dort werden sehr gut versorgt, aber für uns kam das Ganze damals ein wenig zu spät.

Wir waren seit mehr als zehn Jahren im Heim und mittlerweile alt genug, die Bedingungen, unter denen wir lebten, durchschauen und verstehen zu können. Und mochte das Personal auch freundlich sein und sich um unser Wohlergehen bemühen, hieß es für uns immer noch: die gegen uns. Damals fing ich an, in ihnen einen Haufen nichtbehinderter Erwachsener aus der Mittelschicht zu sehen, die da waren, um uns zu überwachen und an uns herumzuerziehen und uns so zurechtzubiegen, dass wir ihnen möglichst ähnlich wurden. Sie betrachteten uns aus ihrem eingeschränkten Blickwinkel, und es gab nicht viel, was wir daran hätten ändern können. Letzten Endes war es egal, ob sie freundlich oder grausam waren, nachsichtig oder streng, wir konnten ihnen einfach nicht vertrauen, weil sie uns in eine bestimmte Schublade gesteckt hatten.

Es gab einen Unterschied zwischen den Leuten, deren Aufgabe ausschließlich daraus bestand, uns zu beaufsichtigen, und dem medizinischen Fachpersonal. Während meiner Zeit im Heim arbeitete dort Janet Darby, eine Radiologin, die mich fotografierte und Röntgenaufnahmen von mir machte. Sie gehörte zu jenen Heimangestellten, die etwas von ihrer Arbeit verstanden. Ich mochte sie. Sie verkörperte einen ganz bestimmten Typus: aus der Mittelschicht stammend, korrekt, kompetent und freundlich. Wobei vollkommen klar war, dass sie nie das in dieser Einrichtung geltende Ethos in Frage stellte, jene Werte und Prinzipien, nach denen die Einrichtung geführt wurde und die es ermöglichten, dass man uns Kinder wie Schachfiguren hin und her schob. Das mag hart klingen, aber so meine ich es nicht. Ich habe mich jedes Mal auf meine Termine bei Janet gefreut. Sie trug einen grünen Laborkittel und hatte stets ihren Hund dabei. Ich unterhielt mich auf meine unbekümmerte Art mit ihr, während ich ihren Hund streichelte. Tiere waren etwas ganz Besonderes für uns, und die Haustiere anderer Leute zogen uns magisch an, wenn sie in unserer Welt auftauchten. Außerdem hatte ich zu diesen Gelegenheiten Janet für mich allein, was ich sehr genoss, weil es selten vorkam, dass jemand von uns länger als einen kurzen Augenblick die ungeteilte Aufmerksamkeit eines Erwachsenen hatte.

Bei diesen Terminen ging es recht ungezwungen und fröhlich zu. Sie schlug mir nie meine Bitte aus, beim Entwickeln der Aufnahmen zusehen zu dürfen. Ich fand das sehr aufregend, und glücklich über ihre Erlaubnis, sie in die Dunkelkammer begleiten zu dürfen, saß ich in rotes Licht getaucht auf einem hohen Hocker und beobachtete, dass wie durch Zauberhand Bilder auf dem Papier erschienen, wenn sie es in der Entwicklerflüssigkeit hin und her schwenkte. Wenn ich so dasaß und ihr beim Arbeiten zusah, hatte ich das Gefühl, Teil der wirklichen Welt zu sein.

Aber so wie alles in dem Heim hatte auch das zwei Seiten. Als ich klein war, begriff ich noch nicht richtig, zu welchem Zweck die Fotos gemacht wurden. Sie gehörten zu den medizinischen Aufzeichnungen über uns, und man ging einfach davon aus, dass wir uns kooperativ verhielten, so wie man immer davon ausging, dass wir taten, was man uns sagte. Je älter ich wurde, desto unangenehmer fand ich es, wenn diese Fotos von mir gemacht wurden. Manchmal war es nicht möglich, die Aufnahmen in Janets Labor zu machen, dann kam sie herüber ins Hauptgebäude und fotografierte mich in irgendeinem Raum, der gerade frei war, wie dem Speisesaal. Er war nur leider nicht abschließbar. Da stand ich dann also unbekleidet bis auf BH und Slip oder sogar völlig nackt, und alle möglichen Leute liefen auf ihrem Weg von einem Gebäude ins andere durch die Schwingtür an uns vorbei. Janet gab sich immer fröhlich und munter, als spiele das überhaupt keine Rolle, und ich wollte unsere gute Beziehung nicht aufs Spiel setzen, indem ich Theater machte.

Ich will Janet gegenüber gerecht sein. Ich bin sicher, dass sie sich nicht bewusst war, etwas zu tun, was uns unangenehm sein könnte. Sie machte einfach nur wie immer ihre Arbeit und tat das, was sie dafür für erforderlich hielt. Erst heute bin ich in der Lage, die Vergangenheit aus einem anderen Blickwinkel zu betrachten und zu erkennen, was damals mit mir passierte. Ich will jedoch niemandem deswegen Vorwürfe machen. Susannah sagte erst neulich zu mir, ihrer Meinung nach hätte das Heim mich für alle Zeiten geprägt. Und auch wenn mir diese Vorstellung eigentlich nicht gefällt, enthält ihre Bemerkung doch ein Körnchen Wahrheit.

Ein anderes Mal wurde ein Filmteam eingeladen oder vielleicht auch beauftragt, einen Film über uns zu drehen – nach dem Motto: Ein Tag im Leben von Behinderten. Die Heimleitung behielt den fertigen Film und zeigte ihn unter anderem Ärzten, die zu Besuch kamen. In einer Szene sieht man zum Beispiel, wie ich von einem Betreuer aus dem Bett gehoben werde. In Wirklichkeit hat mich in diesem Alter niemand mehr aus dem Bett gehoben, aufstehen musste ich damals schon ganz allein. Alles wurde in einer rührseligen, weichgezeichneten Version gezeigt, um die Leute, denen man ihn vorführte, vielleicht dazu zu bewegen, die Institution finanziell zu unterstützen. Und natürlich waren diejenigen von uns, die für die Aufnahmen ausgewählt wurden, begeistert, bei einem Film mitzumachen, der von einem richtigen Regisseur mit einem richtigen Team gedreht wurde. Bei einigen von uns, wie Tara und mir, hatten die Eltern die Erlaubnis erteilt, uns zu fotografieren, was das Filmteam nach Lust und Laune ausnutzte. Bei vielen Kindern war das dagegen nicht der Fall.

Tara und ich und noch paar andere waren in fast jeder Szene zu sehen. Drei Tage lang tat ich nichts anderes, als für verschiedene Filmszenen zu posieren. Ich war elf Jahre alt und fand das alles einfach toll.

Als ich zwölf war, hatten wir einen Betreuer namens Chris, der später Pfarrer wurde. Er machte seine Arbeit sehr gut, und wir alle freuten uns, wenn er Dienst hatte. Nur waren wir mittlerweile in der Pubertät, unser Busen entwickelte sich, und wir hatten regelmäßig unsere Periode. Wenn uns Chris badete und auf die Toilette brachte, war uns das unangenehm. Ich kann mir nicht vorstellen, dass so etwas heute auch noch vorkommt. Man erklärte uns, wenn wir wollten, dass Chris weiterhin für uns zuständig sei, dann müssten wir uns damit abfinden, dass er uns wusch und zur Toilette brachte. Es war eine schwierige Entscheidung, weil wir ihn alle gern hatten und wollten, dass er blieb. Schließlich stimmten wir widerstrebend zu, dass er sich wie gehabt um unsere Körperpflege kümmerte.

Chris war ein großer muskulöser Mann, über einsachtzig und sehr stark. Eines Sonntagabends saßen wir gelangweilt herum und unterhielten uns. Ich weiß nicht mehr, wer von uns zwölf die Idee hatte, aber wir fanden sie alle gut. Eine von uns ging ins Badezimmer und ließ die Wanne mit kaltem Wasser voll laufen. Ich rief Chris, der dasaß und die Sonntagszeitung las, und sagte, eines der Mädchen bräuchte seine Hilfe im Bad. Wir stürzten uns auf ihn und zogen ihn bis auf die Unterhose aus, wobei wir uns alle Mühe gaben, ihm die auch noch runterzuziehen, während wir ihn in die Wanne bugsierten. Ich glaube, wir hatten auch noch Zahnpasta in das kalte Wasser gedrückt und andere flüssige Toilettenartikel hineingeschüttet. Unser ohrenbetäubendes Kreischen und Lachen war vermutlich überall im Gebäude zu hören. Aber das war uns egal. Wir waren völlig außer Rand und Band, wie die Kinder in *Herr der Fliegen*.

Es muss ein unglaublicher Anblick gewesen sein: Chris, fast nackt, in der Badewanne und um ihn herum wir Mädchen, wie wir auf seinem Kopf und seinem Körper unsere Zahnpasta-tuben ausdrückten. Wir amüsierten uns prächtig, als plötzlich der stellvertretende Oberaufseher auf der Bildfläche erschien.

»Was ist denn hier los?«, brüllte er.

Wir drehten uns zu ihm um, und auf einmal herrschte Toten-stille.

Er war stinksauer auf uns und auf Chris, der unbeholfen aus der Wanne stieg und dabei seine klatschnasse Unterhose fest-hielt. Zur Strafe mussten wir eine Weile früher ins Bett, und für ein paar Wochen wurden uns verschiedene Vergünstigungen gestrichen, aber das war es wert gewesen. Die meiste Zeit ver-hielten wir uns anständig und kooperativ, aber wenn wir aus-flippten, dann flippten wir richtig aus.

Wir spielten Chris dauernd Streiche. Vielleicht mochten wir ihn deshalb so gern. Einmal ging er mit uns zu dem Schwimm-becken, das zum Heim gehörte. Während wir im Wasser he-rumplanschten, verließ ein Mädchen nach dem anderen das Becken und schlich sich in den Umkleideraum. Und eine nach der anderen kehrte mit irgendeinem Kleidungsstück von ihm zurück und sprang wieder ins Wasser. Das Ganze hatte etwas von einer komödiantischen Einlage bei einem Schwimmfest. Eines der Mädchen, ich glaube, es war Tara, führte mit Chris' Kappe auf dem Kopf ein Wasserballett auf. Er liebte seine Kappe, aber die konnte er vergessen, als sie damit untertauchte. Eine andere nahm seine Socken und knotete sie um das Gelän-der der Treppe am tiefen Ende des Beckens. Er rief immerzu: »Also, Mädels, jetzt reicht's aber. Ihr habt euren Spaß gehabt.« Aber wir hörten nicht auf. Er brauchte ziemlich lange, um alles wieder einzusammeln, und die ganze Zeit kreischten wir vor Lachen und riefen ihm Bemerkungen zu wie: »Na, Chris, wo sind denn deine Socken abgeblieben?« Ihm blieb nichts ande-res übrig, als seine klatschnassen Sachen anzuziehen und uns – triefend nass – zurück zu unserem Gebäudetrakt zu führen.

Wenn ich ehrlich bin, muss ich zugeben, dass wir stets bereit waren, irgendeinen Schabernack zu treiben, egal, ob unser Opfer zum Personal gehörte oder nicht. An einem Samstagvormittag hatten wir Besucher in unserem Schlafsaal. Es waren die Eltern der Mädchen, die im Senior-Trakt wohnten, und ein Paar kam uns besonders hochnäsig vor. Wir hatten den Eindruck, dass die beiden auf uns herabblickten, so als seien wir nicht der richtige Umgang für ihre Tochter. Natürlich konnten wir sie nicht direkt attackieren. Stattdessen steckten wir einer jungen Pflegerin einen von unseren Goldhamstern in den Kragen. Die Wirkung war unbeschreiblich. Der kleine Kerl strampelte in ihrem Oberteil herum, so dass sie ihn nicht zu fassen bekam. Wie wild rannte sie durch den Schlafsaal und schrie dabei die ganze Zeit: »Holt ihn raus! Holt ihn raus!«, aber wir lachten nur und sahen zu, wie sie die unglaublichsten Verrenkungen vollführte, um das Tierchen loszuwerden.

Die arroganten Eltern aber, die auf dem Bett ihrer Tochter saßen, trauten ihren Augen nicht. Schnurstracks marschierten sie ins Büro der Hausleitung und meldeten den Vorfall. Sie schilderten, was passiert war, und beschwerten sich, dass wir ungezogen und rücksichtslos wären und dass wir uns dem Personal gegenüber ungebührlich betragen würden. Und wieder einmal bekamen wir Riesenärger.

Dann gab es da auch noch die Wasserschlachten, die im Sommer ein großartiger Zeitvertreib waren. Alles, was man dazu brauchte, war eine laue Nacht und die Kinder, die herumhingen und ihre überschüssige Energie nicht loswerden konnten. Eben noch saßen wir alle draußen und unterhielten uns, aber im nächsten Moment schon hielt jeder mit dem Mund oder der Hand oder dem Fuß eine Tasse oder einen Becher oder irgendein anderes Gefäß und begoss die anderen mit Wasser. Manchmal flog der Behälter dem Wasserstrahl hinterher, und wir mussten uns ducken, um nicht getroffen zu werden.

Es dauerte nicht lange, und die Schlacht setzte sich im nächsten Schlafsaal fort, und dann im dritten und so weiter, bis sich auch die Jungen im Erdgeschoss daran beteiligten. Und schließlich lieferten sich alle hundert Kinder im ganzen Gebäude eine ausufernde Wasserschlacht, und weil wir so viele waren, war es dem Personal nahezu unmöglich, uns Einhalt zu gebieten. Tatsächlich machten sie sogar oft mit. Ich bin sicher, dass sie sich auch langweilten und den immer gleichen Tagesablauf genauso satt hatten wie wir.

Die Angriffe und Gegenangriffe dauerten bis zu zwei Stunden, und am Ende standen die beiden Stockwerke des Gebäudes unter Wasser. Es war eigentlich eher ein Wasseraufstand als eine Wasserschlacht, und er beschränkte sich nicht auf den Boden. Das Wasser lief in die Aufzugschächte und floss über die Treppen. Immer wieder quetschte sich eine Gruppe von Mädchen mit gefüllten Behältnissen in einen Aufzug und fiel in das Territorium der Jungen im Erdgeschoss ein. Wir konnten von Glück sagen, dass sich keiner von uns durch einen Stromschlag ins Jenseits beförderte.

Unsere Aufstände endeten alle auf dieselbe Weise. Der stellvertretende Oberaufseher, zurück von seinem Feierabendspaziergang, hörte davon und bekam einen puterroten Kopf, wenn er das Chaos sah. Er raste durch das Gebäude, von Schlafsaal zu Schlafsaal, von Stockwerk zu Stockwerk.

»Hört sofort auf damit! Ihr benehmt euch wie Irre! Was fällt euch eigentlich ein? Stellt sofort die Becher hin!« Und dann mussten wir alles aufwischen. Das Personal wurde ebenfalls zusammengestaucht, aber das geschah nie in Gegenwart von uns Kindern. Sie behaupteten immer, sie könnten nichts dagegen tun, weil wir so viele seien. Was ja auch stimmte.

Solche Wasserschlachten veranstalteten wir nur zwei- oder dreimal im Sommer. Die Hitze und das Eingesperrtsein und unser ödes Leben im Heim führten dazu, dass wir alle unter ständig wachsender Spannung standen, und an einem bestimmten Punkt konnten wir uns nicht mehr beherrschen. Wir Mädchen neigten noch mehr dazu, unkontrolliert Dampf abzulassen, wenn wir unsere Periode bekamen.

Die Gruppe von zwölf Mädchen, zu der ich gehörte, bekam exakt zur gleichen Zeit ihre Periode, und an den Tagen kurz davor konnte alles passieren. Es war eine neue Erfahrung für uns, und schon bald spielte es für unsere Stimmung, in unserem Leben und bei unseren Gesprächen eine wichtige Rolle. Wir sprachen sehr oft darüber, aber wir sagten nicht »Periode« oder »menstruieren«. Wir sagten: »Tante Jane kommt zu Besuch.« Ich weiß nicht, von wem dieser Spruch stammte, aber vermutlich war es jemand vom Personal, der es ungebührlich fand, solche Dinge beim Namen zu nennen. Die Angestellten gehörten einer Generation an, in der man sagte »Ich gehe mir die Nase pudern«, wenn man aufs Klo ging.

Wir fanden es toll, die Euphemismen der Erwachsenen zu übernehmen, und den Spruch, der statt des Worts Periode verwendet wurde, mochten wir am liebsten. Wenn Tante Jane zu Besuch kam, waren wir übellaunig und zickig, und es gab ständig Streit. Die weiblichen Angestellten, die auf dem Gelände wohnten, lagen zeitlich mit uns Mädchen gleich und waren dann ebenfalls übellaunig und zickig. Wenn Vollmond war und wenn wir unsere Periode hatten, benahmen wir uns immer schrecklich, und man musste mit dem Schlimmsten rechnen.

Durch einen merkwürdigen Zufall setzten sie uns an dem gewissen Tag zum Nachtisch stets Kirschkäsekuchen vor. Der weiße Quark war von roten Streifen durchzogen, die bei uns natürlich sofort die Assoziation mit Menstruationsblut weckten. Wir machten alle möglichen Bemerkungen über Tante Janes Besuch und versuchten, uns gegenseitig mit ekligen Ausdrücken zu übertreffen. Einer der Aufseher, ein verheirateter Mann mittleren Alters, hatte sich beim Mittagessen so postiert, dass er unsere Unterhaltung verfolgen konnte. Wir aßen den Käsekuchen und riefen uns dabei Sachen zu wie: »Sag mal, an was erinnert dich das?« und »Hat jemand den Wagen von Tante Jane draußen stehen sehen?« Es ging ihn im Grunde nichts an, was wir redeten, und man hätte meinen sollen, dass es ihn auch nicht interessierte. Aber nachdem er uns eine Weile zugehört hatte, lief er zum Oberaufseher und schwärzte uns an. Dabei gab er noch irgendwelches scheinheiliges Gewäsch von sich, wie »verstört« er sei. Nur, wie kann irgendein Mann beurteilen, was es für ein junges Mädchen heißt, seine Periode zu bekommen, und welche Bedeutung dem Gerede von Mädchen zukommt, wenn es so weit ist? Der Oberaufseher war leider ganz seiner Meinung, und wir mussten uns wieder mal Vorhaltungen anhören. Dabei waren wir nichts weiter als ein paar junge Mädchen, die eine neue Erfahrung machten und versuchten, die merkwürdigen Dinge zu verstehen, die in unseren Körpern vor sich gingen. Was diesen Aspekt unseres Lebens betraf, hatte er jedenfalls nicht die allergeringste Ahnung.

Das Leben im Senior-Trakt war langweilig und sah jeden Tag gleich aus. Es war geprägt von Ängsten und Sehnsüchten. Es gab jedoch auch Zeiten, in denen das Heimleben wie durch ein Wunder auf einmal aufregend und wie verzaubert war.

Dazu gehörte die Weihnachtszeit. Plötzlich war jeder fröhlich und nett: die Kinder, die Busfahrer und die Leute, die uns morgens weckten, Lehrer, Schwestern, sogar die Aufseher, einfach jeder. In dieser Zeit war ich wirklich immer sehr gern dort. Solange ich mich zurückerinnern kann, habe ich bis zu dem Tag, an dem ich das Heim mit siebzehn Jahren verließ, die Adventszeit dort immer geliebt. Sie verlor ihren Zauber nicht einmal dann, als ich alt genug war, um zu begreifen, dass es keinen Weihnachtsmann gibt.

Ich war mit etwa fünfzehn anderen Mädchen in einem

Schlafsaal untergebracht, und jeden Morgen fand eine Inspektion statt. Zu Weihnachten waren diese strengen Inspektionen jedoch auf einmal etwas völlig anderes. Der Raum war durch Trennwände unterteilt, zwischen denen jeweils drei oder vier Betten standen. Es handelte sich um einfache Wandschirme, die weder bis zum Boden noch bis zur Decke reichten. Bett, Schrank, Bett, Schrank, Bett, Schrank, Trennwand und so weiter. Damals hatten viele von uns kleine Schmuckdosen mit einer Spieluhr, die der letzte Schrei waren. Natürlich besaßen wir keinerlei Schmuck, nur die Dosen.

Anita und Janice, zwei Schwestern, die sich wenigstens noch einen Rest von Humor bewahrt hatten, sammelten alle unsere Schmuckdosen ein und zogen sie auf. Dann versteckten sie sie mit geöffnetem Deckel in den Schränken, in Schubladen, unter den Betten, einfach überall. Die kleinen Melodien ertönten klimpernd an allen Ecken und Enden des Schlafsaals.

Kurz darauf stürmte die Oberaufseherin herein, um sich zu vergewissern, dass alles sauber und ordentlich war. Abrupt blieb sie stehen und lauschte den Klängen der Spieluhren, die von überallher kamen. Auf ihrem Gesicht lag ein vollkommen verwirrter Ausdruck, weil sie sie hören, aber nicht sehen konnte. Sie rannte wie wild herum und versuchte, die Schmuckdosen zu finden, um sie abzustellen, bevor der stellvertretende Oberaufseher kam und seinen Kontrollgang machte. Wir bogen uns vor Lachen. Da nicht wir es waren, die die Dosen versteckt hatten, und da Weihnachten war, brauchten wir keine Angst vor Strafe zu haben. Natürlich wussten wir, wo die Dosen versteckt waren, aber wir sagten kein Wort. In der Eile fand die Arme sie nicht, und dann kam auch schon der stellvertretende Oberaufseher durch die Tür, und die Inspektion begann, während die Spieluhren immer noch vor sich hin klimperten. Wir fanden das großartig und konnten überhaupt nicht mehr aufhören zu kichern. Die ganze Schlafsaalinspektion war ein königliches

Vergnügen, an dem sogar die Aufseher ihren Spaß zu haben schienen.

Am Abend brachten uns Anita und Janice ins Bett. Wir lagen behaglich in unseren Kissen und warteten darauf, dass das Licht gelöscht wurde, als die beiden plötzlich anfingen, Klopapierrollen über die Trennwände zu werfen. Wir kletterten sofort aus den Betten und nahmen unsere Anziehhilfen oder Krücken zu Hilfe, um uns an dem Spiel zu beteiligen. Da kam auch schon die nächste Rolle geflogen und wickelte sich in der Luft ab. Unter Gelächter und Gekreische flogen die Rollen hin und her, bis wir alle bis zu den Knöcheln in einem Meer aus Klopapier standen. Unter normalen Umständen wäre es unvorstellbar gewesen, dass wir uns so aufführten, das ging nur, weil sich das Personal daran beteiligte. Dass man es uns durchgehen ließ, ein derartiges Chaos anzurichten, war eigentlich unerklärlich. Wenn wir von selbst auf die Idee gekommen wären, hätten wir jedenfalls furchtbaren Ärger bekommen. Solche Dinge passierten nur in der Weihnachtszeit.

Das Schönste an der Feierstimmung war für mich, dass die Schlafsäle geschmückt wurden. Jeder Schlafsaal stand unter einem bestimmten Motto. In einem Jahr war das Thema in unserem Schlafsaal: Schneewittchen und die sieben Zwerge. Wer auch immer die Arbeit gemacht hatte, er hatte ein echtes Kunstwerk geschaffen. Die einzelnen Zwerge waren liebevoll ausgeschnitten und bemalt worden, bunte Lichterketten spannten sich in weiten Bögen von Wand zu Wand. Es gab kein Fleckchen in dem Raum, das nicht dekoriert war – der ganze Schlafsaal hatte sich in eine Bühne verwandelt. Es war wunderschön. Wie verzaubert. Sogar unsere Betten waren am Kopfteil mit bemalten Pappfiguren geschmückt. Es war, als würden wir unser persönliches Märchenparadies betreten.

In meinen ersten Jahren im Heim war mir nicht bewusst, dass ich anders war, weil jeder um mich herum anders war. Einige von uns konnten ihre Beine benutzen und liefen herum, andere brauchten einen Rollstuhl, aber das nahm ich einfach als gegeben hin. Erst als ich zwölf Jahre alt war und anfing, mir mehr Gedanken über mich selbst zu machen, begann ich, auf die Reaktionen anderer Leute zu achten. Ich meine damit die Reaktionen nichtbehinderter Leute außerhalb der Einrichtung. Erst da begriff ich, in welcher Situation ich mich befand. Ich war ein Teenager und wollte zu der Welt da draußen gehören, aber nach und nach wurde mir klar, dass es nie so weit kommen würde, weil mich die Welt da draußen nicht wollte. Ich würde nie so sein wie die gleichaltrigen nichtbehinderten Kinder, weil zwischen uns eine hohe Barriere stand. Sie schafften es nicht, sie zu überwinden und mich in ihren Kreis aufzunehmen. Und ich kam ebenfalls nicht durch, so viel Mühe ich mir auch gab und sosehr ich mich auch anpasste. Ich tat alles, wovon ich glaubte, dass andere Mädchen es auch taten. Ich zog die gleichen Sachen an, die ich sie tragen sah, und benutzte das gleiche Make-up, aber all das änderte nicht das Geringste.

Das hielt mich allerdings nicht davon ab, es weiterhin zu versuchen – ich nehme an, das ist gemeint, wenn es heißt, jemand unternimmt verzweifelte Anstrengungen. Der örtliche Jugendclub veranstaltete regelmäßig am Donnerstagabend eine Disko, und alle zwei Wochen durfte eine Gruppe von Jugendlichen aus dem Heim hingehen. Mit unserer Ankunft in unserem Spezialbus war alles klar. Hier kamen die komischen Typen aus der komischen Schule.

Tara und ich und die anderen aus unserer Gruppe betraten den ersten Raum, wo wir uns in eine Liste auf einem Tisch direkt neben der Tür eintrugen. An der Bar konnte man Süßigkeiten und Getränke kaufen, was wir natürlich auch taten. Wir wollten uns genauso verhalten wie alle anderen, so normal wie möglich wirken. Im einem zweiten Raum war die Disko, der eigentliche Grund unseres Kommens. Tara und ich liebten Musik und Tanzen. Wir sahen uns jede Woche *Top of the Pops* an und verfolgten aufmerksam die Charts und welche Bands gerade angesagt waren. Nachdem wir den zweiten Raum betreten hatten, drückten wir uns in eine Ecke, während die nichtbehinderten Jugendlichen in einer anderen Ecke herumstanden. Wir hätten uns gern unter sie gemischt, mit ihnen geredet und uns amüsiert, aber wir wussten nicht, wie wir das anstellen sollten. Vielleicht wollten sie ja genauso gern mit uns reden wie wir mit ihnen. Aber beide Gruppen blieben für sich. Es kam kaum einmal vor, dass einer sich zu den anderen gesellte.

Trotzdem gingen wir gerne dorthin, es wurde laute Musik gespielt, wir konnten das Heim verlassen und tanzen. Wenn wir nicht tanzten, drückten Tara und ich uns an die Wand, hielten Ausschau nach gut aussehenden Jungs und trugen alle fünf Minuten eine neue Schicht Lipgloss auf. Und natürlich redeten wir über sie: »Bist du dir sicher? Er sieht zu mir her?« – »Ja, ich glaube schon.« – »Schau jetzt nicht hin, sonst merkt er, dass wir ihn anstarren.«

Wir tranken unsere Limonade, und mit einem Gefühl von Verwegenheit taten wir so, als sei es Alkohol. Es war das typische Leben eines Teenagers, nur leider in kleinen Rationen. Jeden zweiten Donnerstag. Wir hatten bei weitem nicht genug Kontakt zu anderen Jugendlichen, und sie hatten nicht genug Kontakt zu uns. Deshalb lernten sie uns nie richtig kennen, und es konnten keine normalen Beziehungen entstehen. Wir mussten immer sehr früh gehen, während sie bis zum Ende der Disko blieben und dann vielleicht noch bei einem von ihnen zu Hause weiterfeiern konnten. Wir dagegen fuhren in einem komischen Bus zu der komischen Schule. Auf der Rückfahrt lachten wir viel und sprachen über den Abend. Uns war klar, dass es wieder nur eine dieser »Wir hier, die dort«-Situationen gewesen war, aber das akzeptierten wir. Wir glaubten, dass das Leben für Menschen wie uns eben so aussah.

In anderer Hinsicht hatten sich die Dinge im Senior-Trakt jedoch zum Besseren gewendet. Neben meinem Bett stand jetzt ein Nachtkästchen, und ich durfte bestimmte Sachen als mein Eigentum betrachten. Hier gab es nicht die großen Kommoden wie im Schlafsaal im Junior-Trakt, wo alles Gemeinschaftseigentum war und keiner etwas für sich behalten durfte, selbst wenn es sich um das Weihnachtsgeschenk der Eltern handelte.

Eine weitere Verbesserung bestand darin, dass ich mich nicht länger mit den künstlichen Armen abplagen musste, mit denen ich nie richtig zurechtgekommen war. Auch die anderen Kinder durften die Prothesen ablegen, die ihnen Schwierigkeiten bereiteten. Damit waren die Mahlzeiten keine Slapstick-Nummern mehr wie früher. Na gut, das stimmt nicht ganz. Während das Essen im Junior-Trakt immer unfreiwillig komisch gewesen war, weil wir mit unseren Prothesen nicht umgehen konnten, war die Komik jetzt beabsichtigt. Denn inzwischen waren wir alle ziemlich geschickt darin, die Gliedmaßen zu benutzen, die wir hatten, und der Esstisch war ein ausgezeichneter Übungsplatz, um unsere motorischen Fähigkeiten noch weiter zu trainieren.

Mit dreizehn nahm ich an Gewicht zu, und infolge meiner körperlichen Entwicklung schwollen meine Füße an und begannen zu schmerzen. Mein rechter Fußknöchel hatte die Größe eines Golfballs, und meine Ferse stand in die Luft. Die rechte Seite meines rechten Fußes lag also auf dem Boden auf, die Ferse jedoch, die sich auf dem Boden hätte befinden sollen, und die Zehen ragten nach oben. Mein ganzes Gewicht ruhte auf einem einzigen Knochen, und der tat ständig weh. Ich war es natürlich gewohnt, Schmerzen zu haben. Mir fehlten verschiedene Gliedmaßen, und mein Körperbau war nicht für die mit Bewegung verbundenen Belastungen geeignet. Schmerzen waren daher meine ständigen Begleiter und lauerten permanent im Hintergrund. Aber dieser neue Schmerz war anders und nahezu unerträglich. Zunächst gab man mir starke Schmerzmittel, aber sie konnten ihn nicht ganz betäuben. Dann setzten sie mich für drei Monate in einen Rollstuhl, um herauszufinden, ob es vielleicht dadurch besser werden würde, aber es wurde nicht besser. Damit war klar, dass man zu drastischeren Mitteln greifen musste.

Zwei der besten orthopädischen Chirurgen der damaligen Zeit, Donald Brooks und Austin Brown, kamen ins Kinderheim und untersuchten mich. Sie stritten ewig darüber, was zu unternehmen sei. Donald Brooks war der Überzeugung, es wäre ein großer Fehler, meinen rechten Fuß zu operieren, da ich gelernt hatte, ihn so geschickt wie eine Hand zu benutzen. Austin Brown nahm die entgegengesetzte Haltung ein: In der Zukunft würde Mobilität für mich zunehmend wichtiger werden als die Fähigkeit, meine Füße wie Hände zu gebrauchen. Sie diskutierten lange darüber, kamen aber zu keinem Ergebnis.

Ich erinnere mich, dass Ruth Cartwright, die leitende Physiotherapeutin, zu mir sagte: »Du wirst eine Entscheidung treffen müssen, Alison, die beiden schaffen es nämlich nicht.«

Es war eines der wenigen Male, dass man mir erlaubte, eine Entscheidung über meinen Körper oder das, was mit mir geschehen würde, zu treffen. Ich wusste, dass es ein Experiment war, eine Operation, die noch nie zuvor vorgenommen worden war. Aber ich wusste auch, dass mir nichts anderes übrig blieb, weil es mir wichtig war, wieder laufen zu können. Ich ging davon aus, dass sie meinen Fuß einfach umdrehen würden und dass ich ihn danach noch immer als Hand benutzen könnte. Dass es damit vorbei wäre, wenn die Sehnen und Muskeln erst einmal durchschnitten waren, begriff ich nicht. Ich würde nie mehr dieselbe Geschicklichkeit in meinem Fuß haben wie vor der Operation. Und ich würde mich daran gewöhnen müssen, meinen Mund zu benutzen, um ihn statt meiner Füße als Greifwerkzeug einzusetzen.

Es war eine der traumatischsten Erfahrungen meines Lebens. Ich betrat die Krankenstation am Tag vor der Operation als ein im Grunde selbstständiger Mensch und wachte am nächsten Tag hilflos auf dem Rücken liegend im Wachzimmer auf. Es mag sich seltsam anhören, aber mir kam es vor, als wäre ich erst jetzt richtig behindert. Davor war ich mobil gewesen und hatte die meisten Dinge mit meinen Füßen machen können, jetzt war ich komplett unfähig, mich zu bewegen oder irgendetwas selbst zu tun. Und erst die Schmerzen! Während der ersten Nacht erhielt ich fünfzehn Pethidin-Injektionen und in der Nacht darauf sogar noch mehr. Irgendwann mussten sie es absetzen, weil sie sich Sorgen machten, ich könnte abhängig werden. Ich hatte keine Vorstellung davon gehabt, welche Schmerzen ich mir selbst auferlegen würde.

Es kann wohl nicht die Rede davon sein, dass ich einen regelrechten Zusammenbruch hatte, aber ich war ganz sicher zutiefst deprimiert. Ich lag nur da und dachte immerzu: »Scheiße, was habe ich getan? Das war's dann wohl. Ich habe mich selbst kaputtgemacht.«

Sie ließen Schwester Shepherd kommen, die sich an mein Bett setzte und versuchte, mich aufzumuntern. Sie war die Einzige, die mich damals in der ersten Zeit trösten konnte. Aber auch die Schwestern und Pfleger in der Krankenstation halfen mir sehr, und als ich vertrauter mit ihnen wurde, schöpfte ich allmählich neuen Mut. Ich verbrachte auf der Reha-Station insgesamt acht Monate, die sich wie Jahre hinzogen, aber irgendwann wurde mir klar, dass ich wieder herauskommen würde. Und dieser Gedanke hielt mich aufrecht.

Nach der Operation an meinem Fuß war ich erst recht an

den Rollstuhl gefesselt, und ich wusste, dass ich wieder laufen lernen musste. Für mich bedeutete Mobilität Freiheit, Flucht. Das war es wohl, was mich schon immer kämpfen ließ – der unbedingte Wunsch nach Unabhängigkeit.

Schließlich war ich so weit wiederhergestellt, dass ich in den Senior-Trakt zurückkehren konnte, und Tara und ich waren begeistert, als wir feststellten, dass wir jetzt ein Zimmer für uns allein hatten. Wir gehörten inzwischen zu den Großen, und das brachte eine Reihe Vergünstigungen mit sich. Wir durften zum Beispiel bis zehn Uhr aufbleiben und fernsehen. Ich erinnere mich, dass ich ganz verrückt nach der amerikanischen Polizeiserie *Hill Street Blues* war.

Als wir fünf Jahre alt gewesen waren, hatte man Tara und mich in verschiedenen Häusern untergebracht, wahrscheinlich in der Hoffnung, dass wir dann nicht mehr ständig zusammenstecken und uns aus den Augen verlieren würden. Die beiden Häuser standen in ständiger Konkurrenz zueinander; übrigens war diese Einteilung in verschiedene Häuser in Heimen damals üblich. Die Kinder konnten sich durch gute Leistungen oder gutes Benehmen Pluspunkte verdienen, und am Ende des Trimesters bekam das Haus mit den meisten Punkten eine Trophäe.

Es wurden auch Sportfeste veranstaltet, die sich von den Sportfesten an anderen Schulen kaum unterschieden. Es gab Lauf- und Schwimmwettbewerbe, Hochsprung, Weitsprung und Speerwerfen – also Sportarten, die auch bei den Olympischen Spielen vertreten sind –, und man konnte an allem teilnehmen, wozu man sich in der Lage fühlte.

Ich war nicht besonders sportlich, trotzdem war ich eine gute und leidenschaftliche Schwimmerin und brach mit sechzehn Jahren einen britischen Rekord in Stoke Mandeville. Pete, Tara und ich verzichteten, so wie andere gute Schwimmer auch, wegen des Trainings sogar aufs Mittagessen. Damals war ich genauso schnell wie sie und schaffte es gelegentlich, beide zu schlagen. Später gab ich das Schwimmen zugunsten der Kunst auf, während die beiden dabeiblieben und an internationalen Wettbewerben teilnahmen.

Dass Tara und ich in getrennten Häusern wohnten, bedeutete, dass wir während unserer ganzen Zeit im Heim bis zu einem gewissen Grad in körperlicher und geistiger Hinsicht miteinander konkurrieren mussten. Das gefiel uns zwar nicht besonders, und es machte uns auch gewiss nicht zu besseren Menschen, aber so war es eben. Was die schulischen Leistungen anging, übertraf mich Tara mit Leichtigkeit. Sie war sehr intelligent und wissbegierig, während ich mich mit meiner Leseschwäche in der Schule schwer tat. Meiner Hausakte, die man mir kürzlich zuschickte, konnte ich entnehmen, dass mit zehn Jahren zum ersten Mal eine Lernschwäche bei mir festgestellt wurde, über die man sich Sorgen machte. Die Aufzeichnungen enthielten sogar einen Vermerk, dass ich unter Dyslexie leiden könnte, aber aus irgendeinem Grund ging man diesem Verdacht nicht nach und verzichtete auf eine Untersuchung, und so hing mir während meiner ganzen Schulzeit das Etikett an, ich sei etwas zurückgeblieben. Erst viele Jahre später, als ich am Hammersmith College in London Kunst studierte, wurden meine Leseschwierigkeiten gründlich unter die Lupe genommen. Anhand von speziellen Tests wurde Leseleistungsschwäche bei mir diagnostiziert. Das hatte man im Kinderheim versäumt, und ich ging immer in die Klasse für die lernbehinderten Kinder, während meine Freunde wie Tara und Simon eine Hochbegabtenklasse besuchten. Anders als meine Freunde, die schon früh ausgezeichnet lesen konnte, lernte ich erst mit zwölf Jahren richtig lesen.

Das Klima an einer Schule ist mitunter stark von Vorurteilen und Ausgrenzung geprägt, vor allem unter den jüngeren Kindern, und das Heim bildete da bestimmt keine Ausnahme.

Es wäre also durchaus möglich gewesen, dass meine Freunde zu mir gesagt hätten: »Du bist nicht in unserer Klasse, deshalb bist du auch nicht unsere Freundin.« Aber das haben sie nicht getan. Sie haben sich nie über mich lustig gemacht oder abfällige Bemerkungen von sich gegeben, weil ich in der Klasse für Lernbehinderte war. Heute frage ich mich, wie ich mit ihnen mithalten konnte, wie ich ihre Freundschaft und ihren Respekt gewann, obwohl ich in der Schule so viel schlechter war. Vielleicht waren damals intellektuelle Fähigkeiten und Klugheit nicht alles. Vielleicht machten Abenteuerlust, Aufgewecktheit und Entschlossenheit meine Schwächen auf anderen Gebieten wett. In sozialer Hinsicht war ich ausgesprochen kompetent. Ich war nur in der Schule nicht gut.

Eines Tages im Oktober 1979, ich war vierzehn Jahre alt, betrat Jill Rocky das Klassenzimmer, in dem wir gerade Englischunterricht hatten. Wir sahen alle auf und fragten uns, was los war. Sie war die Leiterin der Beschäftigungstherapie, aber es war ungewöhnlich, dass sie einfach so in den Unterricht platzte. Normalerweise wurden die Therapiestunden bei ihr im Voraus vereinbart und fanden außerhalb der Schulstunden statt.

»Alison, würdest du bitte mitkommen. Ich möchte dir jemanden vorstellen.«

Sie sagte mir nicht, um wen es sich handelte, und meine Neugier wurde auf dem Weg in ihr Büro mit jedem Schritt größer.

Der Jemand war ein braun gebrannter, gut aussehender Mann im Anzug, der in dem Büro auf uns wartete. Ich nahm an, dass er ein potenzieller Besucher oder Förderer war, aber im Grunde genommen war mir das egal. Hauptsache, er hatte mich aus der Klasse herausgeholt – und außerdem freute ich mich immer, wenn ich jemand Neuen kennen lernte. Ich begrüßte ihn, und er stellte sich als Mike aus East London, Südafrika, vor. Fünf Monate zuvor hatte seine Frau dort in einem Krankenhaus ihre Tochter Nicky auf die Welt gebracht. Er zeigte mir die Fotos, die er von ihr gemacht hatte, und ich stellte fest, dass das Baby fast genauso aussah wie ich in dem Alter. Es hatte keine Arme und ebenso kurze Beine wie ich. Mein Interesse an der Geschichte von Mike und Nicky war sofort geweckt. Es faszinierte mich, dass Nickys Behinderungen so sehr den meinen glichen, aber ich war auch von Mike sehr angetan. Er sah mir in die Augen und sprach mit ruhiger, ernster Stimme mit mir. Weder behandelte er mich herablassend oder übertrieben jovial, noch tätschelte er mir den Kopf. Schon bald war mir klar, wie viel ihm am Wohlergehen seiner kleinen Tochter lag.

Wir saßen beieinander und tranken Tee, und Mike erzählte mir, was passiert war. Die Schwangerschaft seiner Frau Margie war normal verlaufen – es war ihr zweites Kind –, und sie war in Erwartung einer komplikationslosen Geburt ins Krankenhaus gegangen. Mike wich ihr während der Wehen nicht von der Seite, und er war auch bei ihr, als das Baby auf die Welt kam. Der Gesichtsausdruck des Arztes sagte ihm, dass etwas nicht in Ordnung war. Der Arzt nahm ihn beiseite und erklärte ihm, dass das Neugeborene nicht alle Gliedmaßen habe. Es täte ihm sehr Leid, und er wisse nicht, was die Ursache dafür sein könnte. Mike war wie vom Donner gerührt. Nicky wurde aus dem Kreißsaal gebracht, damit man sie untersuchen und herausfinden konnte, ob es noch weitere Probleme gab, und Mike und Margie mussten bis zum darauf folgenden Tag warten, bevor sie ihre Tochter zu Gesicht bekamen und in den Arm nehmen konnten. Mike erzählte mir, dass er langsam zurück zu Margie gegangen war und sich auf ihre Bettkante gesetzt hatte. Er versuchte, ihr so schonend wie möglich beizubringen, was der Arzt über Nickys körperlichen Zustand gesagt hatte. Margie lag schweigend da und hörte Mike zu. Später, als ich sie selbst kennen lernte, sagte sie mir, sie habe ihn einfach nur verständnislos angestarrt, weil sie unter Schock gestanden habe. Beide standen unter Schock. Sie erinnerte sich daran, dass Mike zum Fenster getreten und stundenlang dort gestanden war, wie es ihr schien. Er sah zu, wie die Ampeln von Grün auf Gelb auf Rot umschalteten, wieder und wieder.

Es hatte sie völlig unerwartet getroffen. In Südafrika war Thalidomid-Embryopathie so gut wie unbekannt, und das Krankenhauspersonal hatte keinerlei Erfahrung mit Kindern wie Nicky. In ihrer Unwissenheit konnten sie Mike und Margie keine Ratschläge geben, wie sie mit ihr umgehen sollten. Die Situation schien hoffnungslos, aber dann erinnerte sich Mike daran, dass er in der Zeitung einen Bericht über Thalidomid-Embryopathie gelesen hatte, und am nächsten Tag ging er in die Bibliothek und machte sich dort auf die Suche nach Informationen über Nickys Zustand. Dabei stieß er auf den Namen unseres Kinderheims in England. Zurück zu Hause, beschloss er, einen Brief an die Einrichtung zu schreiben und um Hilfe und Rat zu bitten.

Jill Rocky, die ebenfalls aus Südafrika stammte, antwortete ihm und teilte ihm mit, dass man bei uns viel Erfahrung speziell auf diesem Gebiet habe und er jederzeit gern vorbeikommen könne, wenn er in England sei. Sie schrieb ihm außerdem, hier gebe es ein Kind, ein älteres Mädchen, das sehr viel Ähnlichkeit mit Nicky habe.

Mike fuhr mit seiner Geschichte fort, und ich hörte ihm wie gebannt zu. Die Vorstellung, dass es jemanden gab, der mit denselben Missbildungen geboren worden war wie ich, faszinierte mich ungemein. Noch mehr nahm mich gefangen, wie Mike und Margie auf diese völlig unerwartete Situation reagiert hatten. Während er mir mit seiner leisen, ruhigen Stimme davon berichtete, musste ich unwillkürlich daran denken, wie grundlegend sich ihr Verhalten doch von dem meiner Mutter unterschied.

Die beiden Südafrikaner waren geschockt und durcheinander, wie Mike mir erzählte, aber sie spielten keine Sekunde mit dem Gedanken, Nicky in ein Heim zu geben. Sie wollten sie unter allen Umständen bei sich behalten. Das Krankenhauspersonal war sehr hilfsbereit und unterstützte ihre Entscheidung, und so nahmen sie Nicky am nächsten Tag mit nach Hause. Margie stillte sie, und sie gehörte ganz selbstverständlich mit zur Familie. Sie ließen sie nie zu Hause, sondern nahmen sie überallhin mit – vom ersten Tag an hatte Nicky ein richtiges Familienleben.

Dann stellte Mike mir einige Fragen über mich. Wie lange war ich schon hier? Wie zog ich mich an? Er wollte eine Vorstellung davon bekommen, wie sie Nicky am besten auf das Leben als Erwachsene vorbereiten konnten. Darüber hinaus merkte ich, dass er sich auch für mich persönlich interessierte. Er spielte mir nicht nur etwas vor, um die gewünschten Informationen zu bekommen.

Nach dem Tee führten wir Mike durch das Heim, und ich glaube, er sah vieles, was ihn beeindruckte, vor allem, wie gut die meisten von uns mit dem alltäglichen Leben zurechtkamen. Bei einem zweiten Besuch im darauf folgenden Jahr brachte er seine Frau Margie und die kleine Nicky mit. Damals teilte ich mir ein Zimmer mit Tara, und wir waren beide da, als Mike an die Tür klopfte. Ich nahm Nicky unter meine Fittiche und widmete ihr meine ganze Aufmerksamkeit. Sie war ständig um mich herum, und ich zeigte ihr, wie ich bestimmte Bewegungen ausführte, beispielsweise, wie ich ins Bett ging und aufstand, Sachen mit dem Mund aufhob, mit Kreide im Mund Figuren zeichnete; alles in allem eine umfassende Demonstration der Fertigkeiten und Fähigkeiten, die ich mir in meinen fünfzehn Jahren im Heim angeeignet hatte. Ich sprach mit ihr in dem freundlichen Singsang, den ich bei Erwachsenen gehört hatte, wenn sie mit Babys und Kleinkindern redeten. Nicky wiederum war ganz bei der Sache, wenn ich ihr etwas zeigte.

Mike und Margie nahmen sich in einem Hotel in der Stadt ein Zimmer und brachten Nicky tagsüber zu uns. Sie wollten, dass sie möglichst viel Kontakt mit Tara und mir hatte, damit sie sehen konnte, welche Fertigkeiten wir entwickelt hatten, und vielleicht ein paar davon übernahm. Mir machte es natürlich Spaß, helfen zu können, und ich sah in Nicky eine Art kleine Schwester.

An ihrem letzten Abend im Hotel luden Mike und Margie Tara und mich zum Essen ein, und solche Einladungen lehnten wir grundsätzlich nie ab. Sie fragten uns, wohin wir gerne gehen würden, und wir schlugen Wimpy vor. Das war damals unsere Vorstellung von einem Gourmettempel. Mike und Margie waren verblüfft, als sie sahen, was wir uns da ausgesucht hatten. Ich bin sicher, dass sie ziemlich enttäuscht waren, als wir uns setzten und sie einen Blick auf die Speisekarte warfen. Aber sie ließen sich nichts anmerken. Tara und ich bestellten uns Hamburger und Pommes frites und Milchshakes. Wir kamen uns vor wie im Ritz, und als das Essen vor uns stand, machten wir uns mit einer Begeisterung darüber her, als hätten wir seit Tagen nichts mehr bekommen. Mike und Margie beobachteten uns die ganze Zeit über aufmerksam, und ich erinnere mich, dass ich dachte, irgendetwas an unserer Art zu essen sei nicht in Ordnung. Ich zermarterte mir das Hirn, kam aber nicht darauf, was wir falsch machten. War mir etwa eine der Anstandsregeln, die uns Miss Barton beigebracht hatte, entfallen? Das glatte Gegenteil war der Fall. Mike erzählte mir viele Jahre später, es sei damals besonders ermutigend für sie gewesen, Tara und mich so geschickt mit unserem Essen umgehen zu sehen. Unser Selbstvertrauen und unsere Fähigkeiten erfüllten sie mit Hoffnung und Zuversicht, und als sie sahen, wie gut wir zurechtkamen, wussten sie, dass Nicky es später auch schaffen würde.

Sie hatten an diesem Abend zwar Tara und mich zum Essen

eingeladen, aber in der Folge festigte sich vor allem meine Freundschaft mit ihnen. Das lag wohl zunächst einmal daran, dass Nicky mir ähnlicher war als Tara und sie sich daher an mir besser orientieren konnten. Wenn sie sahen, wie ich mit bestimmten Dingen umging, bekamen sie eine genauere Vorstellung davon, wie sie Nicky in Zukunft helfen konnten, und ich konnte ihnen auch viel über mein Leben erzählen und wie ich mit den Problemen des Alltags fertig wurde. Darüber hinaus hatten wir uns von Anfang an gemocht, und diese Beziehung wurde im Lauf der Zeit noch enger. Die Familie kehrte nach ein paar Tagen nach Windsor zurück, aber eine Woche später kam Mike noch einmal mit dem Zug zu uns, weil sie beschlossen hatten, mich in das Musical *Evita* mitzunehmen. Die Fahrt nach London legten wir im Taxi zurück. Ich war noch nie im Westend im Theater gewesen und war hingerissen von diesem wundervollen Spektakel.

Nach der Vorstellung war es zu spät für die Heimfahrt, deshalb nahmen sie mich mit nach Windsor und schmuggelten mich in ihr Hotelzimmer. Ich war begeistert von dem aufregenden Abend im Westend und genoss den Luxus, in einem Hotel zu schlafen. Das war etwas vollkommen anderes als mein Leben im Heim. Und ich hätte nicht lange überlegen müssen, was von beidem mir lieber war.

Während der nächsten sieben Jahre kam es zu keiner weiteren Begegnung mit meinen südafrikanischen Freunden, aber wir schrieben uns und schickten uns zum Geburtstag und zu Weihnachten Karten. Obwohl wir uns nur wenige Male gesehen hatten, hielten sie unsere Freundschaft unbeirrbar aufrecht.

Als Tara und ich sechzehn Jahre alt waren, verkündete die Hausmutter, dass ein Polizeibeamter zu den großen Kindern kommen würde und mit ihnen reden wollte. Sein Name war Roger, und er gehörte der örtlichen Polizei an, die freundschaftliche Beziehungen zur Polizei im texanischen Dallas unterhielt. Wir sollten ihn herumführen und ihm Tee servieren. Sie feierten irgendein 25-jähriges Jubiläum und hatten sich zu diesem Anlass etwas Besonderes einfallen lassen: Sie wollten zwei Kinder aus dem Heim zehn Tage lang nach Dallas schicken, damit sie sich die Stadt anschauen und Ferien machen konnten. Er sollte alle größeren Kinder in Augenschein nehmen, um anschließend zu entscheiden, welche beiden am geeignetsten waren und die Reise am ehesten verdienten. Ein paar Stunden später rief der Direktor Tara und mich in sein Büro und teilte uns mit, dass wir die zwei Glücklichen waren. Ich habe keine Ahnung, warum Roger uns ausgesucht hatte. Vermutlich wirkten wir aufgeschlossen auf ihn und hatten bewiesen, dass wir uns einigermaßen benehmen konnten und ganz passabel aussahen. Außerdem waren wir gut aufeinander eingespielt und seit mehr als zehn Jahren enge Freundinnen. Wir hatten uns alle Mühe gegeben, bei dem Gespräch einen guten Eindruck zu machen, und diese Bemühungen hatten offensichtlich Erfolg gehabt.

Sie können sich sicher vorstellen, was die Aussicht auf eine Reise nach Dallas für Tara und mich bedeutete. Wir waren völlig aus dem Häuschen. Es war etwas, das eigentlich außerhalb unserer Möglichkeiten lag. Wir kannten Dallas aus dem Fernsehen und erwarteten natürlich, dass es in Wirklichkeit genauso sein würde.

Wir reisten in der Businessclass der British Caledonian Airways, und die Crew behandelte uns wie Königinnen. Sie ließen uns einen Schluck Champagner probieren, und wir durften die Piloten im Cockpit besuchen.

Mitten in der Nacht kamen wir in Dallas an, und als wir das Flugzeug verließen, schlug uns eine unglaubliche Hitze entgegen. Ein Wagen wartete auf uns und fuhr uns in einen Vorort zu dem Haus von Jim und Doris Fleming. Jim war ein großer, kräftiger Mann mit dichten grauen Haaren, ein richtiger Texaner. Doris dagegen war zierlich und dunkelhaarig und trug eine Brille. Sie war Immobilienmaklerin, und Jim arbeitete beim FBI. Sie hießen uns herzlich willkommen und ließen weder in Bezug auf unsere Behinderungen noch auf unser Aussehen nach der langen Reise eine besondere Reaktion erkennen.

Ich weiß nicht mehr genau, warum wir gerade bei ihnen wohnten. Vielleicht hatte es irgendetwas mit der Kirche zu tun, denn sie waren fleißige Kirchgänger, genau wie ihre Nachbarn, deren Swimmingpool wir benutzen durften. Die Flemings machten uns mit jeder Menge Leute bekannt, die alle sehr freundlich zu uns waren und unsere englische Aussprache mochten. Auch sie waren allesamt fleißige Kirchgänger. Es überraschte uns, dass keiner erschrocken oder entsetzt reagierte, wenn er uns sah. Jim und Doris wirkten nur einmal leicht verstört, und das war, als unser Fahrer vom Polizeirevier kam, um uns abzuholen. Er hieß Dwayne und war schwarz. Der abweisende Gesichtsausdruck der Flemings, als er vor ihrer Tür auftauchte, ließ erkennen, dass er in diesem Haus ganz und gar nicht willkommen war. Wir hatten keine Probleme mit seiner Hautfarbe, sondern waren beide vielmehr schon bald bis über beide Ohren in ihn verliebt und wetteiferten um seine Gunst. Er für seinen Teil ging sehr zartfühlend mit den beiden albernen Teenagern um, die er den ganzen Tag über am Hals hatte.

Wo wir auch hinkamen, hatten wir das Gefühl, die Leute würden sich unseretwegen beinahe überschlagen. Wir besuchten ein Baseball- und ein Footballspiel, bei dem wir die Dallas Cowboys kennen lernten. Wir gingen zum Rodeo, waren in einem Freizeitpark und aßen in einer Pizzeria, wo sich die Leute Pizzen bestellten, die so groß wie Wagenräder waren, und sie dann bis zum letzten Krümel verputzten. Außerdem gingen sie mit uns zu Nieman Marcus, ähnlich wie Harrods in London ein Kaufhaus der Luxussorte. Der Geschäftsführer empfing uns bereits an der Tür, und wir wurden durch alle Abteilungen geführt und bekamen goldene Ohrringe und Cowboyhüte und Cowboyhemden mit Fransen geschenkt. Ich war von Dallas hingerissen. Einfach alles dort war einfach riesig und aufregend.

Nach etwa drei Tagen schlug Dwayne uns vor, ihn in die Baptistenkirche zu begleiten, die er jeden Sonntag besuchte. Tara und ich waren sehr angetan. Der Chor bestand aus guten, swingenden Gospelsängern. So etwas hatten wir noch nie zuvor erlebt, und bei dem Temperament der Gemeinde, die sich begeistert mitreißen ließ, schien der Gottesdienst wie im Flug zu vergehen.

Viel zu bald waren die zehn Tage in Dallas vorbei. Traurig nahmen Tara und ich am Flughafen Abschied von Jim und Doris. Wir wussten, dass uns bei unserer Rückkehr wieder der öde Alltag erwartete – an einem Ort, den wir uns ganz bestimmt nicht freiwillig ausgesucht hätten. Aber wir kannten es nicht anders. Unser ganzes Leben lang hatten wir nur hin und wieder einen kurzen Blick in eine andere Welt werfen dürfen. Ich hatte diese Momente genossen und jede sich bietende Gelegenheit ergriffen, aber es war immer nur für kurze Zeit gewesen. Das galt sogar für meine Besuche zu Hause. Allein das Heim schien die einzige verlässliche Struktur in meinem Leben zu sein, der Ort, an den ich stets zurückkehrte.

7

Erste Liebe

Streng vertraulich

Betr.: Alison Lapper, Besprechung vom 26. November 1976
(4. Bericht)
Alter: 11 Jahre, 7 Monate
Adresse: .... Yardley, Birmingham
Diagnose: Dysmelie, alle vier Extremitäten betreffend. Wir
hielten vor allem wegen einiger kürzlich entdeckter Briefe und
Vorkommnisse im Senior-Trakt ein Gespräch über Alison
Lapper für nötig; wegen ihrer Beziehung zu Ian wurden schon
mehrfach Bedenken geäußert. Der Inhalt der Briefe wurde ein-
gehend erörtert.

Pflegeleiterin Wohneinheiten: Diese Beziehung besteht seit gut
18 Monaten. Die Nachtschwester hat deswegen große Bedenken.

Stellvertretender Direktor: Vor achtzehn Monaten erstattete ich
Bericht über das äußerst merkwürdige Verhalten von Alison
und Ian. Ich habe sie sehr viel häufiger zusammen angetroffen,
als es bei Freunden üblich ist, und Ian wirkt ausgesprochen
verstört.

Psychologin: Wegen des großes Altersunterschiedes scheint es
mir eine ungewöhnliche Beziehung zu sein. Allerdings handelt

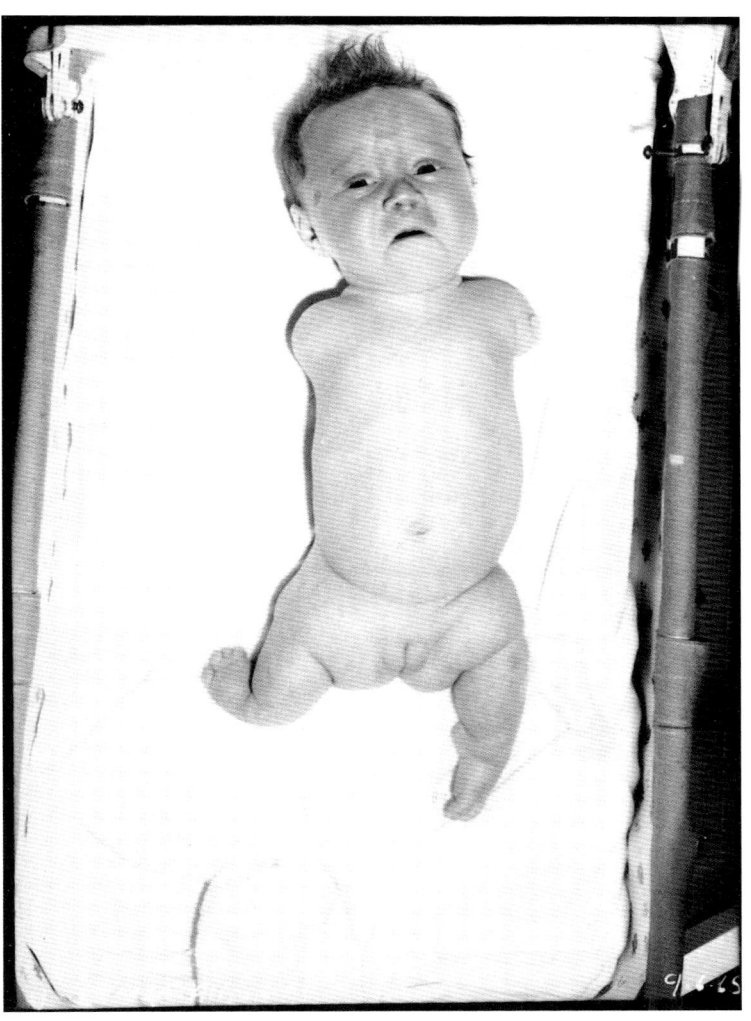

Das bin ich, im Alter von drei Monaten.

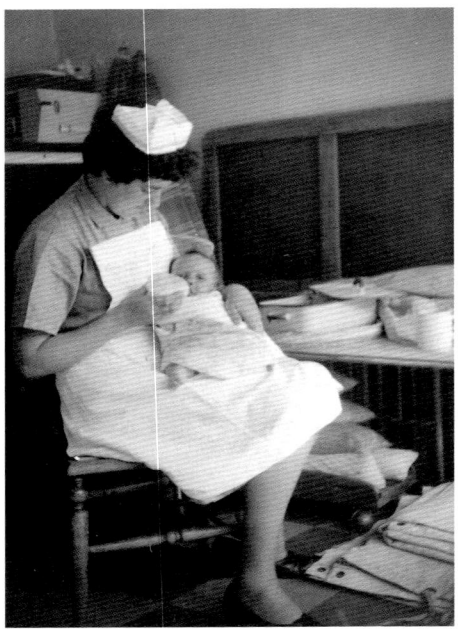

Eine Kinderschwester
füttert mich.

Mit anderen Kindern im Kinderheim.

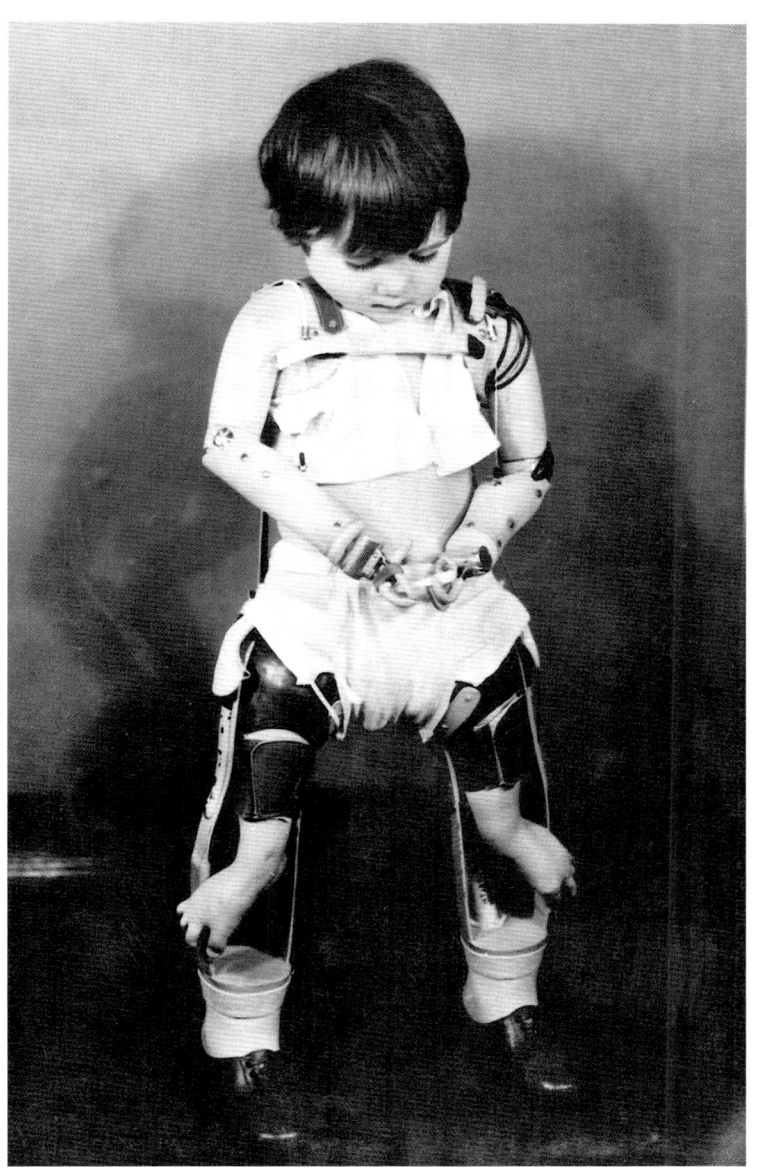

Mein täglicher Kampf mit den künstlichen Gliedmaßen.

Bei den Tates, der Familie, die mich adoptieren wollte.

Hier bin ich vier Jahre – mit meiner Mutter und meinem Stiefvater Alan.

Mit Schwester Susannah bei meinem fünften Geburtstag. Man beachte den Kuchen in Form einer Malerpalette.

Mit meinem Freund Pete.

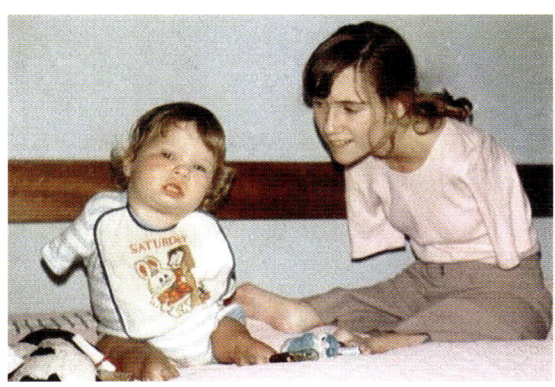

Mit Nicky, einem Mädchen aus Südafrika.

Mit siebzehn Jahren zog ich ins Diagnosezentrum Banstead um.

Mit meiner langjährigen besten Freundin Tara.

Bei meinem einundzwanzigsten Geburtstag.
Links und rechts von mir stehen meine Mutter und Großmutter.
Dahinter links: mein Verlobter Francis, rechts mein Stiefvater Alan.

Stolze Siegerin bei einem Wettbewerb im Heim.

Mit meinen Reitlehrern Mike und Janet.

Mein Auto ist für meine besonderen Bedürfnisse nachgerüstet.

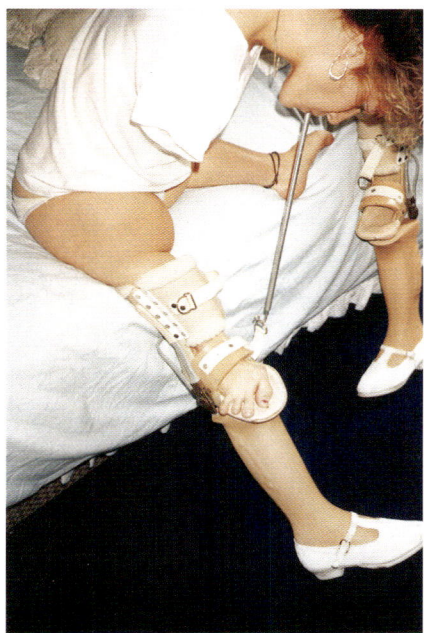

Der Stab hilft mir beim
Anziehen und Befestigen der
Beinprothesen. Hier in meiner
Londoner Wohnung.

Hochzeitsglocken.

Mit Simon bei einer Halloween-Party der Studenten in Brighton.

Mit Freunden in meiner Londoner Wohnung.

Mit achtundzwanzig Jahren machte ich meinen Abschluss an der Universität von Brighton.

Das bin ich bei meiner Abschlussausstellung an der Universität.

Glückliche Tage in Südafrika.

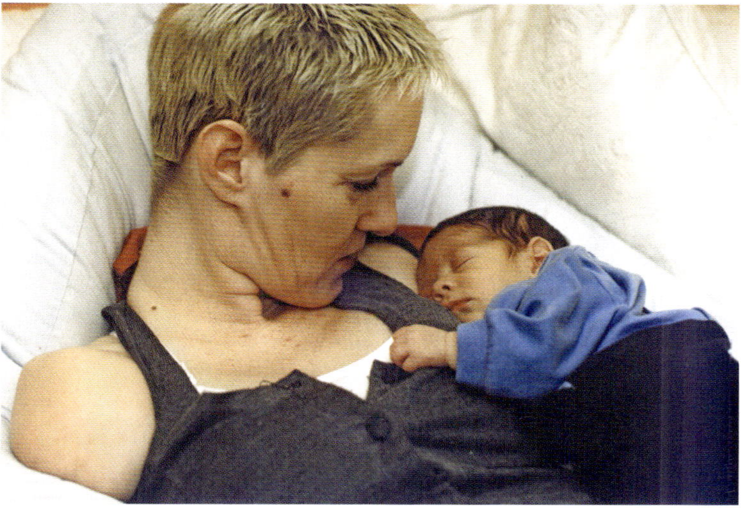

Mit meinem Sohn Parys.

Beispiele meiner künstlerischen Arbeit:

Faces

Angel

Die Queen ernannte mich für meine Verdienste in der Kunst
zum Member of the Order of the British Empire.

Mit Parys.

Parys und die Skulptur *Alison Lapper Pregnant*,
des berühmten Britart-Künstlers Marc Quinn.

es sich bei beiden um unter Deprivation leidende Kinder. Ich persönlich glaube nicht, dass wir von irgendwelchen handfesten Beweisen für ein ungehöriges Verhalten ausgehen können. Sobald ich zu Alison sagte, wir seien doch alte Freunde und ich hätte gehört, dass sie in Schwierigkeiten steckt, brach sie in Tränen aus und hörte während unseres ganzen Gesprächs nicht mehr auf zu weinen. Sie schien entsetzt zu sein, als ich andeutete, dass es zu sexuellen Handlungen gekommen sein könnte, und sagte: »Warum können die uns nicht in Ruhe lassen. Wir sind einfach nur Freunde.« Meiner Ansicht nach handelt es sich um eine Beziehung, die möglicherweise beiden Halt gibt, und falls eine weitere Beobachtung erforderlich ist, sollte sie behutsam und zurückhaltend erfolgen. Ich halte Alison noch für ein unreifes Mädchen – man muss sich nur ansehen, wie sie mit ihren Puppen spielt. Es würde bei Alison einen nicht absehbaren Schaden anrichten, wenn wir sie wegschicken würden. Wir sollten versuchen, eine Versöhnung zwischen Alison und ihrer Mutter herbeizuführen. Ich denke, wenn wir Alison oder Ian jetzt verlegen, nehmen wir Ian jede Chance auf eine gute Abschlussprüfung. Er wäre so verstört, dass er schlichtweg auf ganzer Linie versagen würde.

Physiotherapeutin: Wir haben in den vergangenen Jahren große Anstrengungen unternommen, um Alisons Eltern dazu zu bringen, sich etwas mehr für ihre Tochter zu interessieren und sich um sie zu kümmern.

Sozialarbeiterin: Diese Beziehung ist ungewöhnlich, vor allem, was Ian angeht, weil er den Trost oder die Freundschaft eines sehr viel jüngeren Mädchens sucht, aber das liegt daran, dass er mit Gleichaltrigen nicht zurechtkommt. Bei einem Hausbesuch warf ich die Frage auf, ob Ian nicht als Tagesschüler hierher kommen sollte. Er war dagegen, und seine Mutter war ebenfalls strikt dagegen. Er ist imstande, sich selbst zu versorgen, aber er fügt sich zu Hause nicht ein, und für seine Mutter ist das ein Problem.

Dr. McCarthy: Alison ist körperlich sehr unterentwickelt. Sie sagt wohl manchmal recht Besorgnis erregende Dinge, ihr Verständnis reicht allerdings keineswegs ebenso weit. Ich denke, Ian ist sehr verstört, und beide Kinder leiden unter schwerer Deprivation. Er ist zweifellos ein schwieriger Junge, aber andererseits ist er nur noch bis zum Juli 1977 hier und dann auch nur unter der Woche und nicht an den Wochenenden. Alison sehnt sich nach Zuneigung und weiß wahrscheinlich nicht, was sie Ian antut, aber sie zu verlegen könnte sehr schädlich sein. Soweit ich weiß, erhält sie von ihrer Familie überhaupt keine Unterstützung, sondern erlebt nur Kritik. Ian schließt sich keinem Mann an, weil er kein positives Vaterbild vermittelt bekam, er wurde von seiner Mutter großgezogen.

Kaplan/Aufseher: Das ist Teil einer umfassenderen Entwicklung, die sich zur Zeit zeigt, und einige der Betreuer sind sehr besorgt. Ich bin in dieser Angelegenheit sehr streng vorgegangen. Ian interessiert sich nicht einfach nur für Alison. Wir ermutigen sie, sich so viel wie möglich unter die anderen zu mischen. Ian ist im Kern ein guter Junge, aber er kommt aus sehr schwierigen Verhältnissen, und es ist eine gewisse Vorsicht angeraten. Wir tragen im Senior-Trakt eine große Verantwortung, und wenn irgendetwas passieren sollte, würden die Eltern sofort über uns herfallen. Es gibt hier so viele Kinder, dass es schwierig ist, alle im Auge zu behalten und herauszufinden, was wirklich vor sich geht, ohne allzu streng zu sein.

Direktor: Vor einem Jahr hegte das Personal Befürchtungen, Alison könnte sittlich gefährdet sein, und die Vorkommnisse des vergangenen Jahres bestärken mich in meiner Meinung, dass sie es tatsächlich ist. Nun, mittlerweile hat sich die Lage, allerdings wegen eines bestimmten Verdachts, zugespitzt. Alison hat sich schon immer sehr für Jungen interessiert, und mir war klar, dass wir ein Auge auf sie haben sollten. Sie ist jetzt in eine neue Klasse gekommen. Ich finde nicht, dass sie bestraft werden sollte, aber ich glaube, dass sie eine Gefahr für sich selbst darstellt. Ian strengt sich sehr an und müsste bei seinen Abschlussprüfungen eigentlich gut abschneiden. Ich glaube, wir sollten die Tagesschüler-Idee weiterverfolgen, um Ians Integration in die Gemeinschaft zu fördern.

Kinder- und Jugendpsychiaterin: Alison war während unserer Unterhaltung sehr gesprächig und erzählte mir, sie sei im Alter von ein paar Wochen ins Heim gekommen und im Großen und Ganzen recht glücklich hier. Manchmal langweilt sie sich, vor allem an den Wochenenden, aber sie ist sehr dankbar für alles, was man hier für sie getan hat, und sie sagte, sie habe Angst vor der Zukunft. Einer ihrer besten Freunde – Peter Hull – sei kürzlich weggegangen, und sie vermisse ihn sehr. Sie sprach von den Schwierigkeiten, die es bei ihren Besuchen zu Hause gibt, und sie hat das Gefühl, dass sie inzwischen zu schwer ist, um von ihren Eltern auf die Toilette gehoben zu werden. Als ich ihr anbot, mir ihrerseits Fragen anzuhören, fragte sie, ob ich wüsste, warum sie mit Missbildungen auf die Welt gekommen sei. Sie macht sich viele Gedanken über ihre Geburt und ihre Zukunft, Letzteres scheint mir sehr früh zu sein. Ich werde Alison in drei Monaten erneut begutachten.

Schulbericht: Alison ist erst seit drei Monaten in meiner Klasse, aber sie ist ein freundliches Mädchen, das sehr beliebt ist und mit allen gut auszukommen scheint. Sie hat ein fröhliches Wesen und ist in jeder Hinsicht hilfsbereit und kooperativ. Sie interessiert sich für die meisten Unterrichtsfächer und strengt sich sehr an. Sie ist sich ihrer Schwächen im Lesen und Schreiben fast überdeutlich bewusst und gibt sich vor allem beim Lesen große Mühe. Es gibt Anzeichen dafür, dass sie insgesamt mehr Selbstvertrauen entwickelt, und das sollte rasch zu weiteren Fortschritten führen. Alison zeigt Initiative und Einfallsreichtum, braucht allerdings auch viel Zuspruch und Lob. Ich nehme an, dass sie in der Vergangenheit durch Kritik oder Bestrafungen entmutigt wurde, vor allem, wenn sie sie als übertrieben empfand! Sie braucht nach wie vor liebevolle Zuwendung, aber sie ist nicht mehr so empfindlich wie früher und kann mit Kritik besser umgehen. Sie wird allmählich erwachsen und interessiert sich für diesen Prozess. Sie hat ein ausgeprägtes Gespür für Farben, Musik und Bewegung, und wenn sie sich zur Musik bewegt, geht sie vollkommen darin auf. Sie zeichnet gern, hauptsächlich große Mädchen mit langen Beinen und Armen. Wenn es im Unterricht um Wachstum geht, beziehen sich Alisons Fragen meistens auf Tiere und Menschen und weniger auf Pflanzen, Insekten etc.

Empfehlung:
1. Begutachtung von Ian durch Dr. Lena
2. Soz.arbeiterin: Gespräch zwischen Ians Mutter und Dr. Lena vereinbaren
3. Dr. McCarthy sollte Alisons Eltern schreiben und sie ins Gästehaus einladen, da es sehr schwierig für uns ist, uns um Alison zu kümmern, wenn wir so wenig Kontakt zu ihnen haben.

CC: Direktor; Kaplan/Aufseher; Dr. Lena; Psychologin; Sozialarbeiterin

Während meiner Zeit im Heim gab es jedes Jahr solche Berichte über mich. So ein Bericht vermittelt einen Eindruck davon, welche Einstellung das Personal uns gegenüber hatte. Außerdem macht er deutlich, welch himmelweiter Unterschied zwischen der Sichtweise der Lehrer an der Schule und der Sichtweise und dem Verhalten unserer Betreuer im Wohnbereich bestand. In diesem vierten vertraulichen Bericht richtete sich die Aufmerksamkeit der Beteiligten vor allem auf meine Beziehung zu einem Jungen namens Ian. Wir lebten beide im Heim und hatten uns angefreundet, als er dreizehn war und ich neun. Er war nett, geduldig und lustig, und wir verstanden uns sehr gut. Ich genoss seine Aufmerksamkeit und machte mir keine Gedanken darüber, dass er vier Jahre älter war als ich. Das Personal nahm unsere Freundschaft wegen des Altersunterschiedes und wegen unserer Behinderung anfangs nicht ernst, sondern amüsierte sich darüber, als sei das Ganze ein großer Witz. Da wir es gewohnt waren, dass sie sich auf diese dumme Art über uns lustig machten, war uns das jedoch egal. Von den anderen Kindern zog uns nie eines deswegen auf. Wir Krüppel – so nannten wir uns selbst – verhielten uns untereinander sehr loyal und solidarisch. Unser gemeinsamer Feind war das Personal.

Ian und ich trafen uns jeden Tag nach der Schule und redeten miteinander oder hingen einfach nur herum. Gelegentlich brachte er mich dazu, ihm einen Kuss zu geben. Ian war alt genug, um ein bisschen schmusen zu wollen, aber mir bedeutete das in diesem Alter noch nichts. Es war alles ganz unschuldig.

Drei Jahre später, ich war zwölf und er sechzehn Jahre alt, gingen wir immer noch miteinander, und unsere Beziehung war sehr eng geworden. Ich fand den Altersunterschied zwischen uns überhaupt nicht merkwürdig, und für uns beide bedeutete unsere Beziehung etwas völlig anderes als das, was man aus den Äußerungen unserer Betreuer in dem Bericht schließen könnte. Zumindest was mich betraf, war es eher eine Schwärmerei als eine sexuelle Beziehung. Wir flirteten zwar miteinander und ergingen uns in sexuellen Anspielungen, aber das lag eher an unserer altersbedingten Neugier und weil Sex damals in dieser Zeit einfach ein großes Thema war. Dass wir uns nicht so oft treffen konnten, wie wir gerne gewollt hätten, und es kaum zu Zärtlichkeiten zwischen uns kam, kompensierten wir das durch Liebesbriefe. Da ich im Grunde genommen nicht die geringste Ahnung hatte, wie man einen Liebesbrief schrieb, ließ ich mir von meiner Freundin Lucy helfen, der Tochter eines Elektrikers des Heims. Sie besuchte mich, und dann saßen wir kichernd beieinander und fantasierten irgendetwas über so rätselhafte Dinge wie Kondome zusammen, über die ich praktisch nichts wusste. Sobald Ian einen meiner Briefe erhielt, schrieb er mir immer sofort zurück. Ich wusste, dass ihm meine Briefe viel bedeuteten, da er mir jedes Mal enthusiastisch darauf antwortete. Was ich allerdings nicht wusste, war, dass er alle meine Briefe in seinem Schrank aufbewahrte. Das war nicht besonders schlau, weil das Heim nicht gerade ein Ort war, an dem man den Bewohnern viel Privatsphäre zugestand. In dieser Hinsicht ähnelte es eher einem Gefängnis. Das Personal glaubte, ein Recht zu haben, nach Lust und Laune unsere Schränke zu durchsuchen und unsere Sachen zu durchwühlen. Und sie taten es auch, für gewöhnlich, wenn man sich gerade irgendwo anders auf dem Gelände aufhielt. So kam es, dass sie nach ein oder zwei Monaten die Briefe entdeckten, die ich Ian geschrieben hatte – erst so spät, muss man wohl sagen. Sie wurden konfisziert und der Reihe nach von den verschiedenen Heimmitarbeitern gelesen, während sie die hierarchische Leiter hinauf gereicht wurden, bis sie schließlich auf dem Schreibtisch des Direktors landeten. Der vertrauliche Bericht lässt erkennen, dass er ein Mann war, der sich große Sorgen machte über die »sittliche Gefährdung«, der die seiner Obhut anvertrauten jungen Menschen permanent ausgesetzt seien. Diese Besorgnis wurde begleitet von unverrückbaren Vorstellungen von Disziplin und angemessenem sozialem Verhalten und davon, wie sich ein gutes Mädchen oder ein guter Junge zu benehmen habe. Jede Form von »sexuellen Handlungen« wurde als schlimmes unsittliches Verhalten betrachtet.

Das Personal war generell der Ansicht, dass wir nicht einmal an Sex denken durften. Wenn man so behindert war wie wir, hatte man in ihren Augen die Pflicht, sich allem zu enthalten, was auch nur im Entferntesten mit Sex zu tun hatte. Das beruhte auf zwei Überzeugungen: Zum einen fanden sie uns körperlich zu abstoßend, als dass sich jemals ein Nichtbehinderter sexuell von uns angezogen fühlen könnte. Zum anderen war mit unseren Körpern etwas so Grundlegendes nicht in Ordnung, dass wir nicht einmal untereinander irgendwelche sexuellen Aktivitäten in Erwägung ziehen sollten, selbst wenn wir Lust dazu hatten und jemanden anziehend fanden. Idealerweise verzichteten wir auf diesen Teil des Lebens ganz.

Das war die offizielle Sicht, und sie hatte unter dem Personal sehr viele Anhänger. Aber es gab auch eine andere Seite: Offensichtlich fanden einige Betreuer – männliche Betreuer – manche der halbwüchsigen Mädchen sehr attraktiv… und sexy. Natürlich war es ihnen strengstens untersagt, irgendwelche Annäherungsversuche zu unternehmen, aber zu jener Zeit galten für das Personal wesentlich weniger Vorschriften hinsichtlich des körperlichen Kontakts bei der Pflege. Daher boten sich ihnen ausreichend Möglichkeiten für körperliche Nähe und sogar verstohlenes Herumgefummel. Es gab Flirts zwischen Betreuern und Kindern, und in ein oder zwei Fällen überschritten Betreuer die Grenze und trafen sich mit halbwüchsigen Mädchen zu heimlichen Schäferstündchen. Zu diesen Mädchen gehörte ich nun ganz sicher nicht, und abgesehen von ein paar unschuldigen Küssen hatte ich auch keinerlei sexuelle Erfahrung. Das änderte sich erst, als ich ein paar Jahre später nach London zog. Allerdings stand ich im Heim in einem gewissen Ruf und war offen und kontaktfreudig. Hinzu kam, dass ich kein besonderes Geschick für Lügen und Intrigen hatte und meine Absichten nie verheimlichte. Wenn ich etwas anstellte, wurde ich garantiert erwischt, und oft wurde mir auch die Schuld für etwas in die Schuhe geschoben, womit ich überhaupt nichts zu tun hatte.

Der Direktor kam bei der Lektüre der Briefe zu dem Schluss, dass hier ein Fall von schwerer sittlicher Gefährdung vorliege und deshalb rasches Handeln vonnöten sei, wollte man mich vor einem furchtbaren Schicksal bewahren. Um die Mittagszeit am selben Tag brach für Ian und mich die Hölle los. Wie gewöhnlich schwatzten wir im Speisezimmer miteinander, als einer der Betreuer mit einem finsteren Gesicht hereinkam. Die meisten Angestellten beherrschten dieses Mienenspiel aus einer Mischung aus Zorn, Missbilligung, Enttäuschung und selbstzufriedener Rachsucht meisterhaft. Sie schienen zu sagen: »Jetzt geht es dir an den Kragen, junge Dame, Zeit wird's.« Dieser spezielle Betreuer genoss die Situation ganz offensichtlich: »Alison Lapper! Ian! Der Direktor will euch beide sofort in seinem Büro sehen. Sie warten schon alle auf euch.«

Ian und ich hatten keine Ahnung, warum der Direktor uns rufen ließ. Wir wussten, dass ihnen unsere Freundschaft ein Dorn im Auge war, aber wir waren schon seit ein paar Jahren miteinander befreundet und hatten nichts Ungewöhnliches getan. Wir dachten gar nicht an die Briefe, von denen ich nicht einmal wusste, dass es sie noch gab, und Ian ging wohl davon aus, dass sie nach wie vor sicher in seinem Schrank verwahrt waren. Während wir den Korridor entlanggingen und uns bemühten, Schritt mit dem Betreuer zu halten, zerbrachen wir uns den Kopf darüber, was eigentlich los war und wer die anderen sein könnten, die im Büro des Direktors auf uns warteten. Nun, das sollten wir bald erfahren.

Wir wurden getrennt, und Ian betrat das Büro als Erster. Danach war ich an der Reihe. Ich sah mich einem Ausschuss gegenüber, der aus dem Direktor, dem Heimleiter, dem stellvertretenden Heimleiter und so gut wie allen, die irgendeine höhere Position bekleideten, bestand. Ich setzte mich, und der Direktor fing an, mir Fragen zu stellen, auf diese merkwürdige Art, die Leute in leitenden Positionen offenbar für besonders wirkungsvoll halten. Das Ganze erinnerte mich an ein Verhör in einem schlechten Fernsehfilm. Wusste ich, warum ich hier war? Kannte ich die Briefe, die er in der Hand hielt? Hatte ich diese Briefe geschrieben? Was sollten sie davon halten? Hatten wir irgendetwas getan? Ich müsste ihnen alles sagen, die ganze Wahrheit. Sie waren überzeugt davon, dass wir Geschlechtsverkehr, wie sie es nannten, miteinander gehabt hatten. Das stimmte natürlich nicht, und das sagte ich auch, aber sie glaubten mir nicht. Eine halbe Stunde lang musste ich ihre Fragen über mich ergehen lassen, und ich beteuerte immer wieder meine Unschuld, und genauso beharrlich warfen sie mir immer wieder mein vermeintliches Vergehen vor. Es gab nichts, was Ian und ich hätten sagen oder tun können, das sie zufrieden gestellt hätte, weil unsere Schilderung der Ereignisse nicht mit ihrer Deutung übereinstimmte. Aus irgendeinem Grund wollten sie uns einfach nicht glauben.

Da weder Ian noch ich unsere Schuld bekannten, taten sie das, was in ihren Augen der nächste logische Schritt zur Untermauerung ihrer Argumente war. Am übernächsten Tag wurde ich auf die Krankenstation gebracht und untersucht. Ich wusste nicht, ob ich eher Angst haben oder wütend sein sollte. Warum hörten sie uns eigentlich nie zu?

Die Ärztin sagte, ich solle mich auf den Untersuchungstisch legen, und eine Schwester zog mir die Unterhose aus. Und dann wurde mein Scheidenbereich sehr gründlich untersucht. Medizinische Untersuchungen dieser Art sollten eigentlich vor

Gericht verwertbare wissenschaftliche Erkenntnisse erbringen. Sie sollten so durchgeführt werden, dass sie die untersuchte Person emotional nicht belasten und als notwendige Maßnahme zur Beweissicherung verstanden werden. Ich war allerdings weit davon entfernt, emotional unbelastet zu sein. Ich fühlte mich beschämt und gedemütigt. Niemand hatte mir geglaubt, obwohl ich nichts als die Wahrheit gesagt hatte. Und jetzt unternahmen die Verantwortlichen jede erdenkliche Anstrengung, um zu beweisen, dass sie Recht hatten. So stelle ich mir die Ermittlungen bei einer Vergewaltigung vor, wenn die Polizei Beweise sammelt, um den Täter zur Strecke zu bringen. Ich vermute allerdings, dass die Polizei sehr viel einfühlsamer und rücksichtsvoller mit Vergewaltigungsopfern umgeht, als das Heimpersonal an diesem Tag mit mir.

Die Ärztin schaltete die Lampe über ihrem Kopf ein und setzte die Untersuchung fort. In diesem Jahr hatte ich meine Periode bekommen und war noch damit beschäftigt, mit den Veränderungen in meinem Körper zurechtzukommen. Die Betreuerinnen hatten mir beizubringen versucht, wie ich Tampons benutzen konnte, und Peter Tutt hatte dazu einen mit Gelenken versehenen Metallstab mit einer gezackten Halterung entworfen, den ich mit der Schulter bedienen sollte. Seine Frau Margaret probierte ihn zuvor aus, um sicherzugehen, dass er auch funktionierte. Es war nicht gerade ein besonders einfaches Manöver, weil ich nicht sah, was ich tat. Darüber hinaus rutschte der Tampon leicht aus der Halterung heraus und fiel immer wieder herunter, oder der Winkel stimmte nicht. Jedenfalls war ich von den vielen fehlgeschlagenen Versuchen ein bisschen wund.

Diese Rötung war Beweis genug für sie. Es war egal, was wir sagten, wir bekamen die volle Wucht des institutionellen Zorns zu spüren. Man verbot uns, uns zu treffen, miteinander zu sprechen oder uns auch nur anzusehen. Ian traf es nicht ganz so hart. Er war ein stiller Rebell, und es war ihm völlig gleichgültig, was sie sagten oder taten. Außerdem würde er das Heim ohnehin bald verlassen. Aber ich hatte noch vier Jahre vor mir, und das Heim war mein Leben. Das Ganze war mir furchtbar peinlich, und ich fühlte mich gedemütigt, insbesondere, weil uns niemand Glauben schenkte. Und zum ersten Mal hielten die Kinder nicht zusammen und stellten sich nicht gegen das Personal auf unsere Seite. Als ich am nächsten Tag zur Schule ging, zischte mich eines der Mädchen an: »Wie kannst du dich hier noch blicken lassen!«

Zu guter Letzt zwang man Ian und mich, getrennt zur Psychotherapeutin zu gehen. Die Sitzungen liefen genauso ab, wie ich mir das immer vorgestellt hatte. Ich lag auf meinem Bett im Schlafsaal, und die Therapeutin bemühte sich, mir meine Nervosität zu nehmen. Sie machte einen netten Eindruck und verhielt sich ausgesprochen professionell, während sie mir Fragen über das Heim und über mich stellte. War ich glücklich? Wie empfand ich meine Behinderung? War ich manchmal wütend?

Dann las sie mir eine lange Liste von Wörtern vor. Immer wenn sie eines vorgelesen hatte, sollte ich laut das erste Wort sagen, das mir dazu einfiel: der Assoziationstest. Wenn sie also »Orange« sagte, antwortete ich zum Beispiel »Saft«. Irgendwann fiel schließlich der Name »Ian«, und zweifellos erwartete man, dass ich »Sex« oder etwas Ähnliches sagte. Aber den Gefallen tat ich ihnen nicht. Ich sagte »Freund«. So ging es ungefähr noch vierzig Minuten weiter, wobei sie jede meiner Antworten mitschrieb. Das Ganze kam mir reichlich sinnlos vor, aber vielleicht war sie aufgrund ihrer langen Berufserfahrung ja in der Lage, auf diese Weise alle möglichen interessanten Dinge über mich herauszufinden. Falls es so war, ließ sie allerdings nie ein Sterbenswörtchen darüber verlauten.

Nach zwei Monaten endeten diese Sitzungen, bei denen, zumindest für mich, nichts herausgekommen war. Die Therapeutin stellte mir alle möglichen Fragen – außer zu einem Thema, und das war meine Mutter.

8

Banstead

Meine beiden letzten Jahre im Heim waren die besten. Zunächst einmal wurden Tara und ich Haussprecherinnen in unseren jeweiligen Trakten. Als Vertrauensschülerinnen durften wir ein neues Domizil beziehen, das so genannte Schloss. Das Schloss, das ausschließlich den Vertrauensschülern vorbehalten war, war bequem eingerichtet, und es gab sogar einen Billardtisch. In einer kleinen Küche konnten wir uns Tee und Kaffee kochen, und was am wichtigsten war, es war warm und abgeschlossen, und Erwachsene durften es nur auf unsere Einladung hin betreten. Jetzt mussten wir nicht mehr frierend draußen auf dem Hof herumhängen, wie es bisher der Fall gewesen war. Simon wurde ebenfalls zum Vertrauensschüler ernannt und außerdem zum Chefbibliothekar. Er zog zu uns ins Schloss, und schon bald war es Tradition geworden, dass er immer den Tee zubereitete.

Nachdem wir Vertrauensschülerinnen geworden waren, änderte sich auch unser Verhalten. Wir verwandelten uns zwar nicht von einem Tag auf den anderen in Unschuldsengel, aber uns war bewusst, dass wir für die Kleineren ein Vorbild abgeben sollten, und im Großen und Ganzen wurden wir dem auch gerecht. In meinem letzten Jahr wurde ich zur Schulsprecherin gewählt und Tara zu meiner Stellvertreterin. Wir teilten uns diese Aufgabe und waren auch sonst nach wie vor die besten Freundinnen.

Meine Leistungen in der Schule wurden in dem Maß besser,

wie mein Selbstvertrauen wuchs. Ich gewann einen externen Kunstwettbewerb sowie zwei schulinterne Preise. Und seit der Operation ein paar Jahre zuvor hatte ich erheblich an Mobilität gewonnen. Am Besuchstag kamen sogar meine Eltern aus Birmingham, um der Verleihung der beiden Schulpreise beizuwohnen, und ich hatte den Eindruck, dass meine Mutter kurz davor stand, mir zu gratulieren und ein Wort des Lobes zu äußern. Es war eine wunderbare Zeit, doch sie näherte sich ihrem Ende. Siebzehn Jahre lang hatte ich im Heim gelebt. Es war mein Zuhause, und alle meine Freunde waren dort. Das Personal respektierte mich. Ich war Schulsprecherin. Ich hatte zu guter Letzt begriffen, wie hier der Hase lief, und konnte so manches zu meinem Vorteil drehen und wenden. Ich wusste, wer mich mochte und wer nicht, und dass es Leute gab, die ich besser nicht ärgern sollte. Ich lebte inzwischen richtig gern dort. Aber jedes Kind musste das Heim mit sechzehn Jahren verlassen. So lauteten die Bestimmungen. Ich war wegen meiner Operation sowieso schon ein Jahr länger da gewesen, und dieses Jahr war jetzt vorbei. Es war Zeit, zu gehen. Das bedeutete für mich, alle meine Freunde zu verlassen, meine vertraute Umgebung, die Welt, die ich kannte. Ich wollte nicht gehen, und das sagte ich auch. Aber es hieß, ich müsste. Ich sprach mit einigen Mitarbeitern, zu denen ich Vertrauen hatte, und bat sie, mir zu helfen, damit ich bleiben konnte. Sie machten sich kundig, liefen von Pontius zu Pilatus, aber schließlich kamen sie einer nach dem anderen zu mir und erklärten, es ginge nicht. Verzweifelt suchte ich nach irgendeinem Hintertürchen, das es mir erlauben würde, hier zu bleiben, aber es gab keines. Und so rückte mein letzter Tag heran. Der 21. Juni 1982.

Tara half mir beim Packen, auch wenn es nicht viel zu packen gab – alles, was sich in den siebzehn Jahren angesammelt hatte, passte in einen Koffer und zwei Plastiktüten. Tara war niedergeschlagen und brach immer wieder in Tränen aus. Seit meinem zweiten Lebensjahr waren wir unzertrennlich gewesen, die besten Freundinnen. Jetzt bekam sie eine neue Mitbewohnerin, und ich war weg. Merkwürdigerweise war mir viel weniger traurig zumute als ihr. Ich war sogar beinahe fröhlich oder tat zumindest so. Ich hatte mich mittlerweile an den Gedanken gewöhnt, dass ich gehen musste, und mir eingeredet, dass draußen große Abenteuer auf mich warteten.

Um zwölf Uhr kamen zwei Betreuerinnen in unser Zimmer. Eine von ihnen sagte: »Der Bus ist da, Alison. Es ist so weit. Ich nehme deine Sachen.«

Sie packte die Plastiktüten und meinen Koffer, und dann setzte sich unser kleiner Trupp in Richtung Ausgang in Bewegung. Wir plauderten miteinander und versicherten uns gegenseitig, dass wir uns vermissen würden. In halbwegs vergnügter Stimmung liefen wir den Flur entlang, und eine der Betreuerinnen ging vor mir durch die große Mahagonitür, um sie mir aufzuhalten. Als ich über die Schwelle trat, sah ich den Kleinbus, der fünfzig Meter weit entfernt in der Einfahrt stand. Es war ein sonniger Tag, keine einzige Wolke war am Himmel zu sehen, und der Fahrer hatte die Spezialtür am Heck des Busses geöffnet, eine Klappe, die sich absenken ließ, um Gehbehinderten und Rollstuhlfahrern das Einsteigen zu erleichtern. Als ich über den grünen Rasen zu der altvertrauten Klappe hinüberblickte – ich war so oft in diesem Bus gefahren –, verschwand schlagartig meine gute Laune. Plötzlich bekam ich Angst, und gleichzeitig wurde ich von Wut und Panik erfasst. Ich drehte mich um und rannte ins Gebäude zurück, um mich in die Sicherheit und Geborgenheit meines Zimmers zu retten, aber bereits nach wenigen Schritten hatten mich die beiden Betreuerinnen eingeholt. Als sie mich packten, fing ich an zu schreien und sie zu beschimpfen.

»Lasst mich los! Ich will nicht weg. Ich gehe nicht. Ihr könnt mich nicht dazu zwingen. Bitte … bitte schickt mich nicht weg.«

Ich wehrte mich nach Kräften und setzte jeden nur erdenklichen Trick ein, um mich ihrem Griff zu entwinden und zurück ins Haus zu laufen, aber sie hoben mich einfach hoch und verfrachteten mich in den Kleinbus. Als sie mich schließlich auf meinem Sitz verstaut und angeschnallt hatten, verließ mich jeglicher Kampfgeist. Der Fahrer ließ den Motor an, und wir fuhren langsam die Einfahrt entlang. Vielleicht winkten sie mir nach, als wir das Tor passierten, ich erinnere mich nicht. Ich schluchzte so heftig, dass ich am ganzen Leib bebte, und vergrub meinen Kopf in der Seitenlehne des Sitzes. Eine der Betreuerinnen begleitete mich auf der Fahrt und bemühte sich vermutlich, mich zu trösten, aber ich bekam nichts davon mit.

Während der siebzig Kilometer langen Fahrt bis Banstead weinte ich fast ununterbrochen. Wir fuhren durch eine der schönsten Landschaften in ganz England, aber ich achtete nicht darauf. Ich fühlte mich wie betäubt, und mein Kopf war vollkommen leer. In düsteres Schweigen gehüllt, starrte ich mit leerem Blick aus dem Fenster. Eine Stunde und zehn Minuten später kamen wir bei meinem neuen Zuhause an.

Die Queen Elizabeth Foundation For Disabled People unterhielt ein Diagnosezentrum in Banstead, Surrey, und dorthin hatte mich der Kleinbus gebracht. In diesem Zentrum werden behinderte Menschen darauf vorbereitet, in der Welt draußen ein möglichst selbstständiges Leben zu führen. Nachdem man uns beigebracht hatte, für uns selbst zu sorgen und die gleichen alltäglichen Aufgaben zu erfüllen wie nichtbehinderte Menschen, erfolgte eine Einstufung, bei der festgestellt wurde, ob wir in der Lage waren, allein zu leben, ob wir eine Art betreutes Wohnen brauchten, wo wir in einem gewissen Umfang Hilfe und Unterstützung bekamen, oder ob wir zurück in ein

Heim mussten, in dem wir rund um die Uhr von ausgebildetem Pflegepersonal versorgt wurden.

Ich hatte von der ersten Minute an eine Abneigung gegen Banstead. Es war eine ähnliche Einrichtung wie mein Kinderheim, aber irgendwie noch öder und deprimierender. Die Gebäude waren trist, und es roch nach der vertrauten Mischung aus Desinfektionsmittel, gekochtem Kohl und schmutziger Wäsche.

Meine Begleiterin half mir mit den Plastiktüten und dem Koffer, und wir machten uns auf den Weg ins Büro, wo ich mich anmelden musste. Mir war sofort klar, dass auch Banstead zu den Heimen gehörte, in denen das Personal die Bewohner seine Macht spüren ließ und vor den Vorgesetzten buckelte. Das gefiel mir nicht. Außerdem war ich ein Neuankömmling, kannte niemanden hier und musste ganz von vorn anfangen. Von welcher Seite aus ich es auch betrachtete, die Aussichten erschienen mir nicht besonders rosig. Die Leute im Büro müssen meine gedrückte Stimmung bemerkt haben, aber niemand sagte etwas. Man zeigte mir mein Zimmer und ließ mich allein. Ich verstaute meine ein, zwei Parfümfläschchen und meine wenigen Kosmetika und Kleidungsstücke im Schrank. Außerdem hatte ich ein paar Bilder und Poster mitgebracht, einen einfachen Plattenspieler, der meiner Schwester gehört hatte, und ein paar Singles und LPs. Das war mein gesamter Besitz nach siebzehn Jahren Kinderheim.

Ich musste mir das Zimmer mit einem anderen Mädchen teilen, aber ich kann mich überhaupt nicht an sie erinnern. Die Mahlzeiten nahmen wir alle gemeinsam in einem großen Speisesaal ein, und dorthin ging ich, als es zum ersten Mal Zeit fürs Mittagessen war. Ich stand noch immer wie unter Schock, doch allmählich dämmerte mir, welch gewaltige Veränderung in meinem Leben stattgefunden hatte. In den nächsten beiden Tagen versuchte ich, mich an die neue Situation zu gewöhnen. Ich ging in die einzelnen Klassen, in denen sie meine Fähigkeiten auf verschiedenen Gebieten testeten. Aber im Grunde genommen verweigerte ich die Mitarbeit und tat nichts von dem, was von mir verlangt wurde. Es interessierte mich einfach nicht. Es gab dort dreißig oder vierzig andere behinderte junge Leute, doch ich lief mit einem verschlossenen Gesicht herum und sprach mit niemandem. Ich hielt mich von allen fern, und schon bald hatte ich den Ruf weg, hochnäsig zu sein. Ich weiß nicht, woran es lag, aber es fiel mir furchtbar schwer, mich in Banstead einzuleben. Nach siebzehn Jahren Heimerfahrung hätte ich eigentlich daran gewöhnt sein müssen, wie merkwürdig es in solchen Einrichtungen zuging und wie seltsam sich das Personal verhielt, aber in den ersten paar Monaten in Banstead war ich völlig überfordert.

Da gab es zum Beispiel die Küchenchefin. Sie schien eine Machtposition einzunehmen, die weit über die einer Köchin hinausging. Sie hielt Personalversammlungen ab, und dort jammerten dann alle darüber, wie schlecht wir uns benähmen und wie mies wir sie behandelten. Einmal im Monat wurde eine Generalversammlung einberufen. Alle Schüler und Angestellten mussten daran teilnehmen, und die Köchin legte die Tagesordnung fest. Von einer Liste las sie die Vergehen jedes einzelnen Schülers ab. Dazu zählten Dinge wie: Du hast nicht gegessen, was ich dir vorgesetzt habe. Du hast deine Wäsche nicht ordentlich gemacht. Du hast die falsche Einstellung. Einzeln wurden die Übeltäter wegen der lächerlichsten Kleinigkeiten zusammengestaucht. Sie behandelten uns, als wären wir gerade mal acht Jahre alt. Es war nicht zu fassen. Ich saß bei diesen Versammlungen immer mit offenem Mund da und fragte mich, was diese Leute sich eigentlich einbildeten und wie es kam, dass sie so waren, wie sie waren. Es war albern und hatte schon beinahe etwas Bizarres.

Ich sollte hinzufügen, dass die Köchin nach einer gewissen Zeit kündigte und dass der neue Koch, Graham, ein netter Kerl war und seine Arbeit gut machte. Damit hatten auch die monatlichen Treffen ein Ende.

Worüber ich mich in Banstead ebenfalls sehr ärgerte, war, dass sie uns für alles Geld abknöpften. Jeder von uns erhielt wöchentlich einen bestimmten Betrag an staatlicher Unterstützung, und davon mussten wir verschiedene Dinge für unseren persönlichen Gebrauch wie Wäsche, Papier, Schreib- und Malutensilien bezahlen – im Grunde alles, wofür sie einen Preis festlegen und uns zur Kasse bitten konnten. Jeder von uns bekam einen Packen kleiner brauner Umschläge, und einmal im Monat wurden uns unsere Rechnungen ausgehändigt. Wir prüften die Rechnungen und steckten in jeden Umschlag die entsprechende Summe: Wäschegeld, Schwimmbadgeld, Schreibpapiergeld und so weiter. Am Monatsende sammelten sie die kleinen braunen Umschläge ein, und wir bekamen einen neuen Stapel. Wenn wir die vielen kleinen Beträge bezahlt hatten, war praktisch nichts mehr von unserem Geld übrig. Vermutlich sollten wir auf diese Weise den Umgang mit Geld lernen, aber ich empfand es immer als unnötige Geldschneiderei. Schließlich trug die Stadt Birmingham bereits die Kosten meines Aufenthalts in Banstead.

Ich eckte ständig beim Personal in Banstead an und wurde regelmäßig in das eine oder andere Büro zitiert, um mir eine Standpauke anzuhören. Das war schon damals ein seltsames Vorgehen, und im Rückblick kommt es mir noch seltsamer vor. So wurde ich einmal zu einem der Sozialarbeiter gerufen, einem etwa sechzigjährigen Mann. Ich betrat sein Büro und stand wartend da, während er hinter seinem Schreibtisch saß und, ohne mich eines Blickes zu würdigen, weiter in meiner Akte las. Irgendetwas an ihm kam mir komisch vor, aber ich hätte nicht sagen können, was. Als er zu Ende gelesen hatte, blickte er auf, und da wusste ich, was es war. Er trug ein graues Toupet, das jedes Mal leicht verrutschte, wenn er sprach oder den Kopf bewegte. Es schien fast ein Eigenleben zu führen, und ich konnte meinen Blick einfach nicht davon losreißen. Der Sozialarbeiter hatte inzwischen angefangen, mir auszugsweise die Beschwerden vorzulesen, die verschiedene Angestellte gegen mich vorgebracht hatten.

»Nun?«, sagte er.

»Nun?«, erwiderte ich.

Er sah mich säuerlich an und hielt mir einen langen Vortrag darüber, dass ich mich zu sehr von der Gruppe absonderte und viel zu hohe Erwartungen hätte. Er sagte, ich hätte Probleme. Ich müsste mit mir selbst ins Reine kommen. Ich müsste mich am Riemen reißen. Und womit, bitte?, dachte ich.

Am liebsten hätte ich ihn angeschrien: »Mann, wenn hier einer Probleme hat, dann doch wohl du! Man muss sich bloß mal dieses blöde Toupet anschauen. Jeder kann sehen, dass du eine Glatze hast!« Aber ich tat es natürlich nicht. Am meisten ärgerte ich mich darüber, dass dieser Kerl, der einer ganz anderen Generation angehörte, mir vorschreiben wollte, was ich zu tun und zu lassen hatte. Was wusste er denn davon, was in einem achtzehnjährigen Mädchen ohne Arme vorging, das sein ganzes Leben in einem Heim zugebracht hatte?

Schon bald nach meinem Einzug bekam ich Depressionen und hatte nur noch einen Gedanken: wie ich von Banstead wegkommen könnte.

Ich telefonierte hin und wieder mit meiner Mutter, und sie bekam mit, wie unglücklich ich war. Sie meinte, wenn ich es in Banstead nicht aushielte, dann solle ich eben nach Hause kommen und bei ihr und Alan wohnen. Mir ging es zu dieser Zeit so schlecht, dass mir die Aussicht, in das Haus meiner Mutter in Birmingham zu ziehen, geradezu verlockend erschien. Ich sprach mit den Leuten in Banstead darüber, und nach ein paar Wochen wurde eine Besprechung anberaumt, in der mein Fall erörtert und entschieden werden sollte, was das

Beste für mich wäre. Diese Besprechung fand in einem großen Büro des Schulamtes der Stadt Birmingham statt, und es nahmen mehrere Sozialarbeiter aus meinem früheren Heim, Banstead und Birmingham daran teil, außerdem Mitarbeiter des Schulamts und einige Vertreter anderer Behörden. Meine Mutter und ich waren ebenfalls anwesend.

Es war eine lange Besprechung, bei der die Möglichkeiten, die mir offen standen, in aller Ausführlichkeit diskutiert wurden. Am Ende lief es jedoch darauf hinaus, dass ich mich zwischen zweien entscheiden musste: Entweder ich blieb in Banstead, oder ich zog nach Hause, um bei meiner Mutter zu wohnen. Jeder am Tisch hatte seine Meinung dazu geäußert, und jetzt drehten sich alle zu mir um und sahen mich an. Ich war überrascht. Eigentlich hatte ich erwartet, dass diese Versammlung von Experten zu einer Entscheidung gelangen würde, die ich einfach zu akzeptieren hätte. Aber es stellte sich heraus, dass es ganz allein mir überlassen blieb, diese Entscheidung zu fällen. Ich antwortete nicht sofort. Während der Besprechung war meine Mutter gefragt worden, ob sie mich wirklich bei sich haben wollte und ob sie mit der Situation denn auch zurechtkäme und in der Lage sei, die notwendigen Vorkehrungen für meinen Aufenthalt zu treffen. Abgesehen von allem anderen, müsste sie umfangreiche Umbauten am Haus vornehmen lassen, damit ich mich in meiner neuen Umgebung zurechtfand. Zum Beispiel müssten alle Türgriffe nach unten versetzt werden, damit ich sie erreichen konnte, und die Schlösser müssten ausgetauscht werden, damit ich selbstständig auf- und zuschließen könnte. Die Küche müsste umgebaut werden, damit ich in der Lage wäre, mir selbst etwas zu essen zuzubereiten. Und ich würde eine Badewanne und eine Toilette brauchen, die meinen Bedürfnissen entsprächen. Meine Mutter erklärte sich bereit, alle notwendigen Veränderungen durchzuführen, aber ich hatte meine Zweifel, es klang nicht aufrichtig.

Ich konnte mir nicht vorstellen, dass sie ihr wunderbares Haus mir zuliebe wirklich umbauen lassen würde. Vielleicht tat ich ihr Unrecht, aber ich wäre ihr auf Gedeih und Verderb ausgeliefert gewesen, und das machte mir Angst. Falls diese Umbauten aus irgendeinem Grund nicht ausgeführt werden würden, säße ich in dem Haus in der Falle, ich wäre in meinem Kommen und Gehen und meinem ganzen Tun darauf angewiesen, dass es meiner Mutter in den Kram passte.

Das war allerdings nicht das Einzige. Mir dämmerte, dass ich den Führerschein vergessen konnte, wenn ich wieder nach Hause zog. Ich konnte nicht auf ein normales College gehen, und mein Traum von einem selbstbestimmten Leben als eigenständiger Mensch würde platzen wie eine Seifenblase. Also sah ich in die Runde erwartungsvoller Gesichter und verkündete, dass ich es gern noch einmal in Banstead versuchen würde.

Die vielen erleichterten Mienen zeigten mir, dass das alle für die richtige Entscheidung hielten. Doch als wir gingen, sagte meine Mutter zu mir: »Das verzeihe ich dir nie.«

»Was?«

»Zuerst willst du nach Hause kommen und bei mir wohnen, und jetzt entscheidest du dich auf einmal dafür, zurück nach Banstead zu gehen.«

Ich habe keine Ahnung, was sie damals eigentlich meinte, aber sie sagte es mit sehr viel Nachdruck. Vielleicht hatte sie sich wirklich gewünscht, dass ich zu ihr zog und in der Familie lebte. Vielleicht war es ihr unangenehm gewesen, an dieser Besprechung teilnehmen und mit anhören zu müssen, wie verschiedene Experten in aller Öffentlichkeit über mein Wohlergehen diskutierten. Oder ihr war irgendetwas anderes gegen den Strich gegangen. Ich sagte: »Ma, ich will Auto fahren lernen, ich will in der Lage sein, für mich selbst zu sorgen, damit ich unabhängig bin, bevor ich nach Hause komme.« Sie gab keine Antwort, und wir legten die Heimfahrt in eisigem

Schweigen zurück. Anscheinend gerieten wir immer wegen irgendetwas aneinander.

Als ich nach dieser Besprechung nach Banstead zurückkehrte, veränderte sich meine Situation auf wundersame Weise. Ich fing an zu reiten, wenn natürlich auch nicht von heute auf morgen. Banstead arbeitete mit einem Reitstall zusammen und bot allen seinen Schülern die Möglichkeit, Reitstunden zu nehmen. Ich wusste das, aber die Vorstellung, auf einem Pferd zu sitzen, war mir nicht ganz geheuer. Was sollte es bringen, wenn jemand ohne Arme wie ich auf einem Pferd saß. Wie sollte ich die Zügel halten? Wie sollte ich mich festhalten? Wenn das Pferd durchging, hatte ich nicht die geringste Chance. Ich erklärte, ich hätte keine Lust, unter keinen Umständen würden sie mich in einen Sattel kriegen. Aber die leitende Physiotherapeutin in Banstead, Anne Sandicot, war eine sehr willensstarke Frau, und sie brachte mich dazu, auf ein Pferd zu steigen. Sie brachte jeden dazu. Wir hatten gar keine andere Wahl. Man hatte nur dann eine Chance, den Reitstunden zu entgehen, wenn man zu viel wog, und da das bei mir nicht der Fall war, musste ich mich fügen.

Die Pferde und Ponys, die ich bei meinem ersten Besuch im Reitstall sah, gefielen mir. Mit ihren großen braunen Augen und den langen Mähnen und Schweifen waren es ausgesprochen hübsche Tiere. Trotzdem hatte ich nicht die geringste Lust, auf einem zu reiten. Doch mir blieb nichts anderes übrig. Man brachte mich zu einem Pony, das einer der Stallburschen aus seiner Box geholt hatte, und dann gab es kein Entkommen mehr. Sie hatten einen speziellen Holzblock mit Stufen zum Aufsteigen, zu dem das Pony geführt wurde. Ich setzte mich auf den Sattel und schwang meine Beinprothese auf die andere Seite. So weit, so gut, allerdings schlug mir das Herz bis zum Hals. Einer der Helfer stellte meine Füße in die Steigbügel, und da saß ich nun also auf einem Pony. Im nächsten Moment zuckte das Pony mit einem Ohr, und ich fuhr vor Schreck zusammen und fing an zu schreien, und das machte natürlich wiederum das Pony nervös. Sie hielten es zwar fest, aber ich fühlte mich trotzdem sehr unsicher und hatte das Gefühl, ich könnte jeden Moment runterfallen. Es gefiel mir einfach nicht. Das war das erste und das letzte Mal, dass ich auf einem Pferd saß, beschloss ich im Stillen. Die Leute waren jedoch sehr geduldig mit mir, und ebenso unnachgiebig. Sie führten mich langsam ein paarmal in der Reithalle herum, und nach einigen weiteren Besuchen im Reitstall fand ich allmählich Gefallen daran. Es war ein langsamer Prozess, aber nach und nach gewann ich mehr Zutrauen. Die drei Helferinnen, Muriel, Janet und Barbara, waren sehr nett zu mir – wir sind heute noch miteinander befreundet. Außerdem gab es dort einen großartigen Reitlehrer namens Mike. Er und Janet brachten mir bei, die Zügel mit dem Mund zu halten und das Pony auf diese Weise zu lenken. Ich mochte alle vier sehr gern, und zwischen uns entwickelte sich eine enge Beziehung. Schon bald freute ich mich jede Woche auf die Reitstunde am Donnerstagvormittag. Ich fand es toll, aus Banstead wegzukommen und Zeit mit meinen vier neuen Freunden zu verbringen. Dank ihrer Bemühungen und eigener Anstrengung wurde ich eine recht gute Reiterin. Wobei am Anfang von Reiten nicht die Rede sein konnte, ich saß einfach nur auf dem Pony. Einer von ihnen führte es, und zwei gingen links und rechts neben mir, um mich zu stützen und aufzufangen, falls ich runterfiel. Später durfte ich dann allein reiten, ohne dass mich jemand führte oder mir sonst irgendwie half.

Der wichtigste Teil meiner Reitausrüstung war ein spezieller Riemen, den man als Huntington-Gurt bezeichnete. Mit diesem Gurt wurde ich auf dem Sattel festgeschnallt, so dass ich sicher saß, das Gleichgewicht halten und mich darauf konzentrieren konnte, das Pferd mit den Zügeln zu lenken, die ich im Mund hielt. Ich lernte, all das zu tun, was man als Reitschüler eben so tut, Zirkel reiten und durch die Bahn wechseln und so weiter. Ich war bald ziemlich geschickt darin. Einmal ritt ich neben Mike, ließ die Zügel los und nahm ihm mit dem Mund seine Kappe vom Kopf. Er konnte es gar nicht fassen, dass ich so etwas schaffte.

In dem Reitstall gab es ein kleines schwarzes Pony mit Namen Winston, das mir zugeteilt worden war. Man konnte mit Winston nie hinter anderen Ponys reiten, weil er sie nervös machte. Deshalb musste ich mit ihm entweder großen Abstand zu den anderen halten oder an der Spitze reiten. Er war nicht besonders umgänglich, aber mir gefiel die Herausforderung, ihn unter Kontrolle zu halten und dafür zu sorgen, dass er die anderen Pferde nicht ärgerte.

Die Reitstunden waren jedoch nicht die einzige neue Entwicklung, die sich nach der Besprechung in Birmingham ergab. In Banstead legte man großen Wert darauf, dass ich meine Ausbildung fortsetzte, und sie fragten mich, was ich gern tun würde. Meine Lesestörung war zu diesem Zeitpunkt noch nicht festgestellt worden, und ich hatte in den meisten Fächern Schwierigkeiten mitzukommen. Das einzige Fach, in dem ich gut war und meine Lesestörung keine Rolle spielte, war Kunst. Daher kam man zu dem Schluss, dass es gut für mich wäre, eine normale Schule zu besuchen und die O-Level-Prüfung in Kunst abzulegen, die mir eine weiterführende Ausbildung erlaubte. Also schrieb ich mich am SCOLA, dem Sutton College of Learning for Adults, ein.

Das war das erste Mal, dass ich den Unterricht in einer normalen Schule für Nichtbehinderte besuchen sollte, und ich war unheimlich nervös. An meinem ersten Tag begleitete mich einer der für Ausbildung zuständigen Mitarbeiter aus Banstead. Ich war in dem Kurs die einzige Behinderte, und Leute mit so starken Behinderungen war man am College nicht gewohnt. Es war nichts für mich vorbereitet, und den Großteil des Unterrichts verbrachte ich damit, mich mit den Staffeleien und viel zu hohen Arbeitstischen abzuplagen. Es war mir furchtbar peinlich. Aber am zweiten Tag war alles entsprechend eingerichtet. Ein Taxi brachte mich morgens zum College und holte mich nach dem Unterricht wieder ab, und nachdem ich mich mit ein paar Leuten aus meinem Kurs ein wenig angefreundet hatte, fand ich Banstead schon sehr viel erträglicher als vorher.

Mir war klar, dass ich mich gewaltig anstrengen und Leistungen vorweisen musste, wenn ich mein wichtigstes Ziel im Leben erreichen wollte, nämlich dem Heim zu entkommen und ein unabhängiges Leben zu führen. Ich fand am SCOLA ein paar gute Freunde – Jean, Joe, Claire und Matthew. Außerdem fand ich Geschmack am Leben draußen in der Welt, außerhalb von Banstead, und ich genoss es in vollen Zügen.

Mein Unterricht endete jeden Abend um neun. Danach hätte ich gleich nach Banstead zurückkehren sollen, aber das tat ich nur selten. Stattdessen ging ich mit meinen neuen Freunden aus und trieb mich bis spät in der Nacht in Diskos und auf Partys herum. Oft kam ich erst um zwei oder drei Uhr morgens wieder nach Banstead, wo ich vom Personal der Nachtschicht bereits erwartet wurde. Sie schnauzten mich an, wo ich gewesen sei und ob ich wisse, wie spät es sei, aber sie konnten nichts tun. Allenfalls hätten sie mir verbieten können, weiterhin den Kurs zu besuchen, aber damit wären sie wohl einen Schritt zu weit gegangen. Auf einmal hatte das Personal keine Macht mehr über mich, und ich schwelgte in dem Gefühl neu gewonnener Freiheit. Ich bekam regelmäßig einen Verweis für zu spätes Nachhausekommen, aber das war auch schon alles. Im Grunde genommen wollten sie ja, dass ich Fortschritte machte, meine Ausbildung fortsetzte und weiterhin zum Reiten und zum Schwimmen ging.

Nachdem ich nun also regelmäßig aus den engen Heimmauern herauskam, veränderte sich mein Leben. Ich bekam klarere Vorstellungen davon, wie die Leute außerhalb lebten, und war noch entschlossener, meine Ziele zu erreichen und unabhängig zu werden.

In Banstead gab es eine speziell auf die Bedürfnisse der behinderten Bewohner zugeschnittene Wohnung, in der jeder von uns eine Zeit lang wohnen konnte, um zu lernen, wie man mit den Herausforderungen des Alltagslebens fertig wird. Hier sollten wir mit den Bedingungen vertraut werden, mit denen wir zurechtkommen mussten, wenn wir irgendwann einmal in eine eigene Wohnung ziehen wollten. Eines Tages saß ich in dieser Übungswohnung und zeichnete, als ich hörte, wie sich die Tür öffnete. Als ich aufblickte, sah ich einen gut gekleideten Mann um die vierzig hereinkommen. Ich hatte keine Ahnung, wer er war, aber er schien sich hier gut auszukennen. Er stellte sich als Colin Smart vor und sagte, er sei Architekt und würde gelegentlich für Banstead und ähnliche Einrichtungen arbeiten. Ich erzählte ihm, dass ich meine O-Level-Prüfung in Kunst machen wollte und dass ich, seit ich drei Jahre alt war, gern malte und zeichnete. Wir plauderten eine Weile miteinander, und ich fand ihn zunehmend sympathisch. Er war sehr humorvoll, und ich merkte schnell, dass er sich wirklich für die Probleme interessierte, mit denen sich behinderte Menschen auseinander setzen müssen. Außerdem war er pragmatisch und sparte sich irgendwelche Gefühlsduseleien. Vor allem aber behandelte er mich nicht herablassend.

Er fragte mich, ob ich jemals in einer Kunstgalerie gewesen sei, und ich sagte nein.

»Dagegen sollten wir dringend etwas tun.«

»Und was?«

»Bist du schon mal in der Royal Academy in London gewesen?«

»Nein. Nie gehört. Was ist das?«

»Das ist eine wichtige Kunstinstitution in London, und dort ist gerade die Sommerausstellung eröffnet worden. Ich schlage vor, dass wir ihr einen Besuch abstatten, was hältst du davon?«

»Was ist die Sommerausstellung?«

Er erklärte mir, dass für diese Ausstellung Tausende von Malern aus ganz Großbritannien ihre Arbeiten einreichen, in der Hoffnung, dass sie angenommen werden würden. Nur sehr wenige wurden ausgewählt. Natürlich fand ich die Idee toll, mir einige der besten Bilder von nichtprofessionellen Künstlern ansehen zu können. Ich gehörte ja schließlich selbst zu ihnen. Vielleicht konnte ich eines Tages auch ein Bild einreichen.

Zu diesem Zeitpunkt wusste ich noch nicht, welch wichtige Rolle Colin Smart bei meinen Bemühungen spielen sollte, ein ganz normales Leben führen und selbst darüber bestimmen zu können.

Damals ergab sich aber noch eine weitere bedeutende Veränderung, und das war die wichtigste von allen. In Banstead gab es eine Beschäftigungstherapeutin namens Jenny Pears, zu der ich geschickt wurde. Während eines unserer Gespräche fragte ich sie vorsichtig, ob sie eine Möglichkeit für mich sähe, Auto fahren zu lernen. Ich rechnete mit einem freundlichen Nein, schließlich konnte ich mir selbst nicht vorstellen, wie ich in der Lage sein sollte, ein Auto zu lenken. Stattdessen sagte sie sofort, sie sähe keinen Grund, warum das nicht gehen sollte. Und das meinte sie auch so. Jenny gehörte zu den wenigen kompetenten Fachkräften, denen ich – zu meinem Glück – von Zeit zu Zeit begegnet bin und denen wirklich etwas daran lag, dass ich so sein konnte, wie ich war, und dass ich alles tun konnte, wozu ich in der Lage war. Beim Fahreignungstest sagte ich Morag Cornwall, der Leiterin der Mobilitätszentrale, dass ich unbedingt Auto fahren lernen wollte. Sie erklärte mir, was ich dafür tun müsste. Es war gar nicht so einfach. Zuerst einmal musste ich ein Auto kaufen. Dann musste es so umgebaut werden, dass ich damit fahren und es genauso gut bedienen konnte wie ein nichtbehinderter Fahrer. Beides war teuer, und ich hatte kein Geld. Morag merkte, wie viel mir daran lag, und das genügte ihr, alle Hebel in Bewegung zu setzen. Sie schrieb reihenweise Wohltätigkeitseinrichtungen an, um das nötige Geld für ein Auto aufzutreiben. Dann setzte sie sich mit verschiedenen Firmen in Verbindung, bis sie eine fand, die auf diese Art von Umbauten spezialisiert war. Aber das war noch nicht alles. Morag führte ein weiteres Telefongespräch, und bald darauf erhielten wir Besuch von Peter Roke und seinem Partner, die dieses neue Projekt in Angriff nehmen wollten. Sie unterhielten sich mit mir, nahmen Messungen vor und diskutierten darüber, wie das Auto umgebaut werden musste, damit ich es fahren konnte. Sie konnten sich auf keine Erfahrungswerte stützen, und es war schwer zu sagen, ob das Ganze funktionieren würde, aber sie waren zuversichtlich, dass sie unter Verwendung verschiedener hydraulischer Vorrichtungen und Servolenkungen etwas konstruieren könnten, das mir das Autofahren ermöglichen würde. Dieses speziell an meine Bedürfnisse angepasste Auto wäre das erste seiner Art. Die Ingenieure mussten eine Halterung für die Servolenkung bauen, in die ich meine Schulter stecken konnte. Wenn ich die Schulter nach vorn drückte, drehte sich das Lenkrad nach rechts, und wenn ich sie nach hinten bewegte, drehte es sich nach links. Das Gaspedal und die Bremse sollten aus zwei elektrisch betriebenen Pedalen bestehen und so angebracht werden, dass ich sie mit einem Fuß bedienen konnte, mehr oder weniger wie in einem normalen Auto. Das Wichtigste dabei war, dass die Vorrichtungen genau passten, sonst wäre es zu gefährlich für mich gewesen zu fahren.

Die Sonne schien von einem wolkenlosen blauen Himmel,

als mein Auto, mein erstes eigenes Auto, auf einem Anhänger in Banstead ankam. Es war ein blauer Mini Metro. Ich kann gar nicht beschreiben, was ich bei seinem Anblick empfand. Es bedeutete mir unendlich viel, weil ich mich dadurch bald frei bewegen konnte, wohin und wann ich wollte. Ich hatte meinen eigenen fahrbaren Untersatz. Es war unglaublich. Noch nie hatte ich etwas so Großes besessen. Blieb nur ein Problem. Ich konnte noch nicht fahren.

Morag trieb einen ehemaligen Polizisten auf, Tony Dance, der mir Fahrstunden gab. Er war ein erstklassiger Lehrer, sehr geduldig, und er war der Aufgabe gewachsen, jemandem ohne Arme das Autofahren beizubringen. Inzwischen hatte ich vier Leute auf meiner Seite, die mich ständig ermutigten, fahren zu üben und die Prüfung abzulegen – Colin, Tony, Morag und Jenny –, aber ehrlich gesagt bedurfte es dieser Ermutigung zu dem Zeitpunkt schon gar nicht mehr. Ich war hochmotiviert und konnte es kaum noch erwarten.

Fünf Monate lang nahm ich jede Woche Fahrstunden bei Tony. Er wurde nie laut und war äußerst geduldig. Vor allem aber war er mit unerschütterlicher Ruhe gesegnet. Während meiner ersten Fahrstunde zuckelte ich langsam dahin, ständig besorgt, zu schnell zu sein, auch wenn ich vermutlich kaum mehr als dreißig Stundenkilometer fuhr, als mir ein riesiger Lastwagen entgegenkam. Ich befand mich ganz klar auf meiner Straßenseite und er sich auf seiner, aber ich war so erschrocken über seine Größe, dass ich eine Vollbremsung machte.

»Was war das denn, Alison?«

Er stellte diese Frage mit ruhiger, gelassener Stimme, die allenfalls eine gewisse Belustigung durchklingen ließ. Er hatte eine bestimmte Art, Dinge zu sagen, die meinen Ehrgeiz weckte, kein zweites Mal den gleichen Fehler zu machen, mich aber nie durcheinander brachte oder entmutigte. Außerdem lobte er mich, wenn ich meine Sache gut machte. Im Lauf der Wochen sprach er mit mir immer weniger über meine Fahrkünste und immer mehr über andere Themen. Ich wurde anscheinend besser. Wenn ich keine Fahrstunden bei Tony hatte, stand der Mini vor der Mobilitätszentrale in Banstead. Ich durfte zwar nicht fahren, aber sie vertrauten mir die Schlüssel an. Am Wochenende kletterte ich immer auf den Fahrersitz und verbrachte Stunden damit, mir im Radio Popmusik anzuhören. Von Zeit zu Zeit ließ ich den Motor an, drückte aufs Gaspedal und tat so, als würde ich über Landstraßen an entlegene Orte fahren. Schließlich nahte der Tag meiner Fahrprüfung. Tony holte mich in Banstead ab, und wir fuhren zum Prüfungszentrum in Crawley. Ich wartete im Wagen, während Tony hineinging, um dem Prüfer mitzuteilen, dass ich da war. Von Sekunde zu Sekunde wurde ich nervöser, und als schließlich der Prüfer mit seinem Klemmbrett ankam, war ich felsenfest davon überzeugt, dass ich durchfallen würde.

»Dann wollen wir mal beginnen, Miss Lapper.« Er war sehr förmlich und steif. Während ich versuchte, seinen Anweisungen zu folgen, gelang es mir kaum, meiner Nervosität Herr zu werden. Sein Gesicht war völlig ausdruckslos, ich hatte also keine Ahnung, wie ich mich schlug. Ich weiß noch, dass ich einmal rechts abbog, als er sagte, ich solle links abbiegen, und ich machte ein oder zwei weitere kleine Fehler. Als wir zum Prüfungszentrum zurückfuhren, war ich sicher, dass ich durchgefallen war. Na gut, nicht jeder schafft es beim ersten Mal. Dann würde ich die Prüfung eben in ein paar Wochen wiederholen. Als wir wieder standen, stellte mir der Prüfer Fragen zur Straßenverkehrsordnung. Er machte sich einige Notizen auf seinem Formular, dann stieg er aus und verschwand im Gebäude. Niedergeschlagen saß ich auf meinem Sitz und wartete auf Tony. Ein Gefühl der Enttäuschung machte sich in mir breit – das schlagartig verflog, als ich Tony auf mich zukommen sah.

Seiner Miene konnte ich ablesen, dass ich bestanden hatte – gleich beim ersten Mal. Auf der Rückfahrt über die Autobahn erhielt ich meine letzte Fahrstunde von Tony. Er hatte mich und meinen Wunsch, Auto fahren zu lernen, sehr ernst genommen, und als er mir noch einmal zur bestandenen Prüfung gratulierte, wurde mir klar, wie viel Glück ich mit ihm als Fahrlehrer gehabt hatte. In den darauf folgenden Tagen fuhr ich ununterbrochen mit meinem Auto herum. Ich stieg ein, ließ den Motor an und fuhr einfach los, ohne ein bestimmtes Ziel. Tony hatte mir nie erlaubt, während der Fahrstunden das Radio laufen zu lassen, aber jetzt drehte ich es auf volle Lautstärke. Ich finde es toll, beim Fahren laute Popmusik zu hören.

Eine Woche später kam Colin vorbei, um mir zu gratulieren. Ich schlug ihm zur Feier meines Führerscheins einen Ausflug nach London vor, nur dass er mich diesmal nicht in seinem Wagen mitnehmen musste. Ich würde ihn in meinem chauffieren. Jeder, der schon einmal mit mir gefahren ist, weiß, dass ich eine Vorliebe für die Überholspur habe, und in Rekordzeit brachte ich uns nach London. Glücklicherweise ist Colin kein ängstlicher Beifahrer. Ich konnte nur ohne Beinprothesen fahren, das heißt, ich ging zum Auto, öffnete die Tür, ließ mich auf den Beifahrersitz fallen, schnallte meine Beine ab und rutschte dann auf den Fahrersitz. Wenn ich an meinem Ziel angekommen war, musste ich sie wieder anschnallen. Eine furchtbar umständliche Prozedur, aber anders ging es nicht.

Ich fuhr schnurstracks zu einem Schuhgeschäft in Chelsea und parkte davor. In den vergangenen Monaten hatte ich mit Colin mehrere Ausflüge nach London unternommen und dabei Geschmack an teuren Kleidern und Accessoires gefunden. Und auch wenn ich mir die Sachen, die mir gefielen, meistens nicht leisten konnte, machte ich trotzdem gern Schaufensterbummel und schlenderte durch Einkaufspassagen. Bei dieser Gelegenheit hatte ich in einem Schaufenster ein Paar schicke Lederstiefel entdeckt, und die wollte ich mir noch einmal ansehen und sie anprobieren. Ich hatte nicht vor, sie zu kaufen, aber großzügig, wie er war, sagte Colin, er würde sie mir zur Belohnung für die bestandene Fahrprüfung schenken.

Wir betraten den Laden, und eine der Verkäuferinnen kam zu uns und fragte, ob sie uns helfen könne. Colin bat sie, ein Paar von den Stiefeln im Schaufenster in meiner Größe zu bringen, und sie ging, um sie zu holen. Sie hatte gesehen, dass ich keine Arme habe, aber erst als sie wieder zurückkam, merkte sie, dass ich außerdem Beinprothesen trug. Sie kniete sich vor mich, um mir beim Anziehen zu helfen, kam allerdings nicht damit klar, weil sie so nervös war. Nach einer Weile sah sie mich an und sagte, sie schaffe das nicht, sie habe Angst, mir wehzutun. Ich erwiderte, sie brauche sich deswegen keine Gedanken zu machen, weil es ja künstliche Beine seien und ich keinen Schmerz spüren könnte. Ich wollte einen Witz machen, damit sie sich etwas entspannte, aber sie zögerte immer noch. Colin, der sah, wie unbehaglich ihr zumute war, kam ihr zu Hilfe. Er setzte sich auf einen Stuhl, legte sich meine Prothesen über die Schulter und versuchte, die Stiefel darüber zu ziehen. Das war gar nicht so einfach. Als ich zum Schaufenster blickte, stellte ich fest, dass sich draußen inzwischen ein Grüppchen Zuschauer versammelt hatte und ihn dabei beobachtete, wie er sich mit den Stiefeln abmühte. Ich sagte: »Colin, schau mal, dort.« Er blickte hoch und wurde knallrot, schnürte aber trotzdem weiter tapfer die Stiefel zu. Ich muss zugeben, dass es mir auf unseren kleinen Ausflügen immer besonders viel Vergnügen machte, ihn in Verlegenheit zu bringen. Er nahm es jedoch stets recht gelassen, und ich glaube, irgendwie hatte auch er seinen Spaß daran.

Als wir zurück zum Auto kamen, musste ich meine Prothesen erneut abnehmen, und Colin stellte sich neben mich und sah mir dabei zu. Er machte keine Anstalten, mir zu helfen, weil ich lernen sollte, selbstständig zu sein. Wenn er mir dauernd bei jeder Kleinigkeit half, würde ich das nie hinkriegen. Wir fuhren wieder los und klapperten verschiedene Läden nach einer Badezimmereinrichtung ab, die ich verwenden konnte, wenn ich nach London zog. Schließlich hatten wir beide genug davon und gingen ein letztes Mal zurück zum Wagen. Ich merkte erst jetzt, wie erschöpft ich war, und als ich mich nach vorn beugte, um zum sechsten Mal an diesem Tag meine Beine abzuschnallen, wurde mir klar, dass ich nicht mehr die nötige Kraft hatte. Allerdings war mir auch klar, dass Colin mir wahrscheinlich nicht helfen würde.

Normalerweise brauchte ich den Platz auf beiden Vordersitzen, um meine Prothesen abzunehmen, deshalb war Colin neben der Beifahrertür stehen geblieben, um zu warten, bis ich fertig war. Ich mühte mich eine Weile damit ab, die Riemen mit dem Mund und meiner Anziehhilfe zu lösen, dann gab ich es auf. Ich sah zu Colin hoch und sagte: »Colin, du musst mir mit den Beinen helfen. Ich kriege sie allein nicht ab. Ich bin zu müde.« Da er sah, in welchem Zustand ich mich befand, wich er ausnahmsweise von seiner eisernen Regel, sich nicht einzumischen, ab. Er beugte sich über den Beifahrersitz und nahm mir die erste Prothese ab. Ich ließ mich erleichtert auf dem Fahrersitz zurücksinken. Während er mit dem zweiten Bein beschäftigt war, richtete ich mich etwas auf und sah durch die Windschutzscheibe.

»Ist dir klar, wo wir hier stehen, Colin?«

»Nein. Wo denn?«

»An einer Bushaltestelle.«

»Ja, und ...?«

»Das musst du dir ansehen, Colin.«

Eine lange Schlange von Leuten, die auf den Bus warteten, starrten alle in unsere Richtung und verrenkten sich beinahe den Hals. Aus ihrem Blickwinkel musste es so aussehen, als ob

Colin, ein älterer Mann im Anzug, sich über eine junge Frau auf dem Vordersitz eines Autos beugte und sich in ungehöriger Weise an ihr zu schaffen machte. Es sah aus, als stecke er den Kopf unter meinen Rock und fummele an meinen Beinen herum. Ich fand das unglaublich komisch, aber ich merkte schnell, dass die Leute an der Bushaltestelle diese Meinung nicht teilten. Sie wirkten betreten und besorgt, vor allem eine Frau mittleren Alters, die ganz vorn in der Schlange stand. Colin blickte hoch und sah überrascht die Gesichter der Leute. »Komm, machen wir, dass wir wegkommen!«, rief ich. Mit einem kräftigen Ruck zog er meine Beine herunter und taumelte ein paar Schritte rückwärts auf den Bürgersteig. Er gab ein großartiges Bild ab mit seinen zerzausten Haaren, der schief sitzenden Krawatte und den Beinprothesen, von denen er in jeder Hand eine hielt. Ich prustete los, aber die ältere Frau fing an, hysterisch zu schreien. Da wir nicht in der Stimmung waren, sie zu beruhigen, warf ihr Colin nur einen kurzen entschuldigenden Blick zu und verstaute rasch meine Beine auf der Rückbank. Dann sprang er auf den Beifahrersitz und knallte die Tür zu, und ich fädelte mich in den Verkehr ein. Wir lachten auf der ganzen Fahrt zurück nach Banstead.

Nach eineinhalb Jahren näherte sich mein Aufenthalt in Banstead seinem Ende. Ich konnte Auto fahren, ich hatte mein O-Level in Kunst gemacht, und ich hatte mehrmals in der Übungswohnung gewohnt. Es war an der Zeit, herauszufinden, ob mein Traum von einem unabhängigen Leben in Erfüllung gehen würde. Colin hatte eine Wohnung in Shepherd's Bush für mich gefunden, und wir fuhren nach London, um sie uns anzusehen. Im Grunde genommen handelte es sich dabei nur um ein möbliertes Zimmer in einem Wohnheim mit Gemeinschaftsdusche und einer Art Hauswart, der eingreifen konnte, wenn irgendwelche Katastrophen passierten. Colin als Architekt blieb es überlassen, sich mit mir zu beraten und zu beurteilen, welche Umbauten nötig waren, damit ich dort wohnen konnte.

Um sich ein Bild davon zu machen, kam Colin auf eine ebenso einfache wie kluge Idee. Wenn Sie wissen wollen, wie es ist, mit einer Behinderung wie der meinen im normalen Alltagsleben zurechtzukommen, können Sie das Gleiche machen wie er. Er kniete sich hin und und verschränkte die Arme hinter dem Rücken. Dann rutschte er durch das Wohnheim und versuchte, Türen mit dem Mund zu öffnen oder mit dem Kopf aufzustoßen, so wie ich es würde tun müssen. Nach ungefähr einer halben Stunde hatte er eine Vorstellung davon gewonnen, was verändert werden musste, damit ich dort einziehen konnte.

Mit welchen Problemen musste ich mich im Einzelnen auseinander setzen? Nun, auch Behinderte brauchen einen Schlüssel, um in ihre Wohnung zu kommen. Aber wie sollte ich ohne Arme einen Schlüssel benutzen? Wir brauchtes ein Schloss, das elektronisch gesteuert wurde und das ich mit und ohne Beinprothesen erreichen konnte. Es musste etwas sein, das ich mit der Zunge oder mit der Nase bedienen konnte, aber vor allem musste es leicht gehen, damit ich dabei nicht umfiel. Denn wenn das passierte, konnte ich ohne fremde Hilfe nicht mehr aufstehen.

Dann brauchte ich beispielsweise auch noch ein Gerät, mit dem ich mich abtrocknen konnte, im Grunde eine Art großer Föhn.

Nach längerem Suchen entdeckte Colin einen solchen Trockner, der neben der Dusche installiert wurde. Jetzt musste ich nur noch feststellen, ob er richtig funktionierte. Ich schaltete ihn an, indem ich mit dem Kopf auf einen Schalter drückte. Der Trockner hatte eine Öffnung von der Größe eines Briefkastenschlitzes und wurde von einem Motor aufwärts und abwärts bewegt, so dass ich mich von Kopf bis Fuß trocknen lassen konnte. Als ich fertig war, schaltete ich ihn aus, indem ich wieder auf den Schalter drückte. Er funktionierte einwandfrei, und es machte Spaß, ihn zu benutzen. Ich stellte fest, dass er mich an allen möglichen interessanten Stellen trocknete. So ein Gerät sollte es in jedem Badezimmer geben.

Auch die anderen Probleme, mit denen wir konfrontiert wurden, waren nicht unüberwindlich, und das machte uns beiden Mut. Colin traf die nötigen Vorkehrungen für die Umbauarbeiten, die durchgeführt werden mussten, und ich bereitete mich darauf vor, Abschied von Banstead zu nehmen. Ich hatte dort viele gute Freunde gefunden, beim Personal, im Reitstall und im College. Ganz zu schweigen von Colin. Zu dem Heim selbst hatte ich allerdings nie eine besonders große Zuneigung entwickelt, und ich würde ihm mit Freuden den Rücken kehren.

Heime stellten immer ein Rätsel für mich dar. Ich verstand zwar, dass sie Regeln aufstellen mussten, um reibungslos zu funktionieren, aber oft hatte ich den Eindruck, dass es für viele dieser Regeln keinen Grund gab. So habe ich zum Beispiel nie verstanden, warum ich in Banstead um halb zehn im Bett liegen sollte. Ich war siebzehn Jahre alt! Diese Regeln dienten im Wesentlichen dazu, den Angestellten das Leben leichter zu machen, und waren wichtiger als die Leute, denen man eigentlich damit helfen wollte. Aber es gab unter dem Personal auch immer ein paar wirklich außergewöhnliche Leute, nur waren es leider wenige. Von ihnen erhielt ich in den ersten Jahren jede nur erdenkliche Hilfe. Sie beurteilten mich nicht danach, dass ich mich manchmal danebenbenahm oder niedergeschlagen war. Sie setzten Vertrauen in meine Fähigkeiten und sahen den Menschen, der in dem behinderten Körper steckte, und bestärkten mich darin, meine Träume von Unabhängigkeit und beruflichem Erfolg zu verwirklichen. Ich wünschte nur, es hätte mehr von ihrer Sorte gegeben.

Was mich beunruhigte, war die Vorstellung, zum ersten Mal

in meinem Leben allein zu wohnen. Ich war inzwischen neunzehn Jahre alt und stand kurz vor dem Ziel all meiner Wünsche. Aber ich hatte auch Angst davor. Ich fing an, nach anderen Lösungen Ausschau zu halten, die mir nicht so furchtbar viel Mut und Kraft abverlangten. Vielleicht könnte ich ja zuerst einmal bei meiner Familie wohnen und in aller Ruhe über den Umzug in ein Wohnheim nachdenken.

Colin hielt das für keine gute Idee. Ich hatte sehr oft und ausführlich mit ihm über meinen Traum gesprochen, eine eigene Wohnung zu haben und selbstständig zu sein, und er wollte nicht, dass ich so kurz vor dem Ziel einen Rückzieher machte. Er machte mir Mut, und ich erklärte mich bereit, das Wohnheim auszuprobieren, aber meine Ängste und Befürchtungen konnte ich dennoch nicht ganz abschütteln.

Schließlich waren die nötigen Umbauten in meinem möblierten Zimmer in London beendet. Nach zwei Jahren in Banstead fand man, ich sei jetzt in der Lage, ein eigenständiges Leben zu führen und Banstead zu verlassen. Zeit für mich, ein neues Leben zu beginnen.

9

Mein Leben in London

Jenny Pearce, die leitende Physiotherapeutin, und Colin Smart waren die beiden Leute, von denen ich in Banstead am meisten Unterstützung und Anregung erhalten hatte. Sie waren mir gute Freunde geworden und hatten alles in ihrer Macht Stehende getan, meinen Traum, unabhängig zu sein und nicht in einem Heim oder einer betreuten Wohngruppe leben zu müssen, Wirklichkeit werden zu lassen.

An dem Tag, an dem ich das Heimleben für immer hinter mir ließ, begleiteten mich die beiden nach London. Ich weiß nicht, ob bei der Aussicht, von nun an auf mich gestellt zu sein, die Freude oder die Angst überwog. Für mich ging ein lang gehegter Wunsch in Erfüllung, aber es war auch ein Sprung ins Ungewisse.

Nach unserer Ankunft packte ich meine Sachen aus, dann setzten wir uns hin, tranken Tee und plauderten miteinander. Es war wunderbar, einfach mit ein paar Freunden zusammensitzen zu können und nicht befürchten zu müssen, herumkommandiert oder wegen irgendeines vermeintlichen Vergehens zusammengestaucht zu werden. Immer wieder sah ich mich in meiner neuen Wohnung um – ich konnte kaum glauben, dass ich es wirklich geschafft hatte. Es war zwar nur ein möbliertes Zimmer, aber es war mein möbliertes Zimmer. Ich konnte gar nicht mehr zu grinsen aufhören.

Als die Zeit gekommen war, brachen Jenny und Colin auf. Sie hatten schließlich noch ein paar andere Dinge zu tun und mussten arbeiten. Ich hörte, wie die Eingangstür ins Schloss fiel und ihre Schritte leiser wurden, als sie die Straße entlanggingen. Ich saß auf dem Bett, noch immer meine neue Umgebung musternd: die kleine, an meine Größe angepasste, Küche; das Fenster zur Straße hin; die Holzkommode in der Ecke. Und auf einmal waren die ganze Euphorie und Aufregung verflogen, und ein furchtbares Gefühl von Einsamkeit und Leere überfiel mich. Da saß ich nun in meinem kleinen Zimmer in London und kannte keine Menschenseele. Bald schon hielt ich es nicht mehr aus und rief Colin an, um ihn zu bitten, ob er nicht mit den Leuten, bei denen ich zunächst hatte wohnen wollen, reden und sie fragen könnte, ob ich zu ihnen kommen dürfte. Er war sehr verständnisvoll, meinte aber, es sei keine besonders gute Idee, so schnell aufzugeben. Eigentlich hätte ich mir denken können, dass seine Antwort so ausfallen würde. Ich glaube, er wusste fast noch besser als ich, wie wichtig es für mich war, wenigstens den Versuch zu unternehmen, ein unabhängiges Leben zu führen. Als ich den Hörer auflegte, fühlte ich mich allerdings genauso schlecht wie vorher. Ich lag auf dem Bett, starrte gegen die Decke, und Tränen stiegen mir in die Augen. Das Gefühl des Verlassenseins wollte einfach nicht weichen. Aber selbst in dieser größten Niedergeschlagenheit wusste ich, dass ich damit fertig werden würde. Ich musste es einfach schaffen.

Das Wohnheim war der ideale Ausgangspunkt für mein Leben in Unabhängigkeit, weil es eine Art Hausmeister gab, der im gleichen Gebäude wohnte und an den ich mich wenden konnte, wenn ich Hilfe oder Rat brauchte. Er war ganz anders als die Aufseher im Heim und wäre nie auf den Gedanken gekommen, uns zu maßregeln oder irgendwelche Strafen anzudrohen. Es wohnten noch andere Leute dort, allesamt nicht behindert, mit denen ich bald Bekanntschaft schloss.

In London änderte sich mein Leben von Grund auf, und ich

war endlich von den Zwängen befreit, unter denen ich auch noch in Banstead leben musste. Mein Leben dort und auch vorher im Kinderheim war von Engstirnigkeit und überkommenen Regeln und Vorschriften geprägt gewesen. Jetzt konnte ich das Leben als sorgenfreier Mensch genießen, für den jeder Tag neue Entdeckungen und Abenteuer bereithielt. Für einen Außenstehenden mag mein neues Leben nicht besonders aufregend ausgesehen haben, aber für mich war es so, als wäre ich aus dem Gefängnis entlassen worden. Ich traf meine Entscheidungen selbst und lebte gemäß meinen eigenen Wünschen und Bedürfnissen. Selbst solche alltäglichen Verrichtungen, wie in den Laden um die Ecke zu gehen und Lebensmittel zu kaufen, fand ich einfach wunderbar. Neun Monate später zog ich in eine eigene Wohnung in Shepherd's Bush. Eines der Geschäfte, in denen ich regelmäßig einkaufte, lag auf der anderen Seite der viel befahrenen Uxbridge Road.

Einmal war ich beladen mit Einkaufstaschen, prall gefüllt mit Orangen und Äpfeln und anderen Dingen, auf dem Weg nach Hause. Ich war immer noch ganz verrückt nach Obst. Ich hatte eine enge, mit weißen Sternchen bedruckte Jeans und ein knappes weißes Oberteil an. Nachdem ich den Ladenbesitzer wie üblich gebeten hatte, mir die Taschen über die Schultern zu hängen, machte ich mich leicht schwankend unter meiner Last auf den Rückweg zu meiner Wohnung.

Ich war schon halb über den Zebrastreifen, als ein rotes Feuerwehrauto angerast kam. Der Fahrer sah mich und bremste. Genau in diesem Augenblick riss die Tüte mit den Orangen, und die Früchte fielen auf die Straße und kullerten in alle Richtungen davon. Ich wusste nicht, welcher Orange ich zuerst hinterherjagen sollte, und deshalb stand ich einfach nur schimpfend da und stampfte wütend mit dem Fuß auf. Eines muss ich den Feuerwehrleuten lassen: Nachdem die vier im ersten Moment über die fluchende Frau gelacht hatten, sprangen sie aus ihrem Auto und eilten mir zu Hilfe. Genauso stellt sich eine junge Frau einen Feuerwehrmann vor: gut aussehend, sexy, lustig und hilfsbereit.

Sie sammelten nicht nur meinen Kram ein, sondern bestanden auch noch darauf, mich nach Hause zu fahren. Dort angekommen, lud ich sie zu einer Tasse Tee ein, aber leider mussten sie zurück zur Feuerwache. Ich weiß nicht, was sie von mir hielten: einer jungen, barfüßigen Frau ohne Arme. Ich hatte immer wieder Begegnungen mit Fremden, die bei meinem Anblick nicht zurückschreckten, sondern sich freundlich und hilfsbereit verhielten. Aber wie mir die Leute auch entgegentraten, ich blieb so, wie ich war: extrovertiert, unkonventionell und lebenslustig.

Kurz vor Weihnachten war ich mit Lorraine, meiner Sozialarbeiterin, unterwegs, um ein paar Möbel für meine Wohnung zu kaufen. Außerdem wollte ich noch einige Weihnachtsgeschenke besorgen. Wir hatten eine ganze Reihe von Geschäften abgeklappert und gönnten uns im Café eines Kaufhauses Tee und ein Stück Kuchen. Wir lachten und plauderten wie zwei alte Freundinnen und redeten über unsere Einkäufe, als ein älterer Herr an unseren Tisch trat und sagte: »Wissen Sie, Sie beide zu beobachten hat mich richtig aufgeheitert und mir neuen Lebensmut gegeben. Jetzt freue ich mich auf Weihnachten.« Uns verschlug es die Sprache. »Ich habe gerade eine schwere Herzoperation hinter mir«, fuhr er fort, »und mich erbärmlich gefühlt. Aber dann habe ich Sie beobachtet, junge Frau, mit all Ihren Problemen, wie Sie sich mit Ihrer Freundin amüsieren. Das hat mir neue Kraft geschenkt.«

Alles, was wir getan hatten, war, zu kichern und uns wie zwei Teenager aufzuführen. Die Reaktion dieses Mannes verblüffte mich. Zum ersten Mal erlebte ich, dass mich jemand mit Freude betrachtete und bei meinem Anblick Lebenslust verspürte, statt mich bloß anzustarren, weil ich behindert bin und seltsam aussehe. Das änderte meine Einstellung von Grund auf. Ich begriff, dass Nichtbehinderte auch positiv auf mich reagieren konnten. Sie dachten nicht alle: »Die Arme ist behindert, sie kann ja überhaupt nichts machen.« Seither ist mir klar geworden, welche Bedeutung ich für das Leben anderer Menschen habe und dass ich auch eine positive Wirkung auf sie haben kann. Ich tue nichts bewusst in dieser Richtung, sondern lebe nur mein Leben, und doch passiert es einfach.

Die Zeit in London war verrückt. Ich hatte mich für einige Kunstkurse eingeschrieben, die mich anfangs jedoch noch nicht allzu sehr in Atem hielten, so dass ich mich nach Herzenslust ins Londoner Nachtleben stürzen konnte. Ich besuchte mit meinen Freunden Clubs oder irgendwelche Kneipen. Auch Tara war mittlerweile nach London gezogen, wohnte wie ich in einer eigenen Wohnung und arbeitete in einer Bank. An den Wochenenden gingen wir regelmäßig zusammen mit zwei Freunden von mir aus und machten die Stadt unsicher. Wir liebten die Musik der Achtziger: die New-Romantic-Bands wie Human League und ABC, aber auch den ganz frühen Hip-Hop. Wir waren ausgelassen und fröhlich und amüsierten uns über die bestürzten oder neugierigen Blicke, die wir in den Clubs auf uns zogen. Wenn wir aus einer Disko kamen, besuchten wir oft noch die Nachtvorstellung in einem Kino in Chelsea oder Notting Hill Gate, um dann um drei Uhr in der Früh nach Hause zu gehen. Man hätte uns wohl als moderne Bohemiens bezeichnen können. Und wir lernten jede Menge Leute kennen, die genauso drauf waren wie wir.

Einmal kamen Tara und ich um Mitternacht aus einer Vorstellung in einem Kino in Chelsea. Wir waren mit Taras Auto unterwegs, das sie dicht an einem Geländer geparkt hatte. Es regnete, und ich wollte so schnell wie möglich ins Auto. Im Spaß rief ich Tara zu, sie solle ein bisschen schneller mit den

Schlüsseln machen und die Autotür aufschließen, damit ich endlich einsteigen konnte.

»Alison. Schau mal, wer hinter uns steht.«

»Das ist mir doch egal – mach die Tür auf!«

»Willst du wohl schauen, Al!«

»Was? Wer? Wovon sprichst du eigentlich?«

Obwohl ich wirklich nur noch ins Trockene wollte, drehte ich mich um, um zu sehen, von wem Tara sprach. Es war Prinzessin Diana. Ihr Auto war direkt hinter unserem geparkt, und sie stand da und lachte sich schier kaputt über uns beide. Sie war gerade aus ihrem Fitness-Club gekommen, wo sie ihr übliches Trainingsprogramm absolviert hatte, und trug noch ihren Trainingsanzug.

»Was tun Sie denn hier noch so spät in der Nacht?«, fragte sie uns.

»Und Sie? Was tun Sie hier so spät in der Nacht?«, erwiderten wir.

Sie erzählte uns, dass sie wegen ihres voll gepackten Terminkalenders erst um diese Zeit Gelegenheit hatte, in ihren Fitness-Club zu gehen und ein bisschen Sport zu treiben. Sie war freundlich und ungezwungen und genauso schön und charismatisch, wie man sie aus den Zeitschriften und dem Fernsehen kannte. Sie strahlte etwas Majestätisches aus, ohne die geringsten Allüren zu zeigen. So standen wir etwa zwanzig Minuten im Regen und plauderten, während ihr Leibwächter wartete. Sie erkundigte sich, welchen Film wir gesehen hätten und was wir jetzt noch vorhätten, und fragte uns über unser Leben aus. Wir wiederum fragten sie, welche Geräte sie im Fitness-Club benutzte und ob davon vielleicht auch welche für uns geeignet wären, haha. Da sie Taras Mini mit ihrem schicken Jaguar blockierte, musste sie zuerst ihren Wagen wegfahren, damit wir aus der Parklücke kamen. Wir warnten sie, mit ihrer alten Schrottmühle bloß nicht unser hübsches Auto zu rammen, schließlich hätten wir genug über ihre schlechten Fahrkünste gehört. Sie lachte und sagte: »MEINE schlechten Fahrkünste! Und Sie?« Wir waren einfach drei junge Frauen Anfang zwanzig, die miteinander kicherten und lachten. Nicht mehr und nicht weniger. Ganz entspannt. Eine dieser wunderbaren Zufallsbegegnungen. Großstadtleben in London.

Tara und ich gingen am liebsten in der King's Road in Hammersmith oder in Chelsea oder auch in Covent Garden shoppen. Ich habe bis heute eine Schwäche für Einkaufsbummel. Auf unseren Shoppingtouren war ich immer die Wortführerin und ging auf die Leute zu. Ich unterhielt mich einfach gerne und war auch die wenigen Male, die wir uns hässliche oder beleidigende Bemerkungen anhören mussten, nicht um eine passende Antwort verlegen. Tara flüsterte mir oft ins Ohr, ich solle mich doch etwas zurückhalten und nicht ständig wildfremde Leute ansprechen. Im Rückblick betrachtet, ist mir inzwischen klar, dass sie das nicht mochte und dass es ihr lieber gewesen wäre, wenn ich mich auf unseren Touren ein bisschen unauffälliger verhalten hätte. Aber damals ignorierte ich ihre Proteste einfach. Vermutlich fühlte sie sich weniger wohl in ihrer Haut als ich und hatte größere Probleme mit ihrem Körper und ihrem Aussehen, weshalb es ihr unangenehm war, wenn ich immer wieder mit irgendwelchen Leuten sprach.

Wir gingen ins Theater und zum Essen. Ständig hingen wir zusammen. Wir kauften beide gerne Möbel und irgendwelchen Schnickschnack für unsere Wohnungen ein, auch wenn mein Geschmack damals noch nicht so extravagant und teuer war wie heute. Ich hatte nicht viel Geld und musste jeden Penny zweimal umdrehen. Wenn eine von uns sich ein größeres Stück kaufen wollte, beispielsweise ein Sofa oder einen Teppich, mussten wir lange sparen, bevor wir endlich zuschlagen konnten. Wir hatten beide einen großen Freundeskreis und gingen viel aus – so als müssten wir für die Jahre im Heim, wo wir kaum jemals rausgekommen waren, einen Ausgleich schaffen. Pete, Dinah und Steve gehörten neben Tara und anderen Ehemaligen aus dem Heim einer Gruppe von Behindertensportlern an, die sogar an den Paralympics teilnahmen. Meine Sportsfreunde überfielen mich oft in London und blieben übers Wochenende. Wir zogen zusammen los und amüsierten uns, bis sie wieder zu einem Wettkampf irgendwo in England oder Europa und einmal alle vier Jahre zu den Paralympics fuhren. Dann brachte ich sie zum Flughafen und holte sie bei ihrer Rückkehr auch wieder ab. Wenn ich allein zurückblieb, fragte ich mich manchmal, ob ich nicht auch lieber Sport statt Kunst machen sollte. Aber letztlich interessiere ich mich für Sport ungefähr so sehr wie für Häkeln, das heißt, überhaupt nicht. Bis ich mein Studium an der Universität von Brighton aufnahm, war ich hauptsächlich mit den Leuten zusammen, mit denen ich schon im Kinderheim befreundet gewesen war. Wir waren eine verschworene kleine Gruppe und trafen uns regelmäßig in London oder zu unseren Geburtstagen oder in Sussex, wo Dinah und Steve lebten; gelegentlich fuhren wir auch nach Brighton und suchten dort die Kneipen von früher auf. Ich war manchmal etwas neidisch auf die anderen, weil sie in der ganzen Welt herumkamen und irgendwelche Wettkämpfe besuchten, während ich hier festsaß. Aber mittlerweile hat sich das Blatt gewendet, und auch ich bin ständig unterwegs.

10

Hochzeitsglocken

Ich lernte Francis in einem Londoner Hotel auf einer Konferenz der Vereinigung Mund- und Fußmalender Künstler kennen. Ich war gerade neunzehn geworden. Das war Ende September, und ich hatte vor kurzem meine neue Wohnung in Shepherd's Bush bezogen. Eigentlich hatte ich ja wieder einmal keine Lust gehabt, zu diesem Treffen zu gehen, aber Colin und Tara hatten mich überredet, und so war ich gemeinsam mit Tara hingegangen. Francis war als Betreuer eines behinderten Künstlers aus Lancashire anwesend. Jeden Abend, wenn das offizielle Programm zu Ende war, saßen viele von uns noch an der Bar zusammen, plauderten und tranken bis in die frühen Morgenstunden. Damals war ich noch kein Vollmitglied bei der VDMFK und besuchte daher nur hin und wieder eine der Veranstaltungen.

Francis war ein großer, kräftiger Kerl und sprach diesen wunderbaren Dialekt aus Lancashire. An einem der Abende kamen wir in der Bar miteinander ins Gespräch. Er und seine Familie stammten aus Garstang in der Nähe von Preston, wo er in einem Krankenhaus als Pförtner angestellt war. Wir saßen mit mehreren Leuten zusammen, aber die meiste Zeit unterhielten nur wir beide uns und flirteten miteinander. Mir wurde schon öfter gesagt, dass ich gerne flirte, und wahrscheinlich trifft das auch zu. Damals kam die Atmosphäre dieser Neigung jedenfalls sehr entgegen. Wir wohnten alle in einem schicken Londoner Hotel und hatten massenhaft Zeit.

Und der Alkohol floss in Strömen – eine großzügige Geste der VDMFK. Francis schien keinerlei Probleme mit meiner Behinderung zu haben und schien mich einfach so zu mögen, wie ich war. Ich fand ihn witzig und nett, und wir verbrachten jede freie Minute auf dieser fünftägigen Konferenz miteinander. Es war sehr lustig.

Als die Konferenz zu Ende war, kehrte ich in meine Wohnung in Shepherd's Bush zurück und Francis nach Garstang. Gleich am nächsten Tag rief er mich an, und sobald es mir möglich war, fuhr ich am Wochenende zu ihm und seiner Familie. Ich mochte Francis sehr und war gerne mit ihm zusammen. Natürlich schmeichelte es mir auch, dass ein nichtbehinderter Mann mich attraktiv fand und eine Beziehung mit mir eingehen wollte. Diese Seite des Lebens hatte sich immer als unerreichbar für einen »Krüppel« dargestellt – denkbar war allenfalls die Beziehung mit einem anderen »Krüppel«. Ich glaube, im tiefsten Inneren war ich überzeugt, dass kein nichtbehinderter Mensch jemals einen Behinderten körperlich attraktiv finden könnte, es sei denn, er war auf irgendeine Art pervers veranlagt. Mittlerweile habe ich schon eine ganze Reihe nichtbehinderter Liebhaber gehabt, aber ich hatte nie den Eindruck, dass sie mit mir zusammen waren, um irgendwelche abartigen sexuellen Bedürfnisse zu befriedigen. Ich glaube, sie haben mich alle so gemocht, wie ich war, als Person, und weil es zwischen uns gefunkt hatte. Meine nichtbehinderten Freunde bestätigen mir allerdings, dass die meisten Leute die Vorstellung, irgendjemand könnte sich körperlich von mir angezogen fühlen, seltsam und pervers finden. Das hat mich nie besonders gestört, weil es mir nie an Freunden mangelte, aber es zeigt, wie viel Aufklärungsarbeit noch vor uns liegt, wenn wir die Vorurteile der Leute gegenüber Behinderten ändern wollen.

Mein erster Besuch bei Francis war eine interessante Erfahrung für mich. Er hatte drei Schwestern und fünf Brüder, die damals schon alle erwachsen waren, aber ihre Eltern häufig an den Wochenenden besuchten. Ich würde neben seinen Eltern also möglicherweise auch alle seine Geschwister kennen lernen. Mittlerweile hatte sich herumgesprochen, dass ich kommen würde. Francis' Freunde und Familie nahmen wegen meines Aussehens an, ich sei ein Conterganfall. Außerdem waren sie davon überzeugt, dass ich vermögend sein müsste, da sie gehört hatten, dass die Conterganopfer alle hohe Entschädigungszahlungen erhalten hatten. Vielleicht dachten sie ja auch, dass sich Francis nur wegen dieser Entschädigungszahlungen mit mir abgab. Während ich drei Stunden lang im Zug durch die Landschaft zockelte, fragte ich mich, auf was ich mich da eingelassen hatte. Aber meine Verliebtheit und meine Sehnsucht zerstreuten alle Bedenken.

Die Eltern von Francis lebten in einer Sozialwohnung in einem kleinen Städtchen, in dem jeder jeden kannte. Ich war vor dieser ersten Begegnung mit ihnen furchtbar nervös. Francis hatte mir erzählt, dass sein Vater ihn und seine acht Geschwister früher jeden Sonntagabend in den Garten geschickt hatte, damit sie dort miteinander kämpften. Wer nicht mitmachen wollte, bekam ein paar Schläge mit dem Gürtel verpasst. Wobei sie ohnehin oft verprügelt wurden, besonders Francis, der der Sensibelste in der Familie war. Laut Francis war sein Vater überzeugt, dass eine kleine Rauferei einmal in der Woche den Kindern ihre Aggressionen nehmen und zu einem harmonischen und friedvollen Zusammenleben beitragen würde.

Die Eltern von Francis empfingen mich sehr herzlich. Von Anfang an akzeptierten sie mich ohne jede Einschränkung als seine Freundin, nur seine Brüder ließen sich kaum blicken, wenn ich da war. Sie schienen durch meine Gegenwart regelrecht eingeschüchtert und erfanden immer irgendwelche Ausreden für ihren überstürzten Aufbruch, wenn ich ankam. Sie konnten gar nicht schnell genug wegkommen. Ich musste darüber nur lachen.

Francis' Mutter schien dagegen kein Problem mit mir zu haben und war sehr freundlich zu mir. Ich hatte keine Ahnung gehabt, dass Francis als das schwarze Schaf in der Familie galt und ein Einzelgänger war. Ich glaube, sie war erleichtert, dass Francis endlich eine feste Freundin hatte, selbst wenn sie behindert war und nur halb so groß wie er. Wir hatten keine gemeinsamen Interessen, über die wir uns hätten unterhalten können, aber sie war immer höflich, und außerdem war ich ja wegen Francis gekommen und nicht wegen seiner Mutter. Allerdings hatte ich mich mittlerweile an das großstädtische Leben in London gewöhnt und fand mich an den Wochenenden nach einer dreistündigen Fahrt in einer anderen Welt wieder. Plötzlich war ich für eine begrenzte Zeit Teil einer recht schlicht gestrickten, vierschrötigen Familie aus Lancashire.

Sie genossen die einfachen Freuden, die das Leben so bietet: Fußball schauen, Bier trinken, Videos ausleihen und essen. Für Kunst interessierten sie sich jedenfalls nicht. Ich genoss diese Wochenenden zwar, weil ich sie mit Francis verbringen konnte, aber schon bald wurde mir die Fahrerei zu viel, besonders da ich in aller Herrgottsfrüh in den Zug steigen musste, um montagmorgens um acht in London anzukommen und pünktlich zu meinen Kursen am College zu erscheinen. Meine Besuche in Garstang wurden deshalb immer seltener, bis sich Francis schließlich entschloss, zu mir nach London in meine Wohnung zu ziehen. Damals schien mir das eine ausgesprochen gute Idee zu sein. Als Francis in meine Zweizimmerwohnung einzog, war ich überglücklich, ihn nun die ganze Zeit für mich zu haben. Es machte mir nicht einmal etwas aus, dass er nicht arbeitete und sich auf der Suche nach einem Job auch nicht gerade ein Bein ausriss. Ich hatte meine Behindertenrente und die

Wohnung, und damit kamen wir aus. Ich ließ mich damals einfach so treiben, als mich völlig unerwartet ein Brief von Mike und Margie erreichte, mit einem Angebot, das ich nicht ausschlagen konnte. Nicky war mittlerweile acht Jahre alt, und sie meinten, es wäre eine nützliche Erfahrung für sie, wenn ich ein paar Wochen bei ihnen verbrachte, damit Nicky sehen konnte, wie ich mich mit meiner Anziehhilfe anzog, wie ich aß und aufs Klo ging. Die Wohlfahrtsorganisation *Round Table of East London* hatte sich bereit erklärt, das Geld für mein Flugticket zur Verfügung zu stellen. Sie mussten mich nicht zweimal fragen. Mein Aufenthalt in Dallas hatte mir Lust aufs Reisen gemacht. Francis konnte mich nicht begleiten, da das Geld nur für ein Ticket reichte.

Ich wusste praktisch nichts über Südafrika, als ich dort ankam, aber von dem Moment an, als ich das erste Mal den Fuß auf südafrikanischen Boden setzte, war ich dem Land verfallen. Ich genoss es, mit Mike und Margie zusammen zu sein. Und ich genoss es, dass es so ganz anders als England war. Ich lernte Nickys jüngere Geschwister, einen Bruder und eine Schwester, kennen, und nach ein paar Tagen in East London fuhren wir alle zusammen nach Kapstadt. In Port Elizabeth sah ich meine ersten Delfine und in Oudtshoorn Strauße, und in Calitzdrop lag ich an den heißen Quellen. Die Sonne schien jeden Tag, das Essen war hervorragend und abwechslungsreich, besonders das Obst, und wir hatten viel Spaß miteinander. Ich kann mir eigentlich gar nicht erklären, warum wir so gut miteinander auskamen. Ich war eine ausgelassene, freche, vergnügungssüchtige junge Frau. Mike dagegen war ein ruhiger Mann, der seine Arbeit und seine Pflichten als Familienvater sehr ernst nahm. Margie war ähnlich, nur widmete sie ihre Zeit und Energie überwiegend der Familie. Sie führten ein sehr traditionelles Familienleben, fast wie in den Fünfzigerjahren, wo zu Hause der gedeckte Tisch wartete, wenn der Ehemann von der Arbeit nach Hause kam. Die beiden erschienen mir englischer als die Engländer. Mike und Margie wiederum amüsierten sich darüber, dass ich so überhaupt nicht englisch war. Jedenfalls waren sie wunderbare Menschen, wahre Freunde, und ich bewunderte sie dafür, wie sie mit Nicky umgingen. Es gab bei ihnen kein System zur Betreuung oder Unterstützung von Behinderten wie in Großbritannien, so dass sie weitgehend auf sich selbst gestellt waren und allein zurechtkommen mussten. Und das taten sie. Nicky war ihre Tochter, und sie wollten, dass sie ein normales Familienleben leben konnte. Das Mädchen wuchs in einer liebevollen familiären Umgebung auf, und genau das war es, was in meinem Kinderheim gefehlt hatte.

Was mir allerdings überhaupt nicht gefiel, war die in Südafrika damals noch herrschende Apartheid. Zu meinem größten Erstaunen stellte ich fest, dass es getrennte Toiletten für Schwarze und Weiße gab, und die wenigen Male, die ich mich auf der Straße mit Schwarzen unterhielt, behagte das Mike und Margie ganz offensichtlich nicht. Auf meine Frage, warum ich mich nicht mit Schwarzen unterhalten sollte, erklärte mir Margie, das täte man einfach nicht. Das war alles, was sie dazu sagte, und ich hatte den Eindruck, dass es unhöflich gewesen wäre, weiter in sie zu dringen. Heute ist mir klar, dass ich das Verhältnis zwischen Schwarzen und Weißen aus einer sehr europäischen Perspektive betrachtete. Aber es war mehr als das. Im Heim hatte es Kinder verschiedener Herkunft gegeben, und nie war eines wegen seiner Hautfarbe diskriminiert worden. Ich hatte eine Reihe schwarzer Freunde, und für mich unterschieden sie sich in nichts von meinen anderen Freunden. Wir waren alle gleich. Wir steckten alle in derselben Situation. Dass man den verschiedenen Hautfarben verschiedene Werte beimaß, war daher bei dieser ersten Reise etwas völlig Neues für mich, und ich konnte damit nicht umgehen. Wobei ich selbst erstaunlicherweise keinerlei Geringschätzung erfuhr.

Das mochte zum Teil daran liegen, dass ich mich bei Mike und Margie in einem geschützten Umfeld befand, doch ich fühlte mich insgesamt in Südafrika eher akzeptiert als in England. Und dieses Gefühl der Akzeptanz verspüre ich dort noch heute, auch wenn es natürlich Ausnahmen von der Regel gibt. So fuhren Margie, Nicky und ich einmal an die Küste zu einem der schönen Strände und gingen spazieren. Wir hatten schon den halben Weg am Strand entlang zurückgelegt, als wir einer Gruppe schwarzer Frauen begegneten, die äußerst seltsam und bedrohlich auf uns reagierten. Sie bildeten einen Kreis um Nicky und mich und stimmten einen lauten Klagegesang an. Dazu fuchtelten sie mit den Armen vor uns herum, so als wären wir böse Geister und sie müssten irgendeine Art von Exorzismus durchführen. Margie ignorierte sie, aber ich bekam es mit der Angst zu tun und bat sie, uns so schnell wie möglich vom Strand wegzubringen. Vielleicht wollten die Frauen mit diesem Gebaren ja auch nur ihrem Erstaunen und ihrer Bewunderung für unser ungewöhnliches Aussehen Ausdruck verleihen – aber das glaube ich nicht. Jedes Land hat seine Schattenseiten, und Südafrika bildet da keine Ausnahme. Der von alten Stammesriten geprägte Aberglaube ist noch weit verbreitet. Aber alles in allem überwogen für mich die Vorzüge des Landes. Es machte mir nichts aus, dass die Infrastruktur nicht behindertengerecht war. Es ging mir in dem südafrikanischen Klima viel besser, die Wärme tat mir körperlich sehr gut. Man kann sich dort dauernd draußen aufhalten, was in England nur ein paar Monate im Jahr möglich ist. Vor allem aber fühlte ich mich freier.

Nach ein paar Monaten fragte mich Francis, ob wir nicht heiraten sollten, und aus einem mir heute vollkommen unverständlichen Grund sagte ich ja. Wir waren damals schon zwei Jahre zusammen, und Francis war immer rücksichtsvoll und nett gewesen. Und er brachte mich zum Lachen. Dass ich ehrgeizig war und beruflichen Erfolg anstrebte, schien damals noch nicht zwischen uns zu stehen. In dieser Hinsicht war er das glatte Gegenteil von mir. Er war zufrieden, wenn er einen festen Job hatte, auch wenn er ihm keinerlei Aufstiegsmöglichkeiten bot. Am liebsten verbrachte er seine Zeit zu Hause und trank Bier und sah sich die Fußballspiele der englischen Nationalliga im Fernsehen an. Francis war mein erster Freund, und ich war überzeugt, dass er auch der einzige bleiben würde.

An den Hochzeitstag habe ich nur noch vage Erinnerungen. Ich weiß noch, dass Francis' Familie vollkommen anders als meine war. Meine Mutter und Vanessa sahen aus wie die beiden Siegerinnen eines Schönheitswettbewerbs einer Friseurfachzeitschrift, während Francis' Familie etwas weniger aufgedonnert war, um es vorsichtig auszudrücken. Wahrscheinlich hielten sie meine Familie für die totalen Snobs, während meine Familie sie für ungepflegte Trampel hielt. Ich erinnere mich, dass meine Mutter eine von Francis' Schwestern ins Schlafzimmer begleitete, um ihr dabei zu helfen, sich zurechtzumachen, und angesichts des »Zustands ihrer Nägel« vollkommen schockiert war. Von alldem bekam ich glücklicherweise nicht viel mit. Ich hatte genug mit mir selbst und dem Herzstück einer jeden englischen Hochzeit zu tun: dem Brautkleid. Ich hatte ein schlichtes, aber sehr schönes Kleid gewählt, das meiner Vorstellung von der Krönung einer märchenhaften Liebesgeschichte – einer märchenhaften Hochzeit – entsprach. Francis und ich hatten auf der Suche nach einem passenden Kleid sogar eine Hochzeitsmesse besucht, und dort sprach mich jemand von *Brides*, einer Zeitschrift für Brautleute, an und fragte, ob sie Aufnahmen für eine der folgenden Ausgaben von mir machen dürften. Mich überkam damals ein ganz feierliches Gefühl, und ich war glücklich – eine Märchenprinzessin, deren Traum Wirklichkeit wird.

Ich muss zugeben, dass ich meiner Mutter gegenüber eine gewisse Genugtuung empfand. Ich bewies ihr, dass auch ich einen Mann finden konnte, der mich heiraten wollte. Und wenn ich ganz ehrlich bin, dann wollte ich das möglicherweise auch Tara und Pete und all meinen anderen Freunden beweisen, die zu der Hochzeit kamen.

Die Trauung fand in der St. Michael's Church in Birmingham statt. Nachdem wir uns das Jawort gegeben hatten, ging es ins Motorcycle Museum, wo der Empfang stattfand. Es gab Unmengen zu essen und zu trinken und eine dreistöckige weiße Hochzeitstorte, die wir nach guter alter Sitte gemeinsam anschnitten. Francis gebrauchte dazu seine Hand, ich die Schultern. Es wurden Reden gehalten, und es wurde viel gelacht. Alle meine Freunde sagten, es sei eine tolle Feier gewesen, und wahrscheinlich war sie das auch. Ich selbst erinnere mich nicht besonders gut an den Empfang. Ich weiß nur noch, dass ich mit dem Bräutigam getanzt habe, und alle lächelten uns zu und hatten ihren Spaß.

Stunden später schlichen Francis und ich uns davon und bestiegen ein Taxi, das uns zu unserem Hotel brachte. Wir fuhren mit dem Lift in unser Zimmer. Kaum hatte Francis die Tür hinter uns geschlossen, drehte er sich zu mir um, und sein Gesicht bekam einen merkwürdigen Ausdruck.

»Jetzt gehörst du mir und tust, was ich dir sage!«, erklärte er in seinem breiten Lancashire-Dialekt. Es dauerte einen Moment, bis ich merkte, dass er keinen Witz gemacht hatte. Von da an veränderte sich unsere Beziehung.

Er wollte nicht, dass ich das College besuchte. Er ging nicht gerne aus, wollte aber auch nicht, dass ich allein ausging. Am liebsten saß er mit mir zu Hause herum und sah fern. Er konnte auch meine Freunde nicht leiden, und wenn ich mich mit ihnen verabredete, fing er an zu streiten und drohte mir. Nach ein paar Monaten suchte ich einen Paartherapeuten auf;

Francis lehnte es kategorisch ab, mich zu den Terminen zu begleiten.

Eines Abends setzte er mich auf die Arbeitsplatte in der Küche, packte mich an den Füßen und fing an, mich langsam nach vorn zu ziehen. Francis ist über einen Meter achtzig groß und ein Bär von einem Mann, und ich konnte nichts tun, um ihn davon abzuhalten. Er lachte und sagte, wenn er noch ein bisschen weiter zöge, fiele ich herunter und schlüge mir den Kopf auf. Ich hatte schreckliche Angst. Er zog immer weiter, Zentimeter für Zentimeter, aber dann beging er den Fehler, sich vorzubeugen, um mir eine höhnische Bemerkung ins Ohr zu flüstern. Ich schnappte zu und verbiss mich wie ein Terrier in seiner Schulter. Durch die Zähne presste ich hervor: »Wenn du mich nicht gleich runterlässt, werde ich noch fester zubeißen!« Er stellte mich sofort auf den Boden. Wir waren beide erschrocken und atmeten schwer. Seine Schulter blutete. Francis war vollkommen überrascht, dass ich mich gewehrt hatte. Und furchtbar wütend. Danach hatte ich ständig Angst vor ihm – und wie sollte ich jemanden lieben, vor dem ich mich fürchtete? Ich fühlte mich einfach zu verletzlich. Ich hatte Francis vertraut, und dieses Vertrauen hatte er verspielt.

Ich suchte noch einige Male den Paartherapeuten auf, aber unsere Beziehung verschlechterte sich zusehends. Schließlich wurde mir klar, dass mir im Grunde nichts anderes übrig blieb, als die Scheidung einzureichen. Als ich Francis meinen Entschluss mitteilte, erklärte er, das könnte ich vergessen, er würde bleiben. Und jedes Mal, wenn ich das Thema anschnitt, bekam er einen Wutanfall und lehnte es kategorisch ab, darüber zu reden. Schließlich erwirkte ich einen Gerichtsbeschluss, mit dem ich ihn dazu zwingen konnte, aus meiner Wohnung auszuziehen. Noch Monate, nachdem er weg war, lebte ich in ständiger Angst, dass er mir aus Rache etwas antun könnte. Aber er beschränkte sich darauf, jedwede Unterschrift zu verweigern, so dass ich die vollen zwei Jahre warten musste, bis die Scheidung rechtskräftig war.

11

Alison Lapper, Künstlerin

Schwester Shepherd erzählt, ich hätte im Alter von drei Jahren angefangen, mit den Füßen mit Farben und Pinseln zu spielen. Das wäre meine Lieblingsbeschäftigung gewesen. Mit sechzehn gewann ich einen Kunstwettbewerb, und die Lokalzeitung brachte einen Artikel über mich. Den wiederum las jemand von der Vereinigung Mund- und Fußmalender Künstler, und der Leiter der britischen Sektion, Charles Fowler, besuchte mich im Heim. Ich muss einen guten Eindruck auf ihn gemacht haben, da er mir ein Stipendium anbot. Von da an nahm mich der VDMFK unter seine Fittiche. Ich erhielt jeden Monat einen kleinen Betrag, von dem ich mir Farben und anderes Material kaufen konnte. Die Mitgliedschaft bei der VDMFK verschaffte mir viele Möglichkeiten und verhalf mir später zu einem festen Grundeinkommen, das mir Sicherheit bot, und zwar bis heute.

Die VDMFK erwartete von uns Bilder, die sich als Weihnachtskarten reproduzieren und verkaufen ließen. Aus den daraus erwirtschafteten Einnahmen beziehen die Mitglieder ihr Einkommen. Damals malte ich überwiegend gegenständlich: realistische Bilder mit Szenen aus dem täglichen Leben und der Natur. Genau diese Art von Bildern wollte die VDMFK. Man gestand mir gewisse Freiheiten zu, solange ich mich nicht zu weit von einer realistischen Darstellung entfernte, also keine derart wilden Striche und Kleckse, dass die Leute darin nichts mehr erkennen konnten. Ein Baum sollte wie ein Baum aussehen, eine Kuh wie eine Kuh. Glücklicherweise habe ich gerne auf diese Weise gemalt und tue es noch heute.

Charles Fowler sah ich weiterhin zwei- oder dreimal im Jahr. Er war ein sehr begabter Maler und unterrichtete an einem Kunst-College, darüber hinaus gehörte er zu den wenigen behinderten Künstlern, deren Gemälde sich auf dem freien Markt verkaufen ließen. Charles war ein redegewandter Mann, ein richtiger Gentleman, äußerst distinguiert und dabei stets freundlich. Er wurde zu meinem Mentor, nachdem er mein Potenzial erkannt hatte, und durch ihn bekam ich eine Vorstellung von dem Leben, das für mich unter dem Schutz der VDMFK möglich war.

Meine Leseschwäche und die einjährige, meiner Fußoperation folgende Abwesenheit von der Schule bedeuteten, dass ich einiges aufzuholen hatte. Dazu gehörten auch meine künstlerischen Fertigkeiten, denn ich war damals im Kunstunterricht nicht besser als der Durchschnitt.

Als ich 1984 nach London zog, verlor ich keine Zeit und schrieb mich am Hammersmith College für ein paar kurze, zwischen den Trimestern angebotene Kunstkurse ein und legte meine A-Level-Prüfung ab. In der Folge besuchte ich weitere Grund- und Aufbaukurse an der Heatherley School of Fine Arts. Charles Fowler habe ich zu verdanken, dass ich, seinem Rat folgend, vor allem solche Kurse belegte, die mir die Grundlagen der Malerei vermittelten, aber auch, dass ich die Heatherley School besuchen konnte, eine Privatschule, für die Schulgebühren entrichtet werden mussten, die die VDMFK übernahm.

Der Kunstunterricht dort öffnete mir die Augen. Moderne Kunst, konzeptuelle Kunst, informelle Kunst – Kunst als Kombination von so gut wie allem, was man sich nur vorstellen konnte. Alles konnte Kunst sein. Ein Baum musste nicht wie ein Baum aussehen. Ich war von den Möglichkeiten, die sich mir boten, vollkommen überwältigt. Die VDMFK blieb nach wie vor meine Hauptstütze, aber ich hatte das Gefühl, endlich ein mir entsprechendes Ausdrucksmittel gefunden zu haben.

Allmählich verfestigte sich in mir der Gedanke, dass ich eine richtige Künstlerlaufbahn einschlagen und noch etwas anderes sein könnte als nur eine Behinderte, die einen Pinsel mit dem Mund zu gebrauchen verstand und Farben auf eine Leinwand bringen konnte.

Als ich fünfundzwanzig Jahre alt war, hatte ich so viele Kurse wie nur möglich besucht und mit dem A-Level die Zugangsberechtigung zu einer Hochschule erworben. Was sollte ich als Nächstes tun? Charles Fowler schlug mir vor, mich für ein Kunststudium einzuschreiben. Nur wo? Er riet mir zur Heatherley School, aber dort wurde kein weiterführender Studiengang angeboten. Dann nannte jemand die Universität in Brighton. Ich kannte die Stadt ganz gut und mir gefiel der Gedanke, dort zu studieren. Blieb nur eine Frage: Würden sie mich nehmen?

Ich fuhr nach Brighton und hatte ein Gespräch mit dem Dekan der Fakultät für Kunst, Bill Beech, und einigen der anderen Dozenten. Ich schilderte ihnen ohne Umschweife meine Lage und bat sie, mir eine Chance zu geben und mich zum Studium zuzulassen. Wenn meine Arbeit nach drei Monaten als nicht gut genug erachtet würde, könnten sie mich ja wieder rausschmeißen. Alles, was ich wollte, war die Chance, mich zu beweisen. Ich glaube, meine leidenschaftlich vorgetragene Bitte überzeugte sie. Vielleicht dachten sie auch, dass ich in meinem für eine Studentin relativ fortgeschrittenen Alter von fünfundzwanzig Jahren wahrscheinlich fleißiger arbeiten würde als eine Achtzehn- oder Neunzehnjährige.

Bill Beech entschied, dass ich meine Chance erhalten sollte, als es dann jedoch um die praktische Seite meines Studiums ging, waren die Aussichten schon weniger gut. Meine Frage, ob das Gebäude an der Grand Parade, in dem der Kunst-Fachbereich untergebracht war, behindertengerecht ausgestattet sei, musste er verneinen. Ich holte mir an diesem Tag eine Menge abschlägige Antworten auf meine Fragen, und es war klar, dass mein Studium an der Universität von Brighton für alle Beteiligten eine ganz neue Erfahrung bedeuten würde. Doch das konnte weder ihn noch mich aufhalten.

Erneut sprang Colin Smart in die Bresche und machte sich auf die Suche nach einer Unterkunft für mich. Er fand eine behindertengerechte Wohnung in Crawley. Das war zwar nicht gerade der nächstgelegene Ort und bedeutete für mich jeden Tag eine vierzigminütige Fahrt, aber Bill besorgte mir zusätzlich in Falmer ein Zimmer, in dem ich übernachten konnte, wenn ich abends zu müde für die lange Heimfahrt war. Es war nicht behindertengerecht ausgestattet, aber damals war ich noch beweglich und kräftig genug, um damit fertig zu werden.

Bill Beech war geradlinig, pragmatisch und von einem unerschütterlichen Optimismus. Zu dieser Zeit verfügte das Gebäude, in dem der Kunst-Fachbereich untergebracht war, nicht einmal über eine Rollstuhlrampe. Im Grunde waren sie in keiner Weise auf behinderte Studenten eingerichtet. Ich war die Erste. Wir beschlossen, dass ich mich gleich einschreiben und nicht darauf warten sollte, bis alle nötigen Umbauten durchgeführt waren. Ich sollte einfach mit dem Studium beginnen, und wir würden uns mit den Problemen im Einzelnen auseinander setzen, wenn es so weit war.

Es war nicht leicht. Das ging schon damit los, dass ich die Knöpfe in den Aufzügen nicht erreichte, so dass ich nicht aus dem Erdgeschoss wegkam, wenn keiner da war, der mir helfen konnte. Dann waren da die Brandschutztüren. Durch das Gebäude führten viele lange Korridore, die in regelmäßigen Abständen durch doppelte Brandschutztüren unterteilt wurden. Ihr Mechanismus erlaubte es mir zwar, in den Raum zwischen den beiden Türen zu gelangen, aber dann saß ich dort in der

Falle und kam nicht mehr heraus. Ich musste warten, bis jemand vorbeikam, der mehr Kraft hatte als ich und mir die zweite Tür aufmachte. Es gab eine ganze Reihe solcher Hindernisse, aber das ließ weder mich, noch Bill und seine Leute in unserem Entschluss wanken, also blieb ich und mogelte mich, so gut es ging, durch.

Die größte Unterstützung fand ich bei Pat Elliott, einer durch nichts aus der Ruhe zu bringenden, wunderbaren Frau. Sie trug die nichtssagende Berufsbezeichnung Verwaltungssekretärin, in Wirklichkeit aber war sie diejenige, die den ganzen Laden am Laufen hielt. Heute gibt es dort vielleicht eine Abteilung mit zwanzig Leuten, die ihre Arbeit machen, aber als ich da war, gab es nur Pat. Sie verstand mich und meine Bedürfnisse und fand für jedes Problem eine Lösung. Ich weiß nicht, was ich ohne sie getan hätte.

Sie war zwar mit irgendwelchen Verwaltungsaufgaben voll ausgelastet, hatte aber stets den richtigen Ratschlag parat, wenn ich Hilfe brauchte. Nicht anders verfuhr sie bei den übrigen Studenten. Mit ihrem ausgeprägten Sinn für Humor und ihrer Ironie brachte sie mich dauernd zum Lachen. Auf Anordnung von Bill durfte in dem Gebäude nicht geraucht werden, und so traf ich sie oft in ihrem Büro an, wie sie unter dem Schreibtisch kauerte, den Hintern in die Luft gestreckt, den Kopf im Papierkorb, und eine Zigarette rauchte. Wenn Bill hereinkäme, erklärte sie mir, würde sie rasch die Zigarette in dem Metalleimer ausdrücken und so tun, als suchte sie nach ihrer Brille. Als ich zu bedenken gab, dass das wohl nichts nützte, da man den Rauch riechen konnte, sprühte sie ein bisschen Parfüm in die Luft und sagte: »Quatsch, das merkt kein Mensch!«

Das Kunststudium war so aufgebaut, dass sich jeder Student sein eigenes Curriculum zusammenstellen konnte. Vorausgesetzt, man erreichte das Klassenziel, konnte man so wenig oder so viel arbeiten, wie man Lust hatte. Es ging im Wesentlichen darum, eigene Vorstellungen zu entwickeln und zum Ausdruck zu bringen, wie immer sie auch aussehen mochten.

Man wies mir gegenüber von Pats und Bills Büros ein großes Atelier zu. Es hatte eine eigene Toilette, und da es im ganzen Gebäude keine behindertengerechten Klos gab, wurde in diesem der Boden für mich erhöht. Meine Schwierigkeiten mit den Toiletten gereichten mir letztlich zum Vorteil, insofern der normale Student ständig umziehen und von Trimester zu Trimester das Atelier wechseln musste, während ich die ganzen drei Jahre über in meinem Atelier bleiben konnte.

Ich war drei oder vier Dozenten zugeteilt worden, zu denen ich alle zwei oder drei Wochen in die Sprechstunde ging. Abgesehen davon konnte ich meine künstlerischen Ziele selbst wählen und entscheiden, welche Richtung ich als Künstlerin einschlagen wollte. Ich fuhr für gewöhnlich jeden Morgen sehr früh in Crawley los, damit ich rechtzeitig um neun Uhr in der Universität eintraf. Damals musste man sich noch in eine Liste in der Eingangshalle eintragen, wenn man kam. Da sie zu hoch für mich angebracht war, musste ich Pat herausrufen, damit sie mir half. Sie lachte und sagte, das sei nicht nötig. Sie wisse immer, wann ich einträfe, weil ich dabei einen solchen Lärm veranstaltete.

Da war ich nun also, im Abschlussstudiengang an der Universität von Brighton eingeschrieben, und frei, alles, was ich wollte, für meine künstlerische Entwicklung zu tun. Welche Richtung sollte ich einschlagen? Es ist hierzulande nicht üblich, den eigenen Körper zu betrachten, was zum einen daran liegt, dass man es für eitel hält, zum anderen aber daran, dass wir im Vergleich zu irgendwelchen Models und Stars – Leuten also, die uns tagtäglich als Ideale vorgeführt werden – nicht unbedingt gut wegkommen, vor allem, wenn wir nackt sind. Und die Scheu, den eigenen Körper zu betrachten, sei es nun mit

Vergnügen oder auch nur mit nüchternen Blicken, gilt umso mehr für Behinderte.

Die Leute im Heim erkannten durchaus an, dass die ihnen anvertrauten Kinder zu bestimmten Leistungen imstande waren – wie ich zum Beispiel, als ich einen Malwettbewerb gewann. Wir konnten intelligent sein, wir konnten bestimmte Fähigkeiten entwickeln, sogar Talent haben. Aber daneben bestand ein stillschweigendes Übereinkommen – das manchmal gar nicht so stillschweigend war –, dass keiner von uns attraktiv war oder es jemals sein würde. Das Fehlen von Extremitäten bedeutete automatisch, dass man körperlich nicht anziehend sein konnte. Ich hatte mich als Heranwachsende allmählich damit abgefunden, nachdem ich jahrelang mitbekommen hatte, wie die Leute zurückschreckten, sobald sie bemerkten, dass ich keine Arme hatte. Ich mochte freundlich und temperamentvoll sein, ich mochte ein hübsches Gesicht haben, aber die fehlenden Gliedmaßen ließen mich in den Augen von Nichtbehinderten automatisch als hässlich erscheinen.

Also achtete ich nicht auf mein Äußeres, zumindest betrachtete ich mich selbst als weit entfernt von jeglicher Idealvorstellung. Das Thema war erledigt für mich. Ich brauchte mich nie vor einen Spiegel zu stellen und ihn zu fragen, wer die Schönste im ganzen Land sei, also brauchte ich auch keinen Gedanken an mein Aussehen zu verschwenden. Gleichzeitig stand ich aber wie so viele im Bann dessen, was ich in Filmen und Zeitschriften sah – Körper, die als anziehend und schön präsentiert und vermarktet wurden. Natürlich wurden niemals irgendwelche behinderten Körper als anziehend und schön dargestellt. Wie auch? Sie hatten einfach die falsche Form. In den Aktzeichenkursen, die ich später in London besuchte, sah ich Körper in allen möglichen Formen und Größen, aber niemals einen behinderten. Im Lauf der Zeit konzentrierte ich mich bei meinen Aktzeichnungen, die mir sehr viel Spaß machten, deshalb völlig auf nichtbehinderte Körper.

Während meines Kunststudiums in Brighton besuchte ich weiterhin Aktzeichenklassen und fertigte viele Gemälde und Zeichnungen des menschlichen Körpers an. Die Wände und der Boden meines Ateliers waren gepflastert mit ihnen. Ich dachte mir nichts dabei. Es war einfach das, was mich damals interessierte. Während meines zweiten Trimesters sah sich eines Tages eine der Dozentinnen, Madeleine Strindberg, meine Arbeiten an und sagte: »Ich habe den Eindruck, Sie malen all diese Bilder von schönen Menschen, weil Sie sich nicht damit auseinander setzen wollen, wie Sie selbst aussehen und was Sie eigentlich sind.« Ich war wie vor den Kopf geschlagen. Ich empfand ihre Bemerkung als persönlichen Angriff, der noch dazu völlig unberechtigt war. Ich war an die Universität gegangen, um Kunst zu studieren, und nicht, weil ich mich einer Psychoanalyse unterziehen und wegen der Wahl meiner Sujets kritisiert werden wollte.

Aber dann dachte ich über das, was sie gesagt hatte, nach und begriff, dass sie Recht hatte. Ich hatte mich nie wirklich mit mir selbst auseinander gesetzt, und vielleicht hatte sie mich tatsächlich auf etwas ganz Wichtiges hingewiesen. Vielleicht.

Zu dieser Zeit hatte ich von mir selbst das Bild einer fröhlichen, lebenslustigen jungen Frau. Ich war anders, und natürlich wusste ich auch, inwiefern ich anders war, aber das war nichts, womit ich mich ernsthaft beschäftigte. Dafür schien kein Grund zu bestehen. Die Bemerkung meiner Dozentin ging mir jedoch nicht mehr aus dem Kopf. Ich suchte die Institutsbibliothek auf, nahm mir wahllos irgendwelche Bücher und blätterte nervös mit Mund und Nase darin herum. Da klappte das Buch, das ich mir gerade ansehen wollte, bei einem Foto der Venus von Milo auf. Es zeigte die antike weiße Marmorstatue einer Frau, der beide Arme fehlten. Und in diesem Moment begriff ich – das bin ja ich! Das war der Anfang einer langen Erkundungstour, auf der ich mich noch immer befinde und auf der ich meinen Körper betrachte und überlege, wie ich mich selbst sehe und wie andere mich sehen.

Ich räumte all meine Aktzeichnungen weg. Ein ganz neues Projekt wartete jetzt auf mich. Ich wandte mich an einige meiner Freunde und bat sie, mir zu helfen, Abgüsse von meinem Körper zu machen. Wir verwendeten dazu einen besonders schnell trocknenden Gips und gingen in Abschnitten vor, Stück für Stück, denn wenn sie von meinem Körper im Ganzen einen Gipsabdruck gemacht hätten, hätten sie mich nie mehr aus der Gipsform herausbekommen. Als mein zweites Jahr zur Hälfte vorbei war, nahmen die Gipsfragmente meines Körpers eine ganze Wand des Ateliers ein. Ich saß oft da, betrachtete sie und dachte: »Gott, du bist nicht… ja, du bist anders, aber du bist nicht völlig anders. Dein Torso sieht genauso aus wie ein Torso.« Meine Hüften waren ein bisschen seltsam geformt, und auch meine Beine, aber eigentlich war alles auf seine Art durchaus schön. Das war eine regelrechte Offenbarung für mich. Ich dachte, wow, du siehst eigentlich ziemlich gut aus, Mädchen. Und mit der Zeit fand ich immer mehr Gefallen daran, dass Teile meines nackten Körpers an der Wand meines Ateliers ausgestellt waren.

Es war eine außerordentlich produktive Zeit für mich und die anderen Studenten meines Jahrgangs. Ich musste häufig die Hilfe der anderen aus meiner Gruppe beanspruchen, und für sie war es bald selbstverständlich, mir zur Seite zu stehen. Und weil sie mir halfen, halfen sie sich auch gegenseitig. Unsere intensive Zusammenarbeit wurde von den Dozenten und Werkstattleitern mit Erstaunen zur Kenntnis genommen. Das war etwas ganz und gar Ungewöhnliches. Kunststudenten waren bekannt dafür, dass jeder für sich arbeitete. Unsere Gruppe dagegen war anders. Wir quetschten uns alle in mein Auto und stöberten in Brighton in Müllcontainern nach Material, das wir vielleicht für unsere Arbeit brauchen konnten. Dann schafften wir unsere Beute in unsere Ateliers und experimentierten damit.

Zu Beginn hatten einige der männlichen Dozenten in Brighton Probleme mit mir. Sie konnten einfach nicht damit umgehen, dass eine behinderte Kunststudentin in ihren Kursen saß, und das führte letztlich dazu, dass sie nicht mit mir sprachen. Einer verhielt sich besonders distanziert und ging sogar ohne zu grüßen im Flur an mir vorbei, daher war ich ziemlich überrascht, als er mich eines Tages in meinem Atelier aufsuchte, um sich meine Arbeiten anzusehen. Er ging langsam vor den Reihen von Gipsabgüssen auf und ab und studierte sie. Schließlich blieb er stehen, drehte sich um und sah mich an: »Sie haben wirklich hübsche Titten«, sagte er.

Ich war vollkommen platt. Das waren die einzigen Wörter, die er in anderthalb Jahren an mich gerichtet hatte. Seine Bemerkung war unglaublich sexistisch, aber gleichzeitig freute ich mich, weil mir noch nie jemand gesagt hatte, dass ich schöne Brüste hatte.

Für die Abschlussausstellung arbeitete ich lange und hart. Ich schuf eine Rauminstallation mit meinen Arbeiten, zu der man nur gelangen konnte, wenn man durch einen niedrigen, auf meine Größe zugeschnittenen Gang kroch. In dem Raum, den man dann betrat, hatte ich eine Auswahl der Gipsabdrücke und Fotos von mir in klassischen Posen wie der der Venus von Milo aufgebaut. Daneben gab es Fotos aus meiner Zeit im Heim. Es muss für alle, die die Kriecherei auf sich nahmen, eine eindringliche Erfahrung gewesen sein.

Als ich hörte, dass die externen Gutachter meine Arbeit einer erneuten Prüfung unterziehen wollten, glaubte ich im ersten Moment, dass sie sie zu sehr als ein Statement und als zu wenig künstlerisch empfunden hatten und mich vielleicht durchfallen lassen oder mir zumindest eine schlechte Note geben würden. Ich war daher sehr überrascht, als ich bei der Bekanntgabe der Noten erfuhr, dass ich mit »sehr gut« abgeschnitten hatte. Das war eine wunderbare Bestätigung für Bills Zutrauen in mich, für meine Dozenten und natürlich auch für meine Arbeit.

12

Mein erstes Haus und eine Überraschung

1993 schloss ich mein Studium an der Universität von Brighton ab. Ich war achtundzwanzig Jahre alt. Ich hatte meine Abschlussausstellung gemacht, und die Vereinigung Mund- und Fußmalender Künstler ernannte mich zum Vollmitglied. Das war ein einschneidendes Ereignis. Es bedeutete, dass ich das erste Mal in meinem Leben ein richtiges Einkommen hatte und einen Kredit beantragen konnte. Wenn man mich mit sechzehn gefragt hätte, ob ich mir vorstellen könnte, jemals ein Haus zu besitzen, hätte ich gesagt, nein, wie sollte ich? Als sich dann die Gelegenheit bot, verlor ich keine Zeit. Mein Freund Colin, der Architekt, der mir schon beim Umzug in mein erstes, möbliertes Zimmer in London geholfen hatte, tauchte genau im richtigen Augenblick wieder in meinem Leben auf. Wir verbrachten Wochen damit, nach dem passenden Haus zu suchen. Ich fand es toll. Ich fand es toll, mich in Häusern umzusehen und jeden Winkel dort zu erforschen. Sicherlich hätten wir uns nicht so viele Häuser anzusehen brauchen. Doch es war für mich wichtig, da ich nicht die leiseste Ahnung hatte, was ich eigentlich wollte.

Ich erklärte den Immobilienmaklern, wie viel Geld mir zur Verfügung stand – etwa fünfzigtausend Pfund –, und bat sie, mir entsprechende Angebote zu unterbreiten. Das Haus, für das ich mich schließlich entschied, lag in Southwick, an der Küste von Brighton. Inzwischen ist mir klar, dass ich immer alte, vernachlässigte Häuser kaufe, die viel Liebe, Pflege und Aufmerksamkeit brauchen. So bin ich eben. Ich mag außerdem Häuser, aus denen sich etwas machen lässt, was auf dieses Haus in jedem Fall zutraf. Es hatte ein altes Paar darin gewohnt, und sie waren einer nach dem anderen dort gestorben. Es war nie modernisiert worden, und es gab keine Zentralheizung. Die Teppiche hatten Stockflecken und waren fadenscheinig, und alles roch muffig. Aber es hatte das gewisse Etwas, nach dem ich suchte, also kaufte ich es.

Und dann erwartete mich erst einmal ein kleiner Schock. Ich hatte keine Ahnung, wie ein Hauskauf funktionierte, und musste mit ansehen, wie ein erklecklicher Teil meines kleinen Budgets draufging, um die Gebühren für den Notar und den Gutachter und die Eintragung ins Grundbuch zu bezahlen. Das summierte sich ganz gewaltig, und am Schluss blieb mir praktisch kein Geld mehr für neue Möbel und die Renovierung. Glücklicherweise wusste Colin, wo ich Zuschüsse beantragen konnte, um das Haus behindertengerecht umbauen zu lassen. Es sollte fünf Monate dauern, bis der Antrag bewilligt wurde, und weitere sechs Monate, bis die Arbeiten abgeschlossen waren. Da ich meine Wohnung schon aufgegeben hatte, blieb mir nichts anderes übrig, als gleich einzuziehen. Simon, ein alter Freund aus dem Heim, mit dem ich schon einmal zusammengewohnt hatte, zog mit ein. Vom ersten Tag unseres Bohemienlebens an war es das reinste Chaos.

Simon und ich hatten seit jeher dieselbe Wellenlänge und teilten eine etwas eigenwillige Sicht auf das Leben, die wir möglicherweise unseren Erfahrungen im Kinderheim und mit der Welt insgesamt verdankten. Ich hatte mein Einkommen durch die VDMFK, mit dem ich die Kreditraten zahlen und mir ein paar der Annehmlichkeiten, die das Leben so bietet, leisten konnte. Jedenfalls konnten wir uns ein recht bequemes Leben erlauben. Ich fuhr fort zu malen, und Simon fuhr fort, ein Buch nach dem anderen über jedes erdenkliche Thema zu lesen.

Wir lebten nicht nach der Uhr und gingen oft morgens um drei oder vier in der Stadt spazieren und hielten Ausschau nach Häusern, in denen noch Licht brannte. Dann überlegten wir, was für Leute dort wohl wohnten, warum sie noch nicht schliefen und was sie gerade taten. Oft fingen wir grundlos an zu lachen. Wir waren zwei englische Exzentriker, die es genossen, tun und lassen zu können, wonach ihnen der Sinn stand. Pete Hull übernachtete öfter mal bei uns, und Tara kam an den Wochenenden aus London zu Besuch. Sie wollte selbst ein Haus in meiner Nähe kaufen, und ich machte für sie die Runde bei den Maklern. Wenn sie zu Besuch kam, sahen wir uns jedes Mal einige der Häuser an. Ich freute mich schon darauf, dass sie in der Nachbarschaft wohnen würde und wir wie in alten Zeiten viele schöne Stunden miteinander verbringen konnten.

Wieder einmal war sie übers Wochenende zu Besuch, und Pete war aus Hampshire gekommen, wo er mittlerweile in der County-Verwaltung für den Bereich Sport zuständig war. Wir hatten viel Spaß miteinander. Es sollte das letzte Mal sein, dass wir uns sahen. Nichts an ihrem Verhalten ließ darauf schließen, dass sich ihr Verhältnis zu mir bald von Grund auf ändern würde. Es war die Tara, die ich schon immer kannte, meine beste Freundin. Ich habe noch die Fotos von damals. Man sieht uns darauf, wie wir alle in die Kamera lachen.

Ein paar Tage später rief ich sie an, um sie zu fragen, ob sie am folgenden Wochenende wieder zu mir kommen wollte. Sie nahm den Hörer ab, legte aber gleich wieder auf, als sie meine Stimme hörte. Ich rief sie daraufhin noch ein paarmal an, erreichte jedoch immer nur ihren Anrufbeantworter. Ich war besorgt und hinterließ mehrere Nachrichten, doch sie rief nie zurück. Seither haben wir nicht mehr miteinander gesprochen.

Was war geschehen? Hatte ich etwas gesagt, das sie so sehr

beleidigt hatte? War sie neidisch, weil ich ein Haus besaß? Sicherlich nicht. Sie wollte doch gerade selbst ein Haus kaufen. Ich weiß es ganz einfach nicht, und es ist mir nie gelungen, mit ihr zu sprechen, damit sie mir ihre Seite der Geschichte erzählt. Ich habe Pete oft danach gefragt, aber er wollte nicht damit herausrücken. Vermutlich kennt er die Antwort, hat Tara aber versprochen, nichts zu sagen. Pete ist durch und durch loyal, und ich möchte ihn nicht bedrängen.

Es hat lange gedauert, bis ich wirklich begriff, dass Tara mir die Freundschaft aufgekündigt hatte. Monatelang habe ich sie sehr vermisst und ständig gewartet und gehofft, dass sie mich irgendwann anruft und mir die Sache erklärt. Ich hatte immer gedacht, ich sei ihr eine gute Freundin, und ihr Entschluss, mich einfach aus ihrem Leben zu streichen, ist mir nach wie vor unerklärlich.

Zwei Jahre später zog Simon in eine eigene Wohnung, und ich nutzte die gestiegenen Immobilienpreise, verkaufte mein Haus in Southwick und zog in ein größeres in Shoreham Beach. Erneut half mir Colin Smart dabei, die nötigen Umbauten vorzunehmen, so dass ich dort weitgehend ohne fremde Hilfe leben konnte. Er blieb ein guter Freund und hat mich stets unterstützt. Wann immer ihn seine Arbeit an die Küste Südenglands führte, lud er mich zum Mittag- oder Abendessen ein, und ich setzte wie damals in London immer alles daran, ihn dazu zu bringen, mich in das beste Restaurant weit und breit auszuführen. Wir gönnten uns eine Flasche Wein und frönten unserer gemeinsamen Leidenschaft für Desserts. Leider teilten nicht alle meine Freunde meine Vorliebe für die angenehmeren Seiten des Lebens.

Ich fuhr fort, für die VDMFK zu malen, und genoss das Leben in meinem neuen Haus, das nur ein paar Schritte vom Strand entfernt lag. Es war eine schöne Zeit. Zwar erfuhr ich noch keine Anerkennung als Künstlerin, aber meine Mitgliedschaft in der VDMFK sicherte mir ein ausreichendes Einkommen. Ich lernte in Shoreham neue Leute kennen, blieb aber auch in Kontakt mit alten Freunden wie Pete und Simon. Mein Leben verlief damals in recht ruhigen Bahnen, bis zwei Dinge geschahen, die entscheidenden Einfluss auf meine Zukunft haben sollten. Erstens bot mir die Fabrica Gallery eine Einzelausstellung in ihren Räumen an, einer ehemaligen großen Kirche in Brighton. Das war eine Riesenchance für mich und furchtbar aufregend, und auch wenn ich bei dieser Ausstellung nichts verkaufte, stellte sie doch einen Wendepunkt in meinem Leben dar. Jemand von der BBC war in der Ausstellung und dachte, ich würde gut in die Serie *Child of our Time* in BBC1 passen.

Noch bedeutender aber war das zweite große Ereignis in meinem damaligen Leben. Bis zu meinem dreißigsten Lebensjahr war ich viermal schwanger gewesen, hatte aber jedes Mal eine Fehlgeburt erlitten und war deswegen zu der Überzeugung gelangt, dass ich, wie es mir schon die Ärzte im Kinderheim prophezeit hatten, kein Kind bekommen könnte. Als ich im April 1999 erneut schwanger wurde, spürte ich, dass ich dieses Mal das Kind behalten würde. Ich hatte ein gutes Gefühl, und ich war körperlich und geistig stark. Es war eine sehr bewegte und aufregende Zeit in meinem Leben, und die Schwangerschaft passte da genau hinein.

Ich hatte damals einige Zeit im Haus meines Freundes Tim in den Cotswolds verbracht. Nicky, eine gemeinsame Freundin, hatte uns miteinander bekannt gemacht. Ich mochte ihn sehr, kannte ihn allerdings erst drei Monate und war mir daher seiner nicht besonders sicher. Er war ein aufmerksamer, humorvoller Mann und achtete stets auf ein gepflegtes und modisches Erscheinungsbild – weshalb ich zuerst auch dachte, er sei schwul. Er ist der einzige Mann, den ich kenne, der länger zum Anziehen braucht als ich.

Und wenn er auch nicht die Liebe meines Lebens war, so glaubte ich doch, wir könnten etwas Dauerhaftes aus unserer Beziehung machen. Für mich jedenfalls war er nicht nur eine flüchtige Affäre, und ich dachte, dass auch ich mehr für ihn war als eine Affäre. Das war wohl ein Irrtum. Wahrscheinlich war er nur gerne mit mir zusammen, solange ich gut gelaunt und zu Späßen aufgelegt war. Es war mir nicht entgangen, dass er seiner Zuneigung lieber hinter geschlossenen Türen Ausdruck verlieh und in der Öffentlichkeit davor zurückschreckte. Wie würde er also reagieren, wenn ich ihm sagte, dass ich schwanger war und ihn brauchte? Ich hatte Angst vor seiner Antwort. Im Grunde ahnte ich, dass er die Neuigkeit nicht unbedingt freudig aufnehmen würde. Er war geschieden und hatte mit dieser Frau mehrere Kinder, die er nur ab und zu sah.

Aber mir war auch klar, dass ich es ihm sagen musste, und daher rief ich ihn an, bevor ich zum Arzt ging, und berichtete ihm von der Schwangerschaft. Nun ja, ich hatte zwar keinen Freudentaumel erwartet, aber genauso wenig hatte ich mit einem solchen Ausbruch gerechnet. Er sagte, er hätte schon Kinder und wolle keine mehr. Dabei war er so aggressiv und ausfallend, dass ich selbst wütend wurde. Ich nannte ihn einen egoistischen Mistkerl und bedachte ihn noch mit anderen Schimpfworten. Er blieb dabei – er wolle dieses Kind nicht, Ende der Diskussion. Er übte so großen Druck auf mich aus, dass ich beinahe nachgegeben und in eine Abtreibung eingewilligt hätte. Vielleicht hatte er ja Recht? Wie sollte ich mich als allein erziehende Mutter um ein Baby kümmern und es versorgen?

Als ich schließlich den Hörer auflegte, war ich mehr oder weniger überzeugt, dass eine Abtreibung das Beste wäre. Ich beschloss, meine Mutter anzurufen und sie nach ihrer Meinung zu fragen. Sie liebte ihre Enkel von Herzen, und vielleicht würde sie sich freuen, wenn ich auch eines zu der Kinderschar beisteuerte. Doch gerade sie stand der Vorstellung, dass ich ein Kind bekommen würde, besonders ablehnend gegenüber.

»Warum hast du nicht besser aufgepasst? Wie willst du dich denn um ein Kind kümmern? Das schaffst du doch gar nicht. Das bekommst du nie im Leben hin.«

Das waren einige ihrer freundlicheren Bemerkungen, und der Rest der Familie stimmte mit ihr überein. Es war eine schwere Zeit, vor allem, weil die Leute sich so vehement gegen mich stellten. Das war allerdings keine neue Erfahrung für mich, und gerade die fehlende Unterstützung weckte ungeahnte Kräfte in mir. Ich hatte das Gefühl, immer auf Widerstand zu stoßen, sobald ich irgendetwas tun wollte, was ich für ganz normal und alltäglich hielt. Ständig musste ich mich für solche Dinge rechtfertigen, und sie wurden zu einem riesigen Thema. Aber genauso schwer war es, mich von etwas wieder abzubringen, wenn ich mich erst einmal dafür entschieden hatte.

Ebenso wie meine Familie schüttelten auch viele meiner Freunde den Kopf und sahen mich besorgt an, als ich ihnen von der Schwangerschaft erzählte. Aber es gab auch Ausnahmen. Nicht alle fanden die Vorstellung, dass ich ein Kind bekommen sollte, abwegig.

Meine Freundinnen Nicky und Sharon sagten, mein Gesicht würde immer zu strahlen anfangen, sobald ich von der Schwangerschaft erzählte. Sie fragten mich, warum ich zuließ, dass Tim über mich bestimmte. Letztlich sei es doch meine Entscheidung. Ihre Unterstützung machte mir Mut, und ich überdachte das Ganze noch einmal und beschloss, das Kind doch zu behalten. Dann würde Tim eben nicht für mich da sein und auch nicht für mich und das Kind sorgen. Auf seltsame Weise bestätigte diese Erkenntnis das, was ich im Grunde schon von Anfang an gewusst hatte: Ich würde das Kind bekommen und behalten. Nachdem meine Entscheidung nun endgültig feststand, fühlte ich mich viel besser und fing an, mir von anderer Seite Hilfe zu holen.

Ich ging zu meiner Hausärztin, Alison Smith, und sie bestätigte, dass ich tatsächlich schwanger war. Ich klärte sie über meine Lage auf und dass ich weder auf den Kindsvater noch auf meine Familie zählen konnte. Sie hörte mir ruhig zu und meinte, ich solle mir keine Sorgen machen. Wenn ich das Kind wollte, würde sie mich ohne jede Einschränkung unterstützen. Es tat mir ungeheuer gut, dass sie sich als Ärztin so zuversichtlich über meine Aussichten äußerte. Sie war eine große moralische Unterstützung für mich.

Ich beschloss, auch einen Gynäkologen aufzusuchen, Mike Rymer, der mich einige Jahre zuvor wegen meiner Eierstockzysten behandelt hatte. Trotz der Ermutigung durch meine Ärztin fühlte ich mich noch immer unsicher und wusste nicht, ob ich das Kind wirklich zur Welt bringen sollte. Mike Rymer gehörte zu den Ärzten, denen ich vertraute, und aufgrund meiner früheren Erfahrungen mit ihm wusste ich, dass er Verständnis für meine besondere Lage hatte.

Ich rief also in seiner Praxis an und bekam die Sprechstundenhilfe ans Telefon. Seit unserem letzten Gespräch waren einige Jahre vergangen, und sie gab sich recht hochnäsig. Sie erklärte mir, ich könne nicht einfach so anrufen, und wenn ich einen Termin haben wolle, müsste ich ihn durch meine Hausärztin vereinbaren lassen. Sie hatte Recht. Das war der in der Welt der Ärzte vorgeschriebene Weg, und ich wollte keinen Streit mit ihr anfangen, der ohnehin zu nichts führen würde. Ich bat sie also nur darum, ihm etwas von mir auszurichten: »Alison Lapper ist schwanger.«

Sie war vermutlich entsetzt und muss Mike Rymer meine Nachricht umgehend übermittelt haben, denn ein paar Minuten später rief er mich an. Er war wie immer freundlich, und wir vereinbarten einen Termin für die folgende Woche. Nach der Untersuchung erklärte er mir, ich sei in ausgezeichneter Verfassung, das blühende Leben, und dass er alles in seiner Macht Stehende tun würde, um mich gut durch die Schwangerschaft und die Geburt zu bringen.

Obwohl ich mich eigentlich schon dafür entschieden hatte, das Kind zur Welt zu bringen, bestärkten mich die Gespräche mit Mike Rymer und Alison Smith endgültig darin, Tims Forderung nach einer Abtreibung nicht zu erfüllen. Zu meiner Befürchtung, dass mein Kind so wie ich Gliedmaßenfehlbildungen haben könnte, erklärte mir Mike, dass die Wahrscheinlichkeit dafür unter fünf Prozent lag. Und auch wenn das Baby behindert war, so dachte ich mir, dann gab es niemanden auf der Welt, der besser als ich Bescheid wusste, was es brauchte und wie man es am besten versorgte.

Freunde von mir hatten einen Sohn mit derselben Behinderung wie sein Vater. Ihre Erziehung und ihr Umgang mit ihm hatten ihm zu einem sehr positiven Selbstbild verholfen, und er führt ein erfülltes und aktives Leben. Es sind nur die Gesellschaft und die Nichtbehinderten, die Behinderungen für ein Übel halten, das man aus der Welt schaffen muss. Glücklicherweise ist es kein Verbrechen, ein behindertes Kind zur Welt zu bringen, aber in der heutigen Gesellschaft kann man äußerst beunruhigende Tendenzen feststellen, die befürchten lassen, dass es in der Zukunft sehr wohl so weit kommen könnte.

In den folgenden Wochen führte ich sowohl mit Mike als auch mit Alison Smith lange Gespräche über die möglichen Schwierigkeiten, gerade in meinem Fall ein Kind allein großzuziehen, aber sie ermutigten mich auch darin. Mike sagte, dass ich bislang jede Herausforderung und jedes Problem in meinem Leben gemeistert hätte und dass ich auch das hinkriegen würde. Da war etwas dran. Ich besaß ein eigenes Haus, und ich war durch meine Arbeit, die ich wohl kaum verlieren würde, finanziell abgesichert.

Alison berief eine Besprechung mit verschiedenen Fachleuten ein, unter anderem Beschäftigungstherapeuten und Vertretern des Sozialamts, um zu eruieren, ob ich während der Schwangerschaft und danach in irgendeiner Form Unterstützung erwarten konnte. Die Leute vom Sozialamt setzten mir besonders zu. Sie sagten, ich wäre für meine Lage ganz allein verantwortlich und müsste daher auch ganz allein damit fertig werden. Ich könnte mit keiner finanziellen Unterstützung rechnen. Das war der Beginn meiner wechselvollen Geschichte mit dem Sozialamt.

Während der Schwangerschaft blühte ich immer mehr auf. In den ersten sieben Monaten ging es mir sehr gut, aber als das Baby immer größer und schwerer wurde, hatte ich infolge der Belastung meiner Wirbelsäule ständig quälende Rückenschmerzen. Sechs Wochen vor dem errechneten Termin setzten die Wehen ein. In meiner Panik rief ich meine Mutter an und bat sie, zu kommen und mir beizustehen – das Kind sei anderthalb Monate zu früh dran, und ich hätte furchtbare Angst. Ich bräuchte dringend ihre Hilfe. Sie und Alan hatten jedoch eine Urlaubsreise gebucht und keine Lust, darauf zu verzichten. Ich fühlte mich fürchterlich im Stich gelassen. Ihre Ferien waren ihnen offensichtlich wichtiger als die Geburt meines Kindes, ihres Enkelkindes. Meine Nachbarin Val brachte mich am Weihnachtsabend ins Krankenhaus, und sie war die letzte aus meinem Bekanntenkreis, die ich in den nächsten drei Tagen sah. Ich weiß nicht, warum während der ganzen Zeit keiner meiner Freunde zu Besuch kam. Vielleicht waren sie ja alle zu sehr mit Weihnachten beschäftigt, sonst hätten sie mitbekommen, in welcher Panik ich war und wie viel Angst ich hatte. Ich konnte ihr Verhalten nicht verstehen und war sehr enttäuscht und fühlte mich von aller Welt im Stich gelassen.

Die Ärzte verabreichten mir ein Medikament, das die Wehen unterdrücken sollte, und ich lag im Bett, verfolgte den Herzschlag meines Kindes auf dem Monitor und wartete darauf, dass die Wirkung des Medikaments einsetzte. Glücklicherweise ging es dem Baby gut, und die Krise war bald überstanden.

Es war schließlich Nicky, jene Freundin, die mich mit Tim bekannt gemacht hatte, die aus den Cotswolds angefahren kam und mich am siebenundzwanzigsten Dezember nach Hause brachte. Mittlerweile war ich körperlich und seelisch am Ende. All meine Kraft war aufgebraucht und der Überschwang der ersten Monate verflogen, und ich habe es allein Nicky zu verdanken, dass ich die letzten Tage der Schwangerschaft durchstand. Als ich mich nach ungefähr einer Woche wieder etwas erholt hatte, brachte sie mich zu Mike Rymer. Deprimiert und unter schrecklichen Schmerzen schleppte ich mich in seine Praxis. Ein kurzer Blick genügte, dann sagte er: »Sie sind völlig fertig, nicht wahr, Alison?«

Ich brach in Tränen aus und sagte: »Ich kann nicht mehr. Ich hatte eine wunderbare Schwangerschaft, aber diese Schmerzen halte ich keinen Tag länger aus.«

»Okay, Alison. Machen Sie sich keine Sorgen. Ich vereinbare für Montag einen Termin mit dem Krankenhaus, und wir holen das Kind per Kaiserschnitt.«

Ich war zutiefst erleichtert, bis ich am Montag einen Anruf von ihm erhielt, dass es im Krankenhaus einen Notfall gäbe und dass der nächste freie Termin am Mittwoch sei. Es war wie verhext. Aber irgendwie überstand ich auch noch diese beiden Tage, und am fünften Januar brachten mich Nicky und Sharon ins Krankenhaus nach Worthing. Endlich war es so weit. Ich nahm meinen Fernseher und jede Menge Kleidung und andere Dinge mit, weil man mir gesagt hatte, dass ich vermutlich sechs Wochen im Krankenhaus bleiben müsste. Das war eine reine Vermutung, da kein Mensch wusste, wie die Geburt letztendlich verlaufen würde, wie schnell ich mich erholen und in welchem Zustand sich mein Kind befinden würde. Es war für alle Beteiligten eine völlig neue Erfahrung.

Die Schwestern auf der Entbindungsstation zeigten mir mein Zimmer, und ich legte mich hin, während Sharon und Nicky meine Koffer auspackten und alles wegräumten. Wir lachten und stießen angesichts der niedlichen Strampelanzüge, die sie auf dem Bett ausbreiteten, Entzückensschreie aus. Schließlich gab es nichts mehr zu tun, und wir wussten nicht, was wir nun mit uns anfangen sollten. Ich fragte die Schwester, ob ich noch einmal das Krankenhaus verlassen und mit meinen Freundinnen essen gehen dürfe. Nur zu, meinte sie, solange ich keinen Alkohol zu mir nähme, sei das kein Problem. Wir suchten uns das beste italienische Lokal in der Stadt aus und gönnten uns in ausgelassener Stimmung ein köstliches Mahl. Obwohl es eine bitterkalte Nacht war, fühlten wir uns nach dem Essen so energiegeladen und aufgekratzt, dass mich Sharon und Nicky in meinen Rollstuhl setzten und mit mir ein kleines Rennen an der Seepromenade von Worthing veranstalteten. Es war elf Uhr nachts. Der Wind heulte, und die See war stürmisch. Riesige Wellen brandeten gegen das Ufer, und jeder, der gesehen hat, wie wir da herumtobten, muss uns für verrückt gehalten haben.

Kurz nach Mitternacht war ich wieder im Krankenhaus. Ich lag in meinem Bett und dachte, dass dies mein letzter Abend als allein stehende, unabhängige Frau gewesen war.

Sharon übernachtete in meinem Zimmer, aber vor Aufregung konnten wir beide nicht schlafen. Immer wieder drehte sie sich zu mir um und flüsterte mir etwas zu.

»Alison.«

»Ja?«

»Bist du wach?«

»Ja.«

»Weißt du, was?«

»Was?«

»Morgen wirst du Mutter sein.«

»Schlaf endlich, Sharon.«

»Ich versuch's ja.«

»Ich auch, aber ich kann nicht.«

»Ich auch nicht.«

Wir lagen da und kicherten. Ich würde Mutter werden, so viel war mir klar, aber nicht, was das bedeutete. Wir lagen den größten Teil der Nacht wach und waren immer noch wach, als die Schwestern kamen. Sie duschten mich und machten mich für den Operationssaal fertig. Mittlerweile war auch Nicky eingetroffen. Ich war sehr froh, dass meine beiden Freundinnen bei mir waren, denn meine Nervosität und Angst wuchsen mit jeder Minute. Man würde mir eine Nadel in den Hals und eine zweite in den Rücken stechen – und vor Nadeln hatte ich immer schon eine furchtbare Phobie gehabt.

Ich wurde in den Kreißsaal geschoben, und Mike Rymer trat an den OP-Tisch und fragte mich, wie ich mich fühlte. Tränen schossen mir in die Augen, und plötzlich wollte ich nur noch weg. Mike versicherte mir, dass alles gut gehen würde, dass ich mich bisher tapfer gehalten hätte und dass wir diesen langen Weg doch nicht gegangen seien, um jetzt aufzugeben. Dann verschwand er, um sich die Hände zu schrubben.

Seinen Platz nahm der Anästhesist ein. Die Vene in meinem Hals war kaum zu sehen, daher entschieden er und die Schwester, dass es das Beste sei, mich so zu kippen, dass mein Kopf nach unten hing. Dadurch würde das Blut in meinen Kopf fließen und die Vene stärker hervortreten lassen. Bei den beiden vorangegangenen Malen, als er eine Infusionsnadel in meinen Hals eingeführt hatte, hatte es überhaupt keine Probleme gegeben. Aber dieses Mal war ich ängstlich, und meine Nervosität hatte sich vielleicht irgendwie auf ihn übertragen. Er musste drei Anläufe nehmen, bis er endlich die Vene traf. Es tat jedes Mal sehr weh, und ich fing an, zu schreien und mich zu wehren. Mit wachsender Anspannung schlug mein Herz immer schneller, was zur Folge hatte, dass sich auch der Herzschlag des Kindes beschleunigte. Die OP-Schwestern, die die Monitore überwachten, äußerten ihre Besorgnis, deshalb wurde mir Sauerstoff verabreicht. Wenn ich den Sauerstoff einatmete, erklärte man mir, bekäme auch das Kind in meinem Bauch etwas davon ab, und das mindere den Stress. Die Vorstellung, dass mein Kind Sauerstoff brauchte, weil es unter Stress stand, versetzte mich noch mehr in Panik. Ich erinnere mich, dass Sharon, die mir während der Geburt beistand, unablässig irgendeinen Unsinn erzählte, um mich von der drohenden Nadel abzulenken. Ihr Ablenkungsmanöver funktionierte zwar nicht, aber schließlich schaffte es der Anästhesist, seine Nadel in meinen Hals einzuführen, und endlich konnte der nächste Schritt in Angriff genommen werden.

Dafür musste ich auf die Seite gedreht werden. Ich lag da und spürte einen leichten Stich in meinem Rücken. Das war die Nadel für die Periduralanästhesie. Das sich langsam ausbreitende Taubheitsgefühl war äußerst unangenehm. Es setzte in meinem linken großen Zeh ein und kroch langsam über meine Beine und meinen Bauch bis zum Zwerchfell hoch. Ich spürte nichts mehr und konnte mich auch nicht mehr bewegen. Sie stachen mich mit Nadeln, um meine Schmerzempfindlichkeit zu testen, aber da war nichts mehr. So als hätte mein Körper aufgehört zu existieren. Innerlich dagegen durchlebte ich ein Wechselbad der Gefühle zwischen glücklicher Erwartung und größter Angst.

Als Mike den Schnitt machte, hatte ich zwar keine Schmerzen, glaubte aber zu spüren, wie meine Haut angehoben wurde. Da mir ein Schirm die Sicht auf meinen Bauch und Unterleib versperrte, konnte ich nicht verfolgen, wie sie sich dort zu schaffen machten, ich bekam lediglich ein »Schlupp«

mit, als sie das Baby herauszogen. Zu diesem Zeitpunkt war meine einzige Sorge, ob das Kind atmete. Es war immerhin eine Frühgeburt, und alle befürchteten, es könnte irgendwelche unerwarteten Komplikationen geben. Aber kaum war das Kind draußen, fing es schon an zu schreien und pumpte das erste Mal seine Lungen voll Luft.

»Es ist ein Junge, Alison!«

Sie legten ihn mir auf die Brust, und ich sah, dass er mit einem grünlich gelben Schleim bedeckt war, der ihn in der Fruchtblase geschützt hatte. Er war nicht hübsch. Aber ich fand ihn natürlich wunderschön. Sharon stand an meiner Seite. Sie wiederholte immerzu ein und denselben Satz:

»Das ist dein Sohn, Al.«

Ich weinte, genau wie Sharon.

Wie er so auf mir lag, beruhigte er sich rasch, und ich dachte immer nur: Das ist mein Baby. Ich bin sicher, dass jede Frau, die jemals ein Kind geboren hat, dieses Gefühl kennt und weiß, was ich meine. Es war das wunderbarste und überwältigendste Gefühl, das ich jemals verspürt habe. Selbst wenn ich alle Höhepunkte meines Lebens zu einem zusammenfasste, reichte das doch nicht an die Empfindung heran, die mich ergriff, als man mir das erste Mal Parys auf die Brust legte.

Sie durchtrennten die Nabelschnur und nahmen ihn weg, um ihn zu wiegen. Dann kam Mike wieder, um den Schnitt zuzunähen. Er meinte, es würde sich anfühlen, als spülte jemand in meinem Bauch Geschirr. Das war eine höchst zutreffende Beschreibung.

Schließlich brachten sie mich in den Wachraum, wo Emma Shields, die Hebamme, mit Parys auf mich wartete. Er war in eine kleine gelbe Decke gewickelt und hatte eine Mütze auf dem Kopf. Er war so winzig. Sie legte ihn auf meine Brust und fragte mich, ob ich einen ersten Stillversuch unternehmen wolle. Ich erwiderte, er sei doch erst vor zehn Minuten auf die

Welt gekommen und wüsste bestimmt nicht, wie das geht. Aber sie beruhigte mich, das wisse er schon. Ich solle ihn einfach stillen. Auch auf meine besorgte Frage hin, ob ich denn überhaupt schon Milch hätte, konnte sie mich beruhigen. Ich hätte schon vor der Geburt angefangen, Vormilch zu bilden.

Parys war ein echtes Naturtalent. Innerhalb von fünf Minuten hing er an meiner Brust und nuckelte zufrieden vor sich hin. Ich sah ihm erstaunt zu. Gerade eben erst war der kleine Kerl zur Welt gekommen, und jetzt lag er schon auf mir und ließ sich stillen. Leider sank Parys' Körpertemperatur immer mehr, da er ja ein Frühchen war, so dass sie ihn mir wieder wegnehmen und in einem anderen Teil des Krankenhauses in den Brutkasten legen mussten. Mir war, als hätte ich ihn verloren. Eben noch hatte ich mein Baby zum ersten Mal gestillt, und jetzt war es fort. Ich regte mich fürchterlich auf, bis Mike kam und mir erklärte, dass ich mir keine Sorgen zu machen bräuchte. Diese Nacht war die längste Nacht meines Lebens. Sharon lag in dem Bett neben mir, und ich wachte immer wieder auf und fragte sie, wo mein Baby sei.

Ich hatte ein paar Fotos von ihm, die Sharon mit einer Polaroidkamera gemacht hatte, und sie anzusehen tröstete mich ein wenig. Mittlerweile fing die Milch an einzuschießen, und meine Brüste schwollen unangenehm an. Als endlich der Morgen dämmerte, war ich vollkommen fertig. Das Taubheitsgefühl war verschwunden, und es stellte sich wieder ein normales Schmerzempfinden ein. Die Naht und meine angeschwollenen Brüste taten mir von Minute zu Minute mehr weh.

Um elf Uhr morgens holten sie Parys aus der Frühgeborenenstation und brachten ihn mir. Mike erklärte, dass Parys die Nacht gut überstanden hätte und alles in Ordnung sei. Er müsse nicht mehr in den Brutkasten zurück und könne bei mir bleiben. Sie hatten mir Kissen in den Rücken gestopft und Parys lag auf mir. Ich liebkoste ihn mit meinem Mund, und der einen Tag alte Parys fand von allein den Weg zu meinen Brüsten. Die Schwestern konnten es kaum glauben. Die zehn Tage, die wir im Krankenhaus verbrachten, lag Parys praktisch die ganze Zeit auf mir. Ich war vollkommen glücklich, geradezu euphorisch. Mein kleiner, süßer Junge war gesund, er war ein Wunder.

13

Parys

Dass es in meinem Leben plötzlich ein Kind gab, für das ich zu sorgen hatte, war allerdings eine enorme Umstellung. Bis dahin hatte ich ein unabhängiges Leben geführt und tun und lassen können, was ich wollte. Jetzt war ich eine allein erziehende Mutter mit einem Baby, das völlig abhängig von mir war. Ich brauchte dringend Hilfe. Die Leonard Cheshire Foundation gestand mir zwei Tage die Woche und vierundzwanzig Stunden am Tag eine Pflegekraft zu, für die übrigen fünf Tage hatte ich ein Kindermädchen eingestellt, das bei mir wohnte. Ich war einfach nicht imstande, allein für meinen Sohn zu sorgen. Ich stillte Parys und wechselte seine Windeln, und er war glücklich und zufrieden, wenn er stundenlang auf mir liegen und schlafen konnte. Aber ich war erschöpft. Das Sozialamt verfolgte genau, wie ich mit der Situation fertig wurde. Sie hatten mir ihre Position unmissverständlich klar gemacht. Falls sie den Eindruck gewannen, dass ich nicht angemessen für Parys sorgen konnte, würden sie ihn mir wegnehmen und in Pflege geben. Das Kindermädchen, das ich engagiert hatte, fragte mich, ob ihr Freund mit einziehen könnte, und ich sagte ja.

Es war das erste Mal, seit ich erwachsen war, dass ich meine Wohnung mit jemand Fremdem teilen musste; besser gesagt, mit zwei Fremden. Ich kam mit dem Freund der Frau überhaupt nicht zurecht. Er bewegte sich in meinem Haus, als wäre ich gar nicht da, und hat in den sechs Monaten, die die beiden bei mir wohnten, nur zweimal gebadet. Darüber hinaus hatte er die Angewohnheit, auf meine Brüste zu starren, wenn ich stillte, was mich zunehmend störte. Eines Tages kam ich mit Parys vom Einkaufen nach Hause und fand einen Zettel von ihr vor. Darauf hatte sie eine lange Liste von Klagen aufgeführt und warf mir unter anderem vor, dass ich sie nicht respektiert hätte und sie nicht dazu da sei, mir Tee zu kochen.

Sie war ohne jede Vorwarnung verschwunden. Die beiden hatten in den Tagen zuvor heimlich alle ihre Sachen weggeschafft, immer nur ein oder zwei Stücke auf einmal. Jetzt waren Parys und ich ganz auf uns allein gestellt, denn die andere Pflegekraft würde erst wieder in vier Tagen kommen, und ich konnte so kurzfristig niemanden auftreiben, der einsprang.

Julie von der Leonard Cheshire Foundation sagte mir, ich solle mir keine Sorgen machen – aber das war leichter gesagt als getan. Ich bekam keinerlei staatliche Unterstützung und musste die zusätzliche Hilfe aus eigener Tasche zahlen. Da ich mir keinen besonders hohen Lohn leisten konnte, war ich überzeugt, dass ich nicht so leicht jemanden finden würde. Über eine Bekannte erhielt ich die Telefonnummer einer jungen Frau – ich will sie Molly nennen. Sie machte einen sehr netten Eindruck, rauchte allerdings. Da ich auf der verzweifelten Suche nach Ersatz für das erste Kindermädchen war, war ich sehr erleichtert, als sie mein Angebot annahm. Ich fühlte mich damals sehr angreifbar. Über mir schwebte ständig die Drohung des Sozialamts, mir Parys wegzunehmen, wenn ich niemanden hatte, der mir bei seiner Versorgung half.

Und ihn zu versorgen war keine leichte Aufgabe. Er schlief nachts schlecht, und sowohl Molly als auch ich waren bald vollkommen übermüdet. Wenigstens musste sie sich nur um Parys kümmern, weil ich damals noch gut für mich selbst sorgen konnte. Anfangs war ich auch sehr zufrieden mit ihr, aber nach einer Weile verlor sie das Interesse an ihrem Job, und als ich es wagte, Kritik an ihr zu üben, weil sie ein paar Dinge nicht gemacht hatte, nahm sie das sehr persönlich. Da ich sonst niemanden finden konnte, war ich allerdings gezwungen, sie zu behalten.

Das dänische Fernsehen holte mich nach Frankreich, um dort einen Teil ihrer Dokumentation über mich zu drehen, und Molly begleitete uns. Eines Tages gegen Ende unseres Aufenthalts zog sie sich in ihr Zimmer zurück, mit der Begründung, sie habe ihre Periode bekommen und furchtbare Bauchschmerzen. Als ich am nächsten Morgen an ihre Tür klopfte und eintrat, lag sie kreidebleich auf dem Bett, und mir war augenblicklich klar, dass es etwas Schlimmeres war als nur ihre Menstruation. Sie gestand mir, dass sie eine Fehlgeburt gehabt hatte, wollte aber nicht, dass ich irgendjemandem davon erzählte. Ich wusste nicht, was ich tun sollte, da Molly natürlich nicht arbeiten konnte. Glücklicherweise wohnte die Tochter des Regisseurs, Christine, mit ihrer Familie im selben Apartmentkomplex und kümmerte sich um Parys.

Nachdem wir nach Shoreham zurückgekehrt waren, führte ich ein langes Gespräch mit Molly. Ich sagte ihr, dass wir so nicht weitermachen könnten. Sie zog die Konsequenzen und ging. Meine Freunde sprangen zur Überbrückung ein, und ich setzte eine Anzeige in die Zeitschrift *The Lady*. Die einzige Antwort kam von einem jungen Serben, der Fitness-Freak war und ein furchtbares Englisch sprach. Ich nahm ihn trotzdem, da ich dringend jemanden brauchte. Er erwies sich als die beste Hilfe, die ich je hatte. Er verstand sich gut mit Parys und wusste, wie er mit ihm umzugehen hatte. Das Leben bei uns zu Hause verlief wieder in ruhigen Bahnen, und ich musste mir keine Sorgen mehr machen, dass das Sozialamt plötzlich auftauchen würde.

Fünf Monate später fand in New York das Attentat vom elften September statt. Ich hätte nie gedacht, dass es einen unmittelbaren Einfluss auf mein Leben haben könnte, aber ich hatte mich getäuscht. Unser serbischer Freund gelangte zu der Überzeugung, dass das Ende der Welt unmittelbar bevorstehe, und er wollte zu Hause bei seiner Familie sein, wenn es so weit wäre. Nichts, was ich sagte, konnte ihn davon abbringen, und so kehrte er in sein Heimatland zurück, und ich machte mich erneut auf die Suche nach einer Hilfe.

Ein Freund erzählte mir, dass sein Schwager junge türkische Frauen nach England brachte, die hier als Aupairmädchen arbeiten wollten. Er fand eine zweiundzwanzig Jahre alte Türkin für mich, die gerade dabei war, Englisch zu lernen, und den Job gerne übernehmen wollte. Als ich mit ihr sprach, erzählte sie mir, dass sie Kinder mochte, und ich war bereit, einen Versuch zu wagen. Anfangs war sie sehr nett zu Parys und auch zu mir, aber schon bald verschlechterte sich unser Verhältnis zusehends. Nach drei Monaten merkte ich, dass sie angefangen hatte, Parys zu schlagen, auch wenn sie das leugnete und behauptete, er habe sich die blauen Flecken bei einem Sturz zugezogen. Ich konnte sie nicht feuern, weil ich sie nicht auf frischer Tat ertappt hatte, also blieb mir nichts weiter übrig, als abzuwarten.

In der Zwischenzeit hatte sie sich einen Freund zugelegt und stand morgens immer später auf. Ich stellte fest, dass sie ihm einen Schlüssel für das Haus gegeben hatte, ohne mich zu fragen. Die Situation war eigentlich unhaltbar, aber was sollte ich tun? Schließlich erwischte ich sie dabei, wie sie Parys schlug, und damit hatte ich meinen Beweis. Ich war wütend und entsetzt und ärgerte mich, dass ich nicht schon längst etwas unternommen hatte. Die Vorstellung, dass sie Parys seit Wochen geschlagen hatte, war schier unerträglich. Ich rief einen Freund an, der sofort kam und mir half, ihre Taschen zu packen und sie vor die Tür zu stellen. Ich hätte sie keine Minute länger im Haus ertragen.

Ich bin mir dessen bewusst, dass es kein leichter Job ist, Parys und mir zu helfen. Ich bin nicht immer der umgänglichste Mensch und vermutlich auch nicht gerade die perfekte Arbeitgeberin. Und doch bin ich überzeugt, dass ich viel Pech bei der Wahl meiner Helfer hatte. So weigerte sich eine von ihnen, eine Adventistin vom Siebenten Tag, mich anzufassen, nachdem ein Freund über Nacht bei mir geblieben war. Eine andere, eine Skandinavierin in den Fünfzigern, machte anfänglich einen reifen und fürsorglichen Eindruck – genau so jemanden suchte ich. Bis zu dem Tag, an dem ich einen dumpfen Schlag und lautes Poltern aus ihrem Zimmer im ersten Stock dringen hörte. Ich fuhr mit dem Treppenlift nach oben und fand sie splitterfasernackt und betrunken auf dem Boden liegend vor. Zwei von mir zu Hilfe gerufene Freunde verfrachteten sie in ihr Bett, damit sie ihren Rausch ausschlafen konnte. Insgesamt hatten wir in Parys' ersten vier Lebensjahren mehr als zwanzig Helfer im Haus. Ich glaube, das hat ihn verunsichert. Er lernt einen Menschen kennen, beginnt ihm zu vertrauen, und dann verschwindet dieser Mensch von einem Tag auf den anderen wieder aus seinem Leben. Das bringt ihn ganz durcheinander, weil er nicht versteht, was passiert ist. Und dann kommt schon wieder jemand Neues, schon wieder ein Fremder, und alles fängt von vorn an. Dieser ständige Wechsel und die abträgliche Wirkung, die das Ganze auf Parys hat, ist im Grunde das, was mich seit seiner Geburt am meisten in Atem hält, und dieses Problem ist noch immer nicht gelöst.

Ich musste mich jedes Mal auf meine Freunde verlassen, wenn es wieder einmal mit einer der Hilfskräfte nicht klappte. Meine beiden Hauptstützen waren dabei stets meine Freundinnen Sue und Mary, die mir seit Parys Geburt immer wieder aus der Klemme geholfen haben. Mary habe ich durch Simon kennen gelernt, der damals in Burgess Hill im selben Wohnblock wie sie wohnte. In Simons Wohnung herrschte stets das komplette Chaos, und von Zeit zu Zeit konnte Mary es nicht mehr mit ansehen. Dann stürmte sie durch die Wohnung und räumte auf. Nachdem wir uns kennen gelernt hatten, nahm sie sich meiner ebenso an wie vorher schon Simons.

Mein Kampf mit dem Sozialamt nahm kein Ende. Eine meiner Helferinnen verfasste einen Bericht, in dem es hieß, Parys würde mir auf der Nase herumtanzen und ich hätte keinerlei Kontrolle über ihn. Daraufhin schickte das Sozialamt eine Frau zu mir, die zu Familien in Krisensituationen kam und ihnen bei der Lösung ihrer Probleme helfen sollte. Die Nacht vor ihrem Besuch hatte ich wegen Parys kein Auge zubekommen, und wir waren beide müde und schliefen, als es klingelte. Es dauerte also eine Zeit, bis ich aufgestanden war, um ihr die Tür zu öffnen. Das war ein denkbar schlechter Anfang. Parys war an diesem Tag sehr unleidlich. Er weigerte sich, seine Zähne zu putzen, und schubste mich weg, und weil ich selbst so müde war, kam ich auch nicht besonders gut mit ihm zurecht.

Die Frau verbrachte insgesamt vier Stunden bei uns, dann ging sie und schrieb einen vernichtenden Bericht. Ich war empört. Wie kam diese Frau dazu, einen solchen Bericht zu verfassen, nachdem sie gerade mal ein paar Stunden mit uns verbracht hatte? Ich wurde ins Sozialamt beordert, um Stellung zu einer langen Reihe negativer Bemerkungen über meine Fähigkeiten als Mutter zu beziehen. Glücklicherweise hatte mich Fiona, meine Familienpflegerin, seit Parys' Geburt regelmäßig besucht und sich ein weitaus umfassenderes Bild vom Leben in unserem Haushalt machen können.

Sie kam mir zu Hilfe, als die Frau, die den Bericht geschrieben hatte, erklärte, was für eine schlechte Mutter ich sei. Die Amtspersonen, die sich um den Tisch versammelt hatten, lieferten sich ein hitziges Wortgefecht. Es war klar, dass es zwischen den verschiedenen Stellen erhebliche Kommunikationsprobleme gab, aber der Bericht wurde trotzdem nicht zurück-zogen. Er würde in meiner Akte bleiben.

Ich war noch Tage nach diesem Treffen äußerst erzürnt und beschloss, mich mit einer Organisation in Verbindung zu set-zen, die Betroffene dabei unterstützt, sich gegen ungerecht-fertigte Maßnahmen des Sozialamts zur Wehr zu setzen. Ich wollte nicht nur Widerspruch gegen diesen Bericht einlegen, sondern auch zur Sprache bringen, dass verschiedene Mitar-beiter des Sozialamts versucht hatten, mich dazu zu bringen, den höchsten Pflegegeldsatz zu beantragen. Diesen Betrag er-hielten nur Leute, die vollständig von fremder Hilfe abhängig waren. Mir stand er jedenfalls nicht zu, und eine Juristin aus meinem Bekanntenkreis, die mir beim Ausfüllen der Formu-lare half, erklärte mir, es wäre Betrug, wenn ich ihn beantragte. Das Sozialamt wiederum versuchte, mich dazu zu bewegen, weil es selbst mehr Geld erhielt, wenn ich höher eingestuft wurde. Man übte wiederholt Druck auf mich aus, das erhöhte Pflegegeld zu beantragen, und wann immer ich erklärte, dass ich dazu nicht berechtigt sei, sagten sie, ich solle mir keine Ge-danken machen, das ginge schon in Ordnung.

Ich trug einem Mitarbeiter der Organisation also meinen Fall vor, und er vereinbarte ein Treffen mit dem Leiter des So-zialamts. Er zeigte großes Verständnis für mich und versprach mir, dass ich nicht länger schikaniert würde. Bald darauf er-hielt ich ein Entschuldigungsschreiben. Der Bericht verblieb jedoch in meiner Akte. In dieser Angelegenheit waren sie un-nachgiebig.

Im Dezember 2001 kamen Margie und Nicky zu mir nach Shoreham, und ich konnte mich endlich einmal für die Gast-freundschaft meiner südafrikanischen Freunde revanchieren. Parys war inzwischen elf Monate alt, und ich hatte begriffen, dass der zweitürige Sportwagen, den ich damals fuhr, zu klein war und ich ein größeres Auto brauchte. Das Auto war für viel Geld umgebaut worden, damit ich es fahren konnte, und wäre für einen Nichtbehinderten nicht geeignet gewesen und übrigens auch für die meisten behinderten Fahrer nicht, es sei denn, sie hätten dieselben Behinderungen wie ich. Zufällig kannte ich nun jemanden, auf den das zutraf: Nicky. Ich schrieb also der Familie und bot ihnen mein Auto an, weil ich wusste, dass Nicky es sehr gut gebrauchen könnte. Die Situation in Südafrika war für jemanden, der so stark körperbehindert war wie sie, sehr viel schlechter als in England. Behinderte stehen einfach ziemlich weit unten auf der Prioritätenliste des Landes. Ein Auto konnte von großem Vorteil für sie sein.

Nicky war mittlerweile erwachsen und eine ernste, nachdenkliche junge Frau geworden, die ihrem Vater sehr ähnlich war. Sie war hochintelligent, und ich bin überzeugt, dass sie mich leichtsinnig und oberflächlich fand. Zu dieser Zeit war sie gerade mit ihrer Diplomarbeit in Psychologie beschäftigt und wollte Psychotherapeutin werden. Sie hatte seit ihrer Kindheit nichts von ihrer Zielstrebigkeit verloren und entwickelte ständig neue Ideen. Ich bewunderte ihre Fähigkeiten sehr. Aber ich wusste aus eigener Erfahrung auch, dass ihr Leben eine ganz andere Qualität bekäme und sich viele neue Möglichkeiten für sie eröffnen würden, wenn sie ein eigenes Auto besäße. Sie hatten voller Begeisterung auf meinen Brief geantwortet, auch wenn diese ein wenig von der für sie typischen Vorsicht gedämpft wurde. Sie wollten sehen, ob es praktikabel war, dass Nicky ein Auto besaß, und ob weitere Umbauten nötig waren, um Nickys Einschränkungen gerecht zu werden.

Das ließ sich nur feststellen, wenn sie nach England kamen und das Auto selbst in Augenschein nahmen, was sie auch taten. Bei dieser Gelegenheit konnten sie auch Parys kennen lernen. Ich wusste, wie sehr Margie sich darüber freute, dass ich Mutter geworden war.

Am Tag nach ihrer Ankunft fuhren wir mit meinem Auto zur Mobilitätszentrale in Surrey, um uns anzuhören, was die Mechaniker dazu zu sagen hatten. Zuerst mussten wir in Erfahrung bringen, ob die nötigen Umbauten überhaupt möglich waren, und dann, wie viel sie kosteten. Wir waren alle furchtbar aufgeregt. Die dänische Filmcrew begleitete uns und machte Aufnahmen für eine Dokumentation über mein Leben. Margie und Nicky waren deswegen ein wenig befangen, und ich wollte eigentlich nicht, dass die Kamera dabei war. Aber da ich mich nun einmal grundsätzlich bereit erklärt hatte, mich filmen zu lassen, mussten wir sehen, dass wir das Beste daraus machten.

Nachdem die Mechaniker ein paar Stunden lang alles Mögliche vermessen und hin und her überlegt hatten, erklärten sie uns, dass die nötigen Umbauten an dem Auto durchführbar seien. Eine wunderbare Nachricht! Aber damit war die Geschichte noch lange nicht zu Ende. Als Mike sich bei verschiedenen Speditionen erkundigte, was es kosten würde, mein altes Auto nach Südafrika zu verschiffen, erfuhren wir, dass wir mit mindestens zehntausend Pfund rechnen mussten – das war mehr als die Kosten für den Umbau.

Margie und Nicky machten sich enttäuscht auf den Heimweg. Damit schienen wir unseren schönen Plan vergessen zu können. Es tat mir schrecklich Leid. Aber so schnell gab Mike nicht auf. Mit der ihm eigenen Entschlossenheit ging er den Spediteuren so lange auf die Nerven, bis sich schließlich einer von ihnen bereit erklärte, das Auto umsonst nach Südafrika zu bringen. Da für den Transport keine Kosten mehr anfielen, war der Weg frei. Die Mechaniker machten sich an die Arbeit, und heute kutschiert Nicky mit meinem alten Auto durch das ganze Land.

Parys ist mittlerweile fünf Jahre alt, und wir haben eine ganze Menge miteinander durchgemacht. Ich bin nach wie vor für ihn die einzige richtige Bezugsperson und die Einzige, die ihm Sicherheit gibt. Unsere Bindung ist sehr eng. Und auch wenn ich ihm körperlich keine Grenzen setzen kann, sagt ihm der Ton meiner Stimme, wann ein Nein tatsächlich nein bedeutet. Ich habe ihm beigebracht, immer nach rechts und nach links zu schauen, bevor er eine Straße überquert, und wie mir berichtet wurde, tut er das sogar dann, wenn ich nicht dabei bin. Aber es ist nicht leicht gewesen, und ich frage mich, welchen Einfluss es auf unsere Beziehung haben wird, wenn er erst einmal in die Schule geht. Ich war ihm gegenüber hinsichtlich meiner Behinderung immer offen und ehrlich, und sie stellte niemals ein Problem für ihn dar. Aber wenn ihn die Kinder in der Schule deswegen hänseln oder wenn sie schlecht über seine Mutter reden, wird er damit vielleicht nur schwer umgehen können. Manchmal habe ich Angst davor, aber ich weiß, dass wir beide das durchstehen werden und irgendwann darüber lachen können. So war es bisher immer.

14

Eine schwierige Beziehung

Ich war in der achtzehnten Woche schwanger, als meine Ausstellung in der von der Fabrica Gallery übernommenen, ehemaligen Kirche aufgebaut wurde. Es war ein riesiger Raum, der als Ausstellungsfläche für meine Arbeiten sehr interessant war. Ich war unheimlich aufgeregt und hatte mich schon vor Monaten in die Arbeit gestürzt, um auch wirklich genügend Bilder für das höhlenartige Innere zur Verfügung zu haben. Und dann war die Ausstellung fertig. Sie bestand zum größten Teil aus Fotografien, auf denen ich in verschiedenen Lebensabschnitten zu sehen war – vom Säugling bis zur Erwachsenen. Auch neuere Bilder waren dabei, Collagen, die Fotos meines nackten Körpers in Kombination mit anderen Motiven wie Blumen oder Engelsflügeln zeigten. Ich versuchte immer noch eine Form zu entwickeln, die es Nichtbehinderten ermöglichte, mein Aussehen zu akzeptieren. Natürlich ging ich davon aus, dass sie Mitgefühl und Sympathie empfanden, wenn sie die medizinischen Aufnahmen aus meiner Säuglings- und Kleinkindzeit sahen, aber ich hoffte, dass sie über diese Empfindungen hinaus auch die Person sehen konnten, die in diesem Körper steckte. Der Betrachter sollte den langen Weg nachvollziehen können, den ich zurückgelegt hatte, bis ich mich selbst akzeptierte, und vielleicht eine erste Ahnung bekommen, dass Behinderung ein Gegenstand der Kunst sein konnte und – das war ein weitgestecktes Ziel, ich weiß – sogar schön war. Auf einigen der Fotografien war nur mein Gesicht zu sehen. Es waren gerahmte Schwarzweißaufnahmen im Stil der Glamourfotos von Filmstars aus der Vorkriegszeit. Die Rahmen lagen auf dem Boden und waren mit einer Schicht grobem Salz bedeckt. Neben jedem Bild war ein knapp acht Zentimeter breiter Pinsel mit einer Kette am Boden befestigt. Zu Beginn wurden die Fotos von den Salzkristallen vollkommen verdeckt, und die Besucher sollten sich, so meine Idee, hinknien und das Salz wegfegen, um das stilisierte Porträt darunter freizulegen. Sie sollten die Gelegenheit haben, unmittelbar mit den Ausstellungsstücken zu interagieren, statt nur passiv vor ihnen zu stehen und sie anzusehen. Genauso hoffte ich, dass die weichgezeichneten Aufnahmen einen gelungenen Kontrast zu den hart ausgeleuchteten und schonungslosen frühen medizinischen Fotos bildeten, die ich daneben zeigte.

Die Ausstellung war gut besucht. Die Leute reagierten ganz unterschiedlich, manche zeigten ein aufrichtiges Interesse, andere fühlten sich offensichtlich unbehaglich und ließen ihren Blick nur kurz über die Bilder schweifen. Wenn ich persönlich zugegen war, kamen immer wieder einzelne Besucher zu mir und fragten mich über mein Leben und meine Arbeit aus. Die Mehrzahl der Leute hielt sich allerdings zurück. Vielleicht waren sie zu schüchtern. Ich weiß, dass Nichtbehinderte oft davor zurückschrecken, unsereins anzusprechen, weil sie Angst haben, dass das vielleicht einen merkwürdigen Eindruck macht oder dass sie etwas Peinliches sagen wie: »Darf ich Ihnen zur Hand gehen?« Unsere Sprache ist voll von Wendungen, die man tagtäglich gebraucht und in denen das Wort Hand vorkommt. Jemandem etwas zu treuen Händen übergeben. Etwas lässt sich nicht von der Hand weisen. Mit beiden Händen zugreifen. Hand aufs Herz – und so weiter, die Liste ist lang. Es kommt oft vor, dass jemand eine solche Wendung im Gespräch mit mir gebraucht, und wenn es ihm bewusst wird, schämt er sich, weil er meint, ich könnte mich dadurch vor den Kopf gestoßen fühlen, weil ich ja keine Hände habe. In Wirklichkeit macht es mir überhaupt nichts aus. Ich finde es sogar witzig. Solange die Leute mich nicht bewusst beleidigen wollen, berührt es mich nicht, wenn sie solche Dinge sagen.

Die Ausstellung in der Fabrica Gallery markierte einen Wendepunkt für mich. Jemand von der BBC hatte sie gesehen und fand, ich würde mich gut für die BBC1-Serie *Child of our Time* eignen. Seither werde ich durch mein alljährliches Erscheinen in der Serie von Robert Winston einem großen Publikum in Großbritannien näher gebracht. Auch Milton Media wandte sich an mich, ob sie für den dänischen Sender TV2 eine einstündige Dokumentation über mein Leben drehen dürften. Diese Sendung mit dem Titel *Alison's Baby* wurde in vielen Ländern ausgestrahlt und gewann den Prix Italia und den Prix Leonardo. Meine Geschichte sprach die Menschen offenbar an, denn ich erhielt Hunderte von E-Mails aus aller Welt. Allerdings geht es in keiner der Sendungen um mich als Künstlerin.

Es war ein Sonntag, und die Ausstellung lief schon seit einer Woche. Sie war eine aufregende Sache, allerdings war sie auch die erste Ausstellung von vielen, auf der ich keine einzige Arbeit verkaufte. Was ich zeigte, war wohl einfach zu unbequem und zu schwierig, um zu gefallen. Einige Jahre später kaufte jedoch das Brighton Museum eine der in der Fabrica gezeigten Arbeiten für seine ständige Ausstellung an. Es war eine Collage mit einem Porträt von mir mit nacktem Oberkörper, versehen mit einem Paar Engelsflügeln und einem Rand aus Blumen in knalligem Rot und Rosa, die sich leuchtend gegen das Schwarzweiß des Fotos abhoben.

Ich hatte mit der Galerie vereinbart, dass ich mich den ganzen Tag über für ein »Künstlergespräch« zur Verfügung halten würde. Ich hatte offen gestanden nicht erwartet, dass irgendjemand kommen würde, der ein Gespräch mit mir suchte, aber schon bald hatte sich eine lange Schlange gebildet. Ich saß auf den breiten Steinstufen vor dem Altar der ehemaligen Kirche und beantwortete die Fragen der Leute. Die meisten gratulierten mir zu der Ausstellung und erklärten, dass sie sie »sehr interessant« fänden. Die Gespräche waren recht oberflächlich, und ich ließ meinen Blick über die Wartenden schweifen, um nach irgendwelchen verheißungsvollen Neuankömmlingen Ausschau zu halten. Ein großer Mann, etwa Ende zwanzig, mit dunklen Haaren stach mir ins Auge. Ich habe große Männer schon immer gemocht, daher freute ich mich auf den Moment, wenn er an die Reihe kam. Er sagte, wie interessant er die Ausstellung fände und wie bewegt er von dem, was er gesehen hätte, sei. Es habe ihn im tiefsten Inneren berührt. Er hielt mich für außerordentlich mutig, mich so entblößt der Öffentlichkeit zu zeigen. Er glaube nicht, dass er so viel Mut aufbrächte. Wie wir da so nebeneinander saßen, müssen wir den Eindruck erweckt haben, vollkommen in unser Gespräch vertieft zu sein, da die Warteschlange sich langsam auflöste und irgendwann niemand mehr da war.

Ich will ihn Michael nennen, auch wenn das nicht sein richtiger Name ist. Er war Grafikdesigner, aber er hatte wegen psychischer Probleme aufgehört zu arbeiten. Er machte einen sehr intelligenten und netten Eindruck auf mich, daher schenkte ich dem, was er mir von diesen Problemen erzählte, keine besondere Beachtung. Damals wusste ich auch noch nicht viel über psychische Erkrankungen und begriff nicht, dass er diese Geschichte wohl schon hundertmal erzählt hatte. Er war charmant, witzig und gut aussehend. Ich fand ihn sehr nett, und wenn ich ehrlich sein soll, muss ich sagen, dass ich mich gleich ein bisschen in ihn verliebte. Aber gerade als ich das Gefühl hatte, wirklich etwas über ihn zu erfahren, sagte er, er müsse gehen. Das kam für mich ziemlich unvermittelt, weil wir uns so gut unterhalten hatten, doch dann gab er mir seine Telefonnummer, und ich dachte, na gut, ich kann ihn ja anrufen. Ich merkte wieder nicht, dass sein plötzlicher Aufbruch zu einem Verhaltensmuster gehörte, das aus seinem psychischen Ungleichgewicht resultierte.

Ich bin ein ungeduldiger Mensch und gehöre nicht zu den Frauen, die neben dem Telefon sitzen und denken, dass der Mann derjenige ist, der zuerst anrufen sollte. Deshalb meldete ich mich gleich am nächsten Tag bei ihm. Er war überrascht, freute sich jedoch über meinen Anruf, und wir verabredeten uns im Sea Lane Café in Worthing. Damals schleppte Michael ständig eine Mappe mit seinen Arbeiten mit sich herum, und nachdem ich im Café eingetroffen war und wir beide Tee bestellt hatten, zeigte er sie mir. Ich war bezaubert von ihm. Er war genauso, wie ich mir einen Mann nur wünschen konnte, und es wäre mir nie in den Sinn gekommen, dass es auch eine dunkle Seite an ihm gab.

Nach einer Stunde etwa eröffnete er mir wieder, dass er gehen müsse. Es klang so, als habe er einen Termin, aber wie ich später herausfand, gab es nie irgendwelche Termine, und er musste nie irgendwohin. Das Weglaufen stellte eine Art Sicherheitsmechanismus für ihn dar.

Von nun an trafen wir uns regelmäßig in dem Café und wurden in gewisser Weise ein Paar, ohne es offen auszusprechen. Es war tatsächlich wie der Beginn einer Liebesbeziehung. Wir verbrachten viel Zeit miteinander, unterhielten uns und flirteten. Wir redeten über Gott und die Welt – über Politik und das Leben, und vor allem redeten wir über Michael. Wenn ich jemanden neu kennen lerne, liegt meine Toleranzschwelle sehr hoch, und es macht mir nichts aus, wenn der andere endlos über sich selbst spricht.

Zwei Monate, nachdem wir uns kennen gelernt hatten, fuhren seine Eltern für eine Woche weg, und er lud mich zu sich nach Hause zum Abendessen ein. Er hatte wunderbar gekocht, und ich war wieder einmal davon beeindruckt, was er alles konnte. Nach dem Dessert saßen wir auf dem Sofa und sahen fern. Dann legte er ein Video von einem Komiker ein, über den er sich köstlich amüsierte, während ich ihn schrecklich langweilig fand. Die Schwangerschaft machte mich müde, das Gespräch war versiegt, und ich beschloss, nach Hause zu gehen. Daher war ich vollkommen überrascht, als er sich zu mir beugte und mich küsste. Unsere Flirterei in den letzten Wochen hatte mir gezeigt, dass Michael mich gerne mochte, allerdings wusste ich auch, dass ihm alles Neue Angst machte. Aber die Lust versetzte ihn offenbar in die Lage, seine Angst zu überwinden. Es dauerte nicht lange, und wir beschlossen, dass wir unsere weiteren Aktivitäten besser ins Schlafzimmer verlegen sollten. Keiner von uns beiden bereute diesen Entschluss. Wir verbrachten eine wunderschöne Nacht miteinander, in der wir beide nicht viel Schlaf fanden.

Manchmal fragen mich die Leute, wie ich Sex mache. Dann erkläre ich ihnen, dass sie sich gefälligst um ihren eigenen Kram kümmern sollen, weil das nun wirklich meine Privatsache ist, außerdem empfinde ich diese Frage oft als leicht beleidigend. Dahinter verbirgt sich nämlich die Annahme, ich sei so grundlegend verschieden von allen anderen Frauen, dass mein Sexualleben äußerst merkwürdig und bizarr sein muss. Aber abgesehen von dem Fehlen meiner Hände und Arme und meinen verkümmerten Beinen, bin ich anatomisch vollkommen normal gebaut. Ich habe also Sex wie jede andere Frau, die mit einem Mann schläft.

Am nächsten Morgen stand Michael früh auf. Ich hörte, wie er sich anzog, und fragte ihn, was er vorhätte. Er meinte, er müsse los zur Arbeit. Seine Stimmung hatte sich um hundertachtzig Grad gedreht, und er klang kalt und gleichgültig. Ich war wie vor den Kopf gestoßen. Die Nacht zuvor war er so leidenschaftlich und zärtlich gewesen, und jetzt konnte er mir kaum in die Augen sehen. Ich wusste überhaupt nicht, was ich davon halten sollte. Ich zog mich, so schnell ich konnte, an und grübelte auf dem Nachhauseweg darüber, was das Ganze eigentlich sollte. Der Rest des Tages war furchtbar. Ich saß herum, überlegte, was mit Michael los war, und konnte mir sein Verhalten einfach nicht erklären.

Abends rief er mich an und redete mit mir, als sei nichts gewesen. Aber so einfach wollte ich ihn nicht davonkommen lassen und ich bat ihn, mir zu erklären, warum er sich morgens so abweisend verhalten habe.

»Ich hatte Angst.«

»Angst wovor?«

»Vor allem. Dich gefunden zu haben. Dich zu verlieren. Verrückt zu werden. Depressionen zu bekommen.«

Ich konnte überhaupt nicht nachvollziehen, was er da sagte. Ich liebe das Leben und genieße jede Minute. Was sollte ich also mit einem Mann, der so vollkommen anders gepolt war als ich?

Aber irgendetwas brachte mich dazu, diese Beziehung fortzusetzen. Wir verabredeten ein neues Treffen, und damit war die Sache klar. Manchmal verbrachte er die Nacht bei mir, und wir redeten miteinander und liebten uns. Es tat mir weh, dass er mich morgens nie küsste oder mir auch nur nahe kam. Das war schrecklich. Dann wieder rief er mich mitten in der Nacht an, wenn er zu tief ins Glas geschaut hatte. In beschwipstem Zustand war er charmant und lustig. Bei diesen Gelegenheiten sagte er mir oft, dass er mich liebte. Von Zeit zu Zeit rief er auch an, wenn er sturzbetrunken war. Dann hockte er, unfähig, sich zu rühren, vor einem Pub auf dem Bürgersteig und wartete. Ich stieg in mein Auto und fuhr los, um ihn aufzusammeln und mit zu mir nach Hause zu nehmen. So ging das monatelang.

An einem verregneten Nachmittag im Winter verließ er

mich. Er rief an und sagte, wir müssten miteinander reden. Schon seine Stimme verriet mir, dass er unsere Beziehung beenden wollte. Ich fuhr zum Sea Lane Café und stellte den Wagen davor ab. Er hatte schon Ausschau nach mir gehalten, und als er mein Auto sah, kam er heraus, öffnete die Beifahrertür und setzte sich neben mich. Ich fragte ihn, was er mir zu sagen hätte, und erhielt all das zur Antwort, was die Leute so sagen, wenn sie mit jemandem Schluss machen wollen. Ich war wie betäubt und konnte nicht einmal weinen. Schließlich verabschiedete er sich, stieg aus dem Auto und lief zurück in das Café.

Er verließ mich gerade zu der Zeit, als ich ihn am meisten brauchte. Ich war wütend auf ihn, ließ ihn jedoch ziehen, weil es damals Wichtigeres für mich gab als eine verunglückte Liebesbeziehung. Ich war schwanger und lebte allein. Ich brauchte all meine Kraft, um mit den letzten Wochen meiner Schwangerschaft und der Geburt meines Kindes fertig zu werden.

Zwei Monate nach der Geburt von Parys fing Michael wieder an, bei mir anzurufen. Ich reagierte stets ziemlich distanziert, legte aber nie einfach auf. Er erklärte mir, dass er mich vermisse und wie sehr er es bereue, mit mir gebrochen zu haben. Er habe es nur aus Angst getan.

Er versuchte, sich zu rechtfertigen und zu erklären, was er getan hatte und warum. Seine Psychotherapeutin hätte ihm gesagt, dass es ihm nicht gut täte, mit mir zusammen zu sein. Er sei in einem sehr labilen Zustand und solle deswegen die Beziehung abbrechen. Genauso hätten ihm viele seiner Freunde gesagt, dass ich ihm schadete, weil ich behindert und daher zu abhängig von ihm sei. Darüber hinaus hätte ich gerade ein Kind bekommen, und er hätte mit der komplizierten Situation, in der ich mich befand, nicht umgehen können.

Diese Gespräche waren grauenvoll für mich, weil ich so hin-

und hergerissen war. Dass irgendwelche Leute, die mich überhaupt nicht kannten, versuchten, uns auseinander zu bringen, regte mich fürchterlich auf. Es war grausam, dass er mir all diese Dinge erzählte, denn dadurch vermittelte er mir den Eindruck, dass ich nicht gut genug für ihn war. Aber das änderte nichts daran, dass ich ihn liebte. In unseren guten Zeiten lief es zwischen uns fantastisch, und ich gewöhnte mich daran, dass er immer wieder Reißaus nahm. Ich glaubte einfach daran, dass er wieder gesund werden würde und dieses ständige Auf und Ab dann ein Ende hätte.

Als Parys drei Jahre war, beschloss Michael, das Wagnis einzugehen und zu mir in mein Haus in Shoreham zu ziehen. Damals ging es ihm ausgesprochen gut, und er war voller Tatendrang. Michael konnte sehr gut mit Kindern umgehen und entwickelte bald eine enge Beziehung zu Parys. Auch sein Sohn aus einer früheren Beziehung kam oft übers Wochenende zu uns. Ich sagte ihm immer wieder, dass eine schöne Zukunft vor ihm läge, dass er einen reizenden Sohn habe und dass ich für ihn da sei.

Wir schmiedeten Pläne für die Zukunft. Man hatte mir eine kleine Ausstellung in Whistable angeboten, und am Tag der Vernissage übernachteten wir in einer Pension. Es war früh am Morgen, und wir lagen noch im Bett, als sich Michael über mich beugte, mir in die Augen blickte und fragte, ob ich Lust hätte, mich mit ihm zu verloben. Ich war hingerissen.

Aber so richtig gut ging es Michael doch nicht. Er war niedergeschlagen und wurde von Schuldgefühlen geplagt, weil er seinen Sohn die ersten Jahre vernachlässigt hatte. Als dann die Sache mit meinem Fuß geschah, kam es endgültig zur Krise. Mein Fuß war seit einiger Zeit dick angeschwollen und entzündet, und das Gehen fiel mir von Tag zu Tag schwerer. Ich suchte meinen Arzt auf, der mir erklärte, dass man einen großen Teil des Knochens operativ entfernen müsste, wenn ich meine Mobilität nicht verlieren wollte. Wieder ins Krankenhaus zu gehen und mich operieren zu lassen, war so ziemlich das Letzte, was ich wollte, aber es blieb mir wohl nichts anderes übrig. Mein Gehvermögen aufzugeben war eine noch schlimmere Aussicht. Ich wusste, dass es eine schwere Zeit für Michael werden würde, daher organisierte ich eine Rund-um-die-Uhr-Betreuung für Parys. Michael würde in keiner Weise in die Pflicht genommen werden, aber wenn er Lust hatte, konnte er sich natürlich um Parys kümmern.

Am Tag nach der Operation lag ich benommen und mit Schmerzen in meinem Krankenhausbett. Michael besuchte mich und fing sofort an, sich über die Kindermädchen zu beschweren und darüber, wie schlecht sie Parys versorgten. Was sollte ich tun? Seine Schilderungen klangen so dramatisch, dass ich fast den Eindruck gewann, Parys würde in irgendeiner Weise misshandelt werden. Ich machte mir furchtbare Sorgen und fühlte mich vollkommen hilflos. Am Nachmittag desselben Tages besuchten mich nacheinander zwei der Kindermädchen. Beide fingen an zu weinen, kaum waren sie durch die Tür getreten, und erzählten die gleiche Geschichte wie Michael, nur dass in ihren Berichten Michael derjenige war, der herumbrüllte und allen im Haus das Leben zur Hölle machte.

Ich wusste nicht, was ich von der Sache halten sollte, konnte gleichzeitig aber auch nichts unternehmen, weil ich im Krankenhaus bleiben musste. Allerdings hatte ich den Verdacht, dass die Geschichte der Kindermädchen die richtige Version war, auch wenn ich Michael gegenüber loyal sein wollte.

Endlich war ich so weit wiederhergestellt, dass ich das Krankenhaus verlassen konnte. Mein Fuß heilte nur langsam, und jetzt brauchte ich selbst eine Betreuung rund um die Uhr, zusätzlich zu der von Parys. Ohne Vorankündigung zog Michael aus unserem gemeinsamen Schlafzimmer in ein Zimmer im oberen Stockwerk. Ich hatte mich während meines Kranken-hausaufenthalts von ihm im Stich gelassen gefühlt, aber ich hatte jetzt keine Zeit, um mir darüber Gedanken zu machen. Meine einzige Sorge war, möglichst schnell wieder auf die Beine zu kommen und sicherzustellen, dass es Parys an nichts fehlte.

Michael verhielt sich immer unberechenbarer. Egal, ob ich gerade schlief oder wach war, er stürmte in mein Schlafzimmer und fing an herumzubrüllen: Parys sei versorgt, ich sei versorgt, aber um ihn kümmere sich überhaupt niemand! Seine Wutanfälle waren so heftig, dass ich seine Psychotherapeutin anrief und sie um Rat und Hilfe bat. Doch keiner der Leute, die ihn betreuten, war bereit, mit mir zu reden. Das mochte ja von ihrer Seite ein korrektes Verhalten sein, aber wie sollte ich Michael helfen, wenn ich nicht mehr über seinen Zustand wusste und darüber, wie ich am besten mit ihm umging? Es war ein Teufelskreis. Michaels Zustand verschlechterte sich zusehends, und keiner machte einen Finger für ihn krumm.

Ein paar Tage später fing Michael an, mit Selbstmord zu drohen. Ich rief sofort seinen Arzt an, aber es dauerte einige Tage, an denen ich ihn wiederholt anrief, bis er sich zu uns bequemte. Sein Besuch änderte allerdings auch nichts, und ich musste mich von Michael jeden Tag bedrohen und beschimpfen lassen. Meine Betreuerin war Zeugin einiger seiner Ausbrüche geworden und hatte sie dem Sozialamt gemeldet. Dort kam man zu dem Schluss, dass sich Parys und ich bei Michaels momentanem Geisteszustand in akuter Gefahr befänden, wenn wir weiterhin im Haus blieben. Man teilte mir mit, dass ich mit meinem Sohn das Haus verlassen und in eine Pension ziehen müsste, wenn Michael nicht ginge. Ich stritt einen ganzen Tag lang mit ihnen herum, weil ich ihm das nicht antun wollte, aber sie bestanden darauf.

Als Michael am Nachmittag dieses Tages das Haus verließ,

packte ich zusammen mit der Betreuerin, die gerade Dienst hatte, seine zwei Koffer und stellte sie ihm vor die Haustür. Drei Stunden später rief er mich an. Er war von der Polizei aufgegriffen und ins nächstgelegene Krankenhaus gebracht worden, weil er gedroht hatte, sich umzubringen. Jetzt wollte er zurück zu uns. Er tat mir furchtbar Leid, und ich begann, in meinem Entschluss zu wanken. Aber auch wenn ich wusste, wie schrecklich das alles für ihn sein musste, war ich doch nicht bereit, mit Parys unser Haus zu verlassen. Ich erklärte ihm also, wo er seine Koffer finden könnte und dass ich ihn nicht mehr ins Haus ließe.

Er kam am nächsten Tag vorbei, um seine übrigen Sachen abzuholen, und ich versuchte, ihm meine Entscheidung zu erklären. Er reagierte verbittert und wütend nicht nur auf mich, sondern auf die ganze Welt. Ich redete unablässig weiter, bemühte mich, ihn zu beruhigen, aber keines meiner Worte drang zu ihm durch. Nach einer Weile gab ich es auf, mich zu rechtfertigen.

Damit war unsere Geschichte aber noch nicht zu Ende. Wir trafen uns noch gelegentlich, und ich erhielt weiterhin mitternächtliche Anrufe von ihm, wenn er wieder einmal in einer Kneipe versackt war. Dass ich nicht einfach auflegte, wenn er anrief, erstaunte mich selbst. Ich mochte ihn eben immer noch sehr gern. Ein Jahr lang ging es so weiter mit uns, bis er schließlich erneut Schluss machte – diesmal endgültig, wie es schien. Ich hatte alles versucht, aber vergeblich. Hin und wieder schickt er mir noch eine SMS, meist spätnachts. Ich antworte nicht mehr darauf.

Um das Desaster mit Michael zu vergessen, beschloss ich, mit Parys Urlaub in Südafrika zu machen. Mary, meine warmherzige und hilfsbereite Freundin, begleitete uns. Sobald Parys sprechen konnte, nannte er sie »Oma« – und diese Rolle hat sie mittlerweile voll und ganz in seinem Leben übernommen.

Auf dieser Reise erlag ich Südafrika vollends und überlegte ernsthaft, ob wir nicht nach Kapstadt ziehen sollten. Es waren wunderbare Ferien für Parys und mich. Mit seinen vier Jahren war er alt genug, um an mehr als nur an Eiscreme und einer Fahrt in der Straßenbahn Gefallen zu finden. Wir besuchten heiße Quellen und Tierparks und fuhren zu schönen, entlegenen Flecken im Landesinneren. Wir unternahmen all das, was ein Tourist eben so unternimmt. Wir studierten die Prospekte, die in Restaurants oder Läden auslagen, und fuhren zu den Orten, die uns am verlockendsten erschienen.

Daher kann ich mir eigentlich gar nicht erklären, wie wir auf die Idee kamen, den Fossilienpark zu besuchen. Diese versteinerten Fossilen fand ich schon immer langweilig, jedenfalls waren sie es gewiss nicht wert, sich dafür einen ganzen Tag lang bei größter Hitze ins Auto zu setzen. Aber wahrscheinlich war auf der ersten Seite der Werbebroschüre des Parks ein eher »zeitgenössischer« Dinosaurier abgebildet, der Parys' Begeisterung weckte, und so kam es, dass wir nach dem Frühstück aufbrachen.

An diesem Tag gewann ich einen neuen Freund in Südafrika – Hans Steyn, den Leiter des Fossilienparks. Als wir drei im Park ankamen, war es bereits sehr heiß, und ich bereute es, dem Drängen von Parys nachgegeben zu haben. Nichts als Staub und Sand. Der Anblick, den der Park bot, war alles andere als schön, die Fossilien waren in den Gruben ausgestellt, in denen man sie gefunden hatte, und natürlich gab es keine behindertengerechten Zugänge. Ich stand am Rand eines dieser Löcher und beklagte mich lauthals über diesen Missstand. Vielleicht habe ich sogar verlangt, mit dem Verantwortlichen zu sprechen. Jedenfalls kam er. Ich sah auf und erblickte einen durchtrainierten, braun gebrannten und groß gewachsenen Mann. Er hatte lange blonde Haare, die ihm über den Rücken fielen, und trug einen Ohrring. Er begrüßte mich lächelnd, und augenblicklich war meine schlechte Laune verflogen. Meine Behinderung schien er überhaupt nicht zu bemerken. Er fragte, was los sei, und ich erklärte ihm, dass ich nicht in die Grube könnte, weil meine Beine zu kurz seien, um hinunterzusteigen. »Das ist doch kein Problem«, erwiderte er. Mit einer einzigen schwungvollen Bewegung hob er mich hoch und setzte mich neben den Fossilien wieder ab. Ich fand es schon immer toll, wenn mir große, starke Männer zur Seite stehen und mich durch die Gegend tragen, und etwas in der Art sagte ich auch zu ihm. Hans antwortete schlagfertig und mit einem schelmischen Augenzwinkern. Ich wusste gleich, dass er sehr humorvoll war. Er fing an, mir von sich zu erzählen. Mary und Parys liefen bereits herum und betrachteten die Umrisse von Dinosauriern, und so hatte ich Hans eine Zeit lang für mich allein. Ich war vollkommen gefesselt von dem, was und wie er erzählte. Er meinte alles so ernst. Er liebte sein Land und war zuversichtlich, was Südafrikas Zukunft anging, aber genauso war ihm klar, dass es noch viele Hindernisse zu überwinden galt. Er wollte gern seinen Teil dazu beitragen, dass das neue Südafrika auf dem afrikanischen Kontinent eine Vorreiterrolle spielte. Dann fragte er mich über mein Leben und meine Behinderung aus. Dass Afrika auch für behinderte Menschen und nicht nur für den Normaltouristen besser zugänglich gemacht wird, war ihm ein wichtiges Anliegen, und auch darüber sprachen wir längere Zeit.

Da ich im Allgemeinen die lebende Materie der toten Materie vorziehe, hätte ich nie erwartet, dass Fossilien in irgendeiner Weise interessant sein können. Aber durch Hans erfuhr ich, wie faszinierend sie sein können, und ich genoss das Gespräch mit ihm und seine Gesellschaft. Die nächsten beiden Stunden vergingen wie im Flug, und dann war es auch schon an der Zeit, zu gehen, weil der Park seine Pforten schloss. Er hob mich erneut mühelos aus der Grube und verstaute mich und meinen Rollstuhl in seinem Pick-up, mit dem er uns zu unserem Auto fuhr. Ich nahm nur ungern Abschied von ihm. Die Stunden mit ihm waren sehr schön gewesen, und ich ging davon aus, dass ich ihn nie mehr wiedersehen würde.

Bevor wir uns verabschiedeten, fragte ich ihn, ob er irgendwelche Strände in der Nähe kenne, an denen wir vielleicht Delfine beobachten könnten. Ich war von diesen Tieren immer fasziniert gewesen und hatte in einem Reiseführer gelesen, dass sie diesen Abschnitt der südafrikanischen Westküste regelmäßig aufsuchten. Er notierte mir auf ein Blatt Papier die Wegbeschreibung zu einem der Strände. Wir müssten uns sehr früh am Morgen dort einfinden, meinte er, keinesfalls später als sechs Uhr, und selbst dann könne er uns nicht versprechen, dass wir Delfine zu Gesicht bekämen. Es sei ein Privileg, sie zu sehen, und sie zeigten sich nicht jedem. Er kannte Leute, die zehn Tage Ausschau nach Delfinen gehalten und keinen einzigen gesehen hatten. Zum Schluss sagte er noch, wenn ich irgendwelche Probleme hätte, sollte ich ihn anrufen. Er hatte mir auch seine Telefonnummer aufgeschrieben. Ich dankte ihm für seine Hilfe, und wir fuhren davon. Parys winkte wie wild aus dem Heckfenster. In dieser Nacht quartierten wir uns in einem Hotel nicht weit von der Stelle ein, an der man nach Aussage von Hans Delfine sehen konnte.

Am nächsten Morgen um sechs fuhren Parys, Mary und ich zu besagtem Strand. Vor Müdigkeit konnten wir kaum unsere Augen offen halten, bis wir plötzlich in ungefähr fünfhundert Meter Entfernung im frühen Morgenlicht auf der Wasseroberfläche die charakteristischen Bewegungen von Delfinen ausmachten. Wir waren vollkommen gefesselt vom Anblick der Tiere und auch ein wenig selbstzufrieden, weil wir so früh aus den Federn gekrochen waren und die Delfine entdeckt hatten.

Vor lauter Stolz beschloss ich, Hans anzurufen und ihm zu erzählen, dass seine Hilfe nicht mehr nötig wäre, weil wir die

Delfine bereits entdeckt hätten. Er nahm den Hörer ab und wusste sofort, wer ich war. Dann fragte er, an welchem Strand wir uns befänden, und sagte, dass er zu uns kommen und sie sich auch ansehen wollte. Er war ein sehr spontaner Mensch und ein echter Naturliebhaber und Abenteurer.

Zwanzig Minuten später kam sein Pick-up die Straße entlanggerumpelt. Hans stellte ihn neben unserem Mietauto ab, stieg aus und gesellte sich mit einem breiten Lächeln zu uns: »So, wo sind denn nun eure Delfine?«

Ich war sehr zufrieden mit mir. Da stand ich nun, eine behinderte englische Touristin, und zeigte dem erfahrenen südafrikanischen Safarimann, wo die Delfine waren.

»Da drüben. Sehen Sie sie nicht?«

Hans fing an zu lachen.

»Was ist denn daran so lustig, Hans?«

»Das sind doch keine Delfine, Alison!«

»Wirklich? Was denn sonst? Wale?«

»Alison, das sind weder Wale noch Delfine. Was Sie da seit einer halben Stunde beobachten, ist Seetang.«

»Seetang? Was soll das heißen, Seetang?«

Ich sah ihn zweifelnd an. Meinte er das etwa ernst? Ich hatte den Verdacht, dass er ahnungslose Reisende wie mich, die das Land nicht kannten, gern auf den Arm nahm. Noch einmal sah ich aufs Meer hinaus – und natürlich, es war Tang. Inzwischen war es ein wenig heller geworden, und ich konnte die schweren Tangstränge, die auf der Wasseroberfläche dahintrieben und sich mit den Wellen im Takt bewegten, genauer erkennen. Wir mussten alle lachen. Hans sagte: »Seien Sie nicht traurig wegen der Delfine, Alison. Sie werden sie bei anderer Gelegenheit sehen. Haben Sie Lust, mit zu mir zum Frühstücken zu kommen?« Die zurückhaltende Engländerin herauskehrend, erwiderte ich, dass es viel zu früh dafür sei und dass wir seine Familie nicht zu dieser Stunde stören wollten. Aber Hans bestand darauf. Er sprang in seinen Pick-up und holperte vor uns über die Küstenstraße. Wir fragten uns, wohin wir wohl fuhren, da die Gegend vollkommen unbewohnt aussah, Kilometer um Kilometer nur einsame Küstenlandschaft. Und dann, mitten im Nirgendwo, tauchte plötzlich ein einsam am Strand liegendes Haus am Horizont auf.

Es war vor langer Zeit einmal eine Fischräucherei gewesen. Hans und seine Frau Mariki hatten es gekauft und umgebaut. Sie liebten die Ursprünglichkeit dieses schönen, abgeschiedenen Plätzchens. Hans steuerte auf das Haus zu und fuhr mitten hinein und verschwand darin. In Wirklichkeit war er natürlich in die Garage gefahren, nur war diese Garage nicht durch Wände vom Wohnzimmer abgetrennt. So etwas hatte ich noch nie gesehen. Es war der Inbegriff eines offenen Hauses, in dem sich Hunde, Menschen und Autos einen Raum teilten. Am anderen Ende befanden sich riesige Glastüren, die sich über die ganze Länge des Raums erstreckten. Von hier aus betrat man direkt den Strand und schaute auf den Ozean. Es war atemberaubend.

Hans stellte mich seiner Frau Mariki vor, die uns in ihrem Haus willkommen hieß. Sie hatten schon Gäste, aber wir störten offensichtlich nicht. Die beiden waren aufgeschlossene, gastfreundliche Menschen. Mariki nahm mich gleich durch ihre Freundlichkeit und Herzlichkeit für sich ein. Darüber hinaus schien sie sofort zu merken, wenn ich Hilfe brauchte, und sprang mir zur Seite, ohne sich dabei aufzudrängen. Vom ersten Moment an fühlte ich mich bei ihnen wie bei alten Freunden.

Sie bereiteten uns ein wunderbares Frühstück zu, und dann führten sie uns zum Strand. Wie aufs Stichwort tauchten ein paar Delfine auf und zeigten uns ihre Schwimmkünste. Hans konnte sich nicht beherrschen, mich damit aufzuziehen.

»Bitte schön, Alison. So sehen Delfine aus! Seetang sieht

ganz anders aus, er ist grün und springt auch nie aus dem Wasser.«

Es fällt mir schwer, zwischen meiner Zuneigung zu dem Land Südafrika und der zu den Freunden, die ich dort gefunden habe, zu unterscheiden. Das Land fasziniert mich, trotz all der dort herrschenden Probleme. Ich habe schon viele Länder besucht, aber Südafrika ist das einzige Land, aus dem ich stets glücklich und zufrieden nach Hause zurückkehre.

15

Die Statue auf dem Trafalgar Square

Im Januar 1999 erhielt ich einen Anruf von einem Künstler namens Marc Quinn. Ich hatte diesen Anruf bereits erwartet, weil Peter Hull mich Marc Quinn empfohlen hatte, der an einer Serie von Statuen von behinderten Leuten arbeitete, für die Peter selbst Modell gestanden hatte. Was war das wohl für ein Irrer, der Skulpturen von Behinderten machte? Ich fand das äußerst seltsam und war auf der Hut. Möglicherweise gehörte er zu den Leuten, die das Thema Behinderung ausbeuteten und als Kuriosität vermarkteten. Als wir dann miteinander sprachen, merkte ich jedoch, dass Marc eine andere Form der Darstellung von Behinderung im Sinn hatte als die meisten Leute. Er moralisierte nicht und wollte nicht mit Mitgefühl hausieren gehen, und genauso wenig ging es ihm um eine Freakshow oder um ein wie auch immer geartetes, sexuelles Interesse.

Er sagte, dass antike Skulpturen wie die Venus von Milo, an denen der Zahn der Zeit seine Spuren hinterlassen hat, heute auch ohne Arme oder Beine als Inbegriff von Schönheit gelten. Innerhalb des kunstgeschichtlichen Kontextes, den diese Werke boten, wollte er ebenso schöne Skulpturen von Menschen schaffen, die bereits ohne Gliedmaßen geboren worden waren. Ihn interessierte die Frage, warum unsere Körper als unvollkommen betrachtet werden, während diese antiken Skulpturen als höchster Ausdruck des Schönen gelten. Wie kommt das? Worin besteht der Unterschied? Niemand hatte versucht, der Venus von Milo neue Arme zu basteln und sie ihr anzukleben. Die Venus von Milo hielt man so, wie sie war, für vollkommen. Marc sagte, wenn in Kunst und Wissenschaft Behinderung vorkomme, dann immer nur als eine Art Jahrmarkt der Unvollkommenheiten, auf dem man sie unweigerlich als grotesk oder hässlich vorführte. Er wolle etwas anderes machen – er wolle etwas Schönes schaffen, etwas, das zeige, dass der Körper eines Behinderten schön sein kann.

Schon seit Jahren beschäftigte ich mich in meiner eigenen Arbeit mit solchen Fragen, und ich hatte nicht den Eindruck, dass er diese Skulpturen aus falschen, unlauteren Motiven machte – kurz gesagt, er überzeugte mich. Marc freute sich über mein Interesse und wollte mich unbedingt treffen, aber mir ging es damals gerade furchtbar schlecht. Ich erklärte ihm, dass ich leider nicht für ihn Modell sitzen könnte. Und damit war die Sache für mich erledigt. Es würde keine Marc-Quinn-Statue von Alison Lapper geben.

Es tat mir sehr Leid, absagen zu müssen. Mein Freund Pete hatte mir erzählt, wie viel Spaß es gemacht habe, mit Marc zu arbeiten. Ich wusste auch, dass Marc einer der wichtigsten britischen Künstler der Gegenwart war und dass die Zusammenarbeit mit ihm eine außerordentlich interessante Erfahrung sein würde.

Ein Jahr verging, und aus heiterem Himmel rief Marc mich erneut an. Er fragte, wie es mir ginge und ob ich jetzt bereit sei, für ihn Modell zu sitzen. Er hätte nach wie vor großes Interesse daran. Ich musste lachen und erklärte ihm, dass das im Moment wohl kaum in Frage käme, da ich bald im siebten Monat schwanger sei. Seine Antwort verblüffte mich, und sie ist bezeichnend für seine Aufgeschlossenheit und unkonventionelle Sichtweise: »Umso besser!«, sagte er.

Vor Überraschung brachte ich zunächst kein Wort heraus. Das ist doch verrückt, dachte ich. Sollte ich das wirklich machen? Ich kam mir vor wie eine Tonne, und das Kind in meinem Bauch verursachte mir starke Rückenschmerzen. Ich konnte fast nicht mehr laufen und hatte ständig das Gefühl, nach vorn zu kippen. Aber seine Begeisterung und Offenheit hinsichtlich meiner Schwangerschaft überzeugten mich.

Noch lange nach dem Telefonat dachte ich darüber nach. Die Idee hatte etwas Faszinierendes, und gleichzeitig machte sie mich nervös. In den meisten Gesellschaften, auch heute noch in England, werden schwangere Frauen nicht als schön empfunden. Kleinwüchsige Menschen, denen beide Arme fehlen, gelten im Allgemeinen als noch weniger schön. Und ich vereinte gerade beide Nachteile in mir. Wie konnte Marc nur davon ausgehen, dass ich das geeignete Objekt für eine Skulptur war, die sich die Leute ansehen wollten? Skulpturen werden geschaffen und aufgestellt, um bewundert zu werden und dem Auge zu gefallen. Würde irgendjemand die Statue einer nackten, schwangeren behinderten Frau bewundern?

Einige Tage später rief mich Marc wieder an, um sich zu vergewissern, dass ich immer noch für ihn Modell sitzen wollte, und wir sprachen erneut über seine Herangehensweise und die Idee, die dieser Statue zugrunde lag. Ich hatte das Gefühl, in Marc einen Geistesverwandten gefunden zu haben. Seit vielen Jahren schon war mein nackter Körper ein wesentlicher Bestandteil meines künstlerischen Schaffens, und auch Marc Quinn hatte seinen nackten Körper immer wieder in seine Arbeit einbezogen.

Insofern wäre eine solche Skulptur natürlich auch die konsequente Fortführung meiner eigenen Arbeit gewesen, etwas, das ich selbst hätte machen sollen. Allerdings konnte ich mir an diesem Punkt meiner künstlerischen Laufbahn keinen großen weißen Marmorblock kaufen und auch sonst nicht die nötigen Mittel aufbringen, um eine Statue von mir anzufertigen. Doch trotz aller Bedenken wusste ich, dass dies vermutlich eine einmalige Gelegenheit war. Ich würde vielleicht nie wieder schwanger werden. Und selbst wenn ich eine solche Skulptur zustande brächte, würde sie wahrscheinlich niemals den Weg in die großen Galerien finden und die Aufmerksamkeit erlangen, die Marcs Statue zuteil werden würde.

Ich legte Marc meinen Standpunkt ganz ehrlich dar. Er verstand meine Bedenken und sprach mit mir auch über meine Ansichten als Künstlerin, nicht nur als Modell. Das machte ihn mir noch sympathischer, und mein Vertrauen zu ihm wuchs. Bald stand mein Entschluss unumstößlich fest: Ich wollte das Modell für diese Statue sein!

Die Herstellung des Abdrucks würde für alle Beteiligten ein mühsamer und langwieriger Prozess werden. Ich wusste, was auf mich zukam, da ich das Verfahren von meinem Studium her kannte, als ich für die Abschlussausstellung selbst Gipsabdrücke von mir angefertigt hatte. Und durch die Besuche in den Werkstätten im Heim, wo man mich ständig vermessen hatte, kannte ich auch diesen Teil der Prozedur. Ich erklärte Marc also, dass ich bereit sei, für die Statue Modell zu sitzen.

Es war ein kalter Tag Ende November. Marc ließ mich von einem Wagen in Shoreham abholen. Er war davon ausgegangen, dass ich bei meiner Ankunft in London müde und hungrig sein würde, da ich mich im letzten Stadium meiner Schwangerschaft befand, und hatte für etwas zu essen gesorgt. Was diese Dinge betraf, war er wunderbar. Nach dem Essen redeten wir über die nächsten Schritte. Er drängte mich nicht, und insgesamt war die Atmosphäre angenehm. Das Filmteam der BBC war anwesend, um wieder Aufnahmen für *Child of our Time* zu machen, was eine gewisse Spannung erzeugte, aber Marc achtete darauf, dass alles im Rahmen des Erträglichen blieb. Er war freundlich und ruhig und führte mich sehr behutsam an die Sache heran.

Das Atelier war eine Art große Schuhschachtel, ein weißer,

nüchterner Raum, in dem sich meine Helferin, Marc, sein Chefassistent Noel, zwei weitere Assistenten, die zwei Leute von der BBC und natürlich ich aufhielten. Als der Zeitpunkt gekommen war, an dem ich mich ausziehen sollte, wurde ich ein wenig nervös, was seltsam war, weil ich es gewohnt bin, nackt gesehen zu werden.

In einer Ecke des Raums befand sich eine Art Umkleidekabine mit einer Dusche. Dort legte ich meine Kleider ab und trat in das gleißende Licht des Ateliers. Marc nahm mir den kurzen Bademantel von den Schultern. Darunter war ich nicht ganz nackt, sondern ich hatte die Unterhose anbehalten, und zwar eine alte, da ich wusste, dass sie zerrissen würde, wenn die Gipsabdrücke abgenommen wurden. Als Marc mich auf die harte Tischplatte hob, war ich noch immer nervös. Sie musste hart sein, damit meine Konturen deutlich hervortraten. Ich hätte natürlich viel lieber auf einem weichen, bequemen Sofa gesessen, aber mein Körper durfte nicht abgepolstert werden, wenn der Abdruck gelingen sollte.

Als Erstes schmierten sie jeden Quadratzentimeter meines Körpers mit Vaseline ein, die ein unangenehmes Kältegefühl auf der Haut verursachte. Die Vaseline musste sehr sorgfältig verteilt werden, denn wenn sie auch nur ein Fleckchen ausließen, würde das Abnehmen des Gipses furchtbar wehtun. Mittlerweile hatte ich jede Scham verloren, nackt vor zwei mir völlig unbekannten Männern zu sitzen. Marc plauderte die ganze Zeit über mit mir, so als sei es nichts Besonderes, und das half mir. Er hatte eine klare Vorstellung davon, was er wollte – ich sollte beispielsweise sitzen und nicht stehen –, trotzdem sprachen wir darüber, welche Pose ich am besten einnehmen sollte. Welche war halbwegs bequem für mich, welche brachte die Linien und Konturen am besten hervor? Auf diese Weise entstand das Gefühl einer echten Zusammenarbeit.

Nach der Vaseline kamen die Gipsbinden, mit denen sie

mich Schicht um Schicht bedeckten. Zuerst war die Vorderseite meines Oberkörpers dran, dann meine Beine, der Rücken und zum Schluss Hals und Kopf. Das Verfahren erstreckte sich über mehrere Stunden, in denen ich fast nur Flüssigkeit zu mir nehmen konnte. Gegen Ende zu wurde ich sehr müde.

Marc und seine Assistenten gingen überaus penibel vor. So gipsten sie die Vorderseite eines Beines ein und machten davon einen Abdruck. Dann wiederholten sie das Ganze mit der Rückseite des Beins und hatten am Ende zwei Teilabdrücke, die zusammengefügt wurden, um eine dreidimensionale Form zu erhalten. Am vorderen Abdruck ließen sie einen schmalen Rand überstehen, genauso am hinteren. Dann nahmen sie exakt Maß, um sicherzugehen, dass der endgültige Abguss meines ganzen Körpers tatsächlich einen Abdruck von mir und nicht einen Abdruck plus Teile des überstehenden Randes darstellte. Zum Schluss hatten sie Hunderte von Teilabdrücken und Fotos von mir gemacht, mit denen sie ein nahezu perfektes Ergebnis erzielen konnten.

Der Abdruck meiner Beine stellte sie vor besondere Probleme. Ich erinnerte mich daran, wie die Männer in den Werkstätten des Kinderheims bei der Anfertigung der künstlichen Beine, mit denen ich damals noch herumlief, vorgegangen waren. Ich erzählte Marc von ihren Methoden, und er übernahm sie sofort, so dass wir mit der Arbeit fortfahren konnten.

Als sie sich daran machten, mein Gesicht mit Vaseline einzuschmieren, und dann die feuchten Gipsbinden auflegten, wurde mir etwas mulmig zumute. Ich hatte das Gefühl, in einer Art weißer Hölle eingeschlossen zu werden, aus der ich niemals wieder herauskäme. Ich konnte noch hören, was um mich herum geschah, und ich konnte atmen, aber ich konnte nichts sehen und nicht sprechen. Mein Mund ist wie eine Extremität für mich. Ich male und schreibe mit ihm. Wenn ich ihn nicht benutzen kann, habe ich keine Möglichkeit, die Leute wissen zu lassen, was ich will oder brauche. Aber erneut schaffte es Marc, mich zu beruhigen. Er versicherte mir immer wieder, dass alles in Ordnung sei, dass es nicht mehr lange dauern würde, und wenn ich tatsächlich irgendwelche Probleme hätte, müsste ich das einfach nur durch eine Bewegung meines Kopfes zu verstehen geben, und sie würden mir den Gips sofort abnehmen. Als sie anfingen, die Streifen der Gipsbinden aufzulegen, bekam ich einen Lachanfall, und sie mussten warten, bis ich mich wieder unter Kontrolle hatte. Schließlich war es so weit, und sie konnten die Arbeit fortsetzen. Zunächst fühlte sich der Gips auf meinem Gesicht sehr kalt an, aber als er zu trocknen begann, wurde er schnell warm und dann heiß, sehr heiß. Es war wie in einem Backofen. Den ganzen Tag über war ich abwechselnd extremen Hitze- und Kälteempfindungen ausgesetzt.

Sie legten Schicht um Schicht von den Gipsbinden auf, bis schließlich auch meine Augen bedeckt waren. Nur meine Nasenlöcher ließen sie frei, damit ich atmen konnte. Ich saß ganz still da, um mich herum nur klaustrophobische Dunkelheit, und wartete darauf, dass der Gips trocknete. An zwei Dinge an diesem Tag erinnere ich mich besonders gut: an die endlosen Minuten, in denen ich vollkommen still sitzen musste, während der Gips trocknete, und daran, dass ich mich immer weniger in einer aufrechten Position halten konnte, weil mein Rücken nicht mehr mitmachte. Irgendwann musste Marc sich hinter mich knien und mich stützen, weil ich selbst dazu nicht mehr imstande war. Mit der Zeit verlagerte ich mein Gewicht immer stärker auf Marc, und er musste sich mächtig anstrengen, damit ich in meiner ursprünglichen Position blieb.

Es schien eine Ewigkeit zu dauern. Da ich nicht mit dem Kopf nicken durfte, hatte es auch keinen Sinn, mich zu fragen, ob ich noch durchhielte. Endlich war der Gips trocken, und sie nahmen ihn ab. Mein ganzes Make-up – der Lippenstift, Eyeliner, Lidschatten und die Grundierung – war von der Vaseline aufgenommen worden und hatte sich auf die Innenseite des Abdrucks gelegt. Es war seltsam, in die Maske zu sehen und dort mein spiegelverkehrtes Gesicht zu erblicken.

Trotz der dicken Vaselineschicht hing der Gips an meiner Haut fest, möglicherweise wegen all der feinen Körperhaare. Als sie den Abdruck von meinem Unterkörper und den Hüften abnehmen wollten, merkten sie, dass der trockene Gips fest an meiner Unterhose haftete – genau wie ich es mir gedacht hatte. Sie mussten ihn sehr vorsichtig ablösen, damit der Abdruck nicht beschädigt wurde. Dabei mussten sie meine Unterhose mit der Schere in kleine Fetzen zerschneiden.

Außer in der Zeit, als mein Gesicht mit den Gipsbinden bedeckt war, redeten Marc und ich an diesem Tag sehr viel, unter anderem über meine Entwicklung als Künstlerin und den Effekt, den die Schwangerschaft auf meine Arbeit hatte. Wir sprachen auch darüber, dass ich mich nach wie vor nur am Rand der Kunstwelt bewegte und ich mir noch immer wie jemand vorkam, der das Ganze von außen betrachtete. Er erzählte, wie er sich langsam und stetig seine Position und seinen Ruf erarbeitet hatte. Es ging dabei vor allem darum, produktiv zu sein und mit der Qualität des Werks zu überzeugen. Mit zunehmender Bekanntheit konnte Marc in ein größeres Atelier umziehen und teurere Materialien verwenden und somit komplexere und ungewöhnlichere Kunstwerke schaffen. Ich erklärte ihm, dass ich nicht alle seiner Arbeiten mochte und mir einige überhaupt nichts sagten, was ihm aber nichts auszumachen schien. Er wurde mir von Stunde zu Stunde sympathischer – er hatte in seinem Verhalten, aber auch bei seiner Art zu arbeiten etwas Direktes und Bodenständiges. Er vermittelte mir den Eindruck, inmitten des ganzen Drecks und der Anstrengung bei mir zu sein, und er ging die Sache so praktisch wie möglich an und war nicht so abgehoben, distanziert oder reserviert, wie es manch andere Künstler bei ihrer Arbeit sind.

Schließlich hob mich Marc vom Tisch und machte dabei Scherze darüber, dass ich ziemlich schwer sei, nun, da ich auch noch ein Kind mit mir herumtrug. Ich muss zu diesem Zeitpunkt einen schönen Anblick abgegeben haben! Jedes Mal, wenn sie einen Teil des Abdrucks abgenommen hatten, waren unzählige winzige Gipsstückchen an mir haften geblieben. Zum Schluss war ich übersät von diesem Zeug, das entsetzlich juckte. Ich war vollkommen erschöpft. Es war ein himmlisches Gefühl, als ich schließlich unter der Dusche stand und mir die Gipsbröckchen abwusch und als mich dann meine Helferin mit einem flauschigen Handtuch abtrocknete. Nicht lange danach ließ ich mich auf die Rückbank des Autos fallen und spät in der Nacht nach Shoreham zurückfahren.

Bis die Statue vollendet war und ihre endgültige Form erhielt, vergingen einige Monate. Bald darauf, Parys war damals fünf Monate alt, fragte mich Marc, ob ich bereit sei, ihm zusammen mit Parys für eine weitere Skulptur Modell zu sitzen. Die Vorstellung, dass es auch eine Version von mir mit flachem Bauch und dem vom Stillen üppigen Busen geben sollte, gefiel mir. Außerdem schmeichelte es mir natürlich, dass Marc eine zweite Statue von mir machen wollte. Allerdings konnte ein fünf Monate altes Baby schlecht eingegipst werden, daher legte Marc Parys ins Bett, fotografierte und vermaß ihn und fertigte auf dieser Grundlage eine Skulptur von ihm an.

Ein paar Monate später lud er mich zur Eröffnung seiner Ausstellung in der Londoner Galerie Cube2 ein. Alles, was Rang und Namen in der Szene hatte, versammelte sich bei diesem Ereignis. Sogar das japanische Fernsehen war gekommen und machte Aufnahmen von mir. Die Skulptur von Parys und mir rief viel Interesse beim Publikum hervor. Der glatte weiße Marmor und die Art, wie Marc mit der Form umgegangen war und dabei ein, wie ich fand, vollendetes Werk geschaffen hatte, raubte mir schier den Atem. Ich war hingerissen. Natürlich kamen in der Galerie eine Menge Leute auf mich zu und stellten mir Fragen, lobten die Arbeiten und wünschten mir alles Gute. Ich genoss die Aufmerksamkeit, doch es war Marcs Werk, es war seine Konzeption und Ausführung. Ich war nur das Modell.

Nachdem ich mir die Skulpturen eine Zeit lang angesehen hatte, wurde mir etwas klar: Der Marmor hatte kein Leben in sich, keine Persönlichkeit. Ich fand es natürlich aufregend und toll, hier zu sein, aber gleichzeitig hatte ich das Gefühl, mit den Statuen nichts zu tun zu haben. Sie machten auf mich eher den Eindruck von Totenmasken. So würde ich aussehen, wenn ich tot war, dachte ich. Es war, als stünde ich einer stillen, leblosen Alison gegenüber. Sie waren ganz anders als ich. Was mir an den Statuen jedoch nach wie vor außerordentlich gefiel, war ihr Glanz. Der weiße Marmor glitzerte förmlich, und in dieser Hinsicht glichen sie mir dann doch wieder, denn ich liebe alles Funkelnde.

Ich hatte damals eigentlich keinen Gedanken daran verschwendet, was nach der Ausstellung aus den Statuen werden würde. Sie verkörperten eine Idee, mit der Marc gespielt hatte und aus der ein wunderbares Werk entstanden war, aber ich glaube, nicht einmal er wusste, was er später mit ihnen anfangen sollte. Jedenfalls hoffte ich, dass die Verbindung zu Marc nicht abreißen würde, egal, welches Schicksal die Statuen erwartete.

Ich hatte immer den Eindruck, dass er sich wirklich für mich und meine Kunst interessierte und mich sogar fördern könnte, wenn ich auch nicht wusste, in welcher Form. Vielleicht würde es ja schon reichen, dass ich auf seinen Vernissagen Leute aus der Kunstwelt kennen lernte. Was Marc genau von mir dachte, wusste ich nicht, aber ich stellte fest, dass er immer, wenn die

Sprache auf die Skulpturen kam oder wenn er interviewt wurde, sagte, wer ich war und was ich machte. Er versuchte nie, mich im Verborgenen zu halten. Und doch war mir klar, dass ich im Wesentlichen das Modell für sein Werk war. Nicht mehr und nicht weniger. Bei dieser ersten Ausstellung konnte ich noch nicht wissen, dass die Geschichte zwischen der echten Alison und der von Marc geschaffenen Statue eine Fortsetzung finden würde.

Ich kehrte nach Shoreham zu meiner eigenen künstlerischen Arbeit zurück. Und dann wartete da natürlich Parys auf mich, um den ich mich zu kümmern hatte.

Vier Jahre zogen ins Land, und dann rief mich eines Tages Marc an, um mir mitzuteilen, dass er die Statue – *Alison Lapper, Pregnant* – bei einem Wettbewerb eingereicht hatte, und falls er ihn gewinnen würde, sollte eine wesentlich größere Version davon auf dem Trafalgar Square aufgestellt werden. Ich wünschte ihm viel Glück und vergaß die ganze Angelegenheit. Es schien sehr unwahrscheinlich, dass sie die Statue einer nackten, schwangeren, behinderten Frau auswählen würden, um sie neben denen von Lord Nelson, Charles I. und anderen bedeutenden historischen Persönlichkeiten, die dort bereits standen, aufzustellen. Ich fuhr mit Freunden in Urlaub nach Südafrika, um am Strand von Kapstadt faul in der Sonne herumzuliegen, und dachte nicht mehr an die Geschichte.

Weitere vier Wochen vergingen. Ich saß gerade am Strand und nippte an einem eisgekühlten Drink, sehr zufrieden damit, wie braun ich schon war, als Marc mich auf meinem Handy anrief. *Alison Lapper, Pregnant* war für den vierten Sockel ausgewählt worden! Ich war vollkommen hin und weg – zu diesem Zeitpunkt konnte ich ja auch noch nicht ahnen, welche Kontroverse diese Entscheidung auslösen würde. Die ersten Kommentare waren überwiegend kritischer Natur und recht geringschätzig. Schlechte Kunst. Allzu sehr um politische Korrektheit bemüht. Andere hätten es eher verdient. Nach einer Weile erschienen in den Zeitungen dann die ersten Berichte über meine Geschichte, die Geschichte des Modells. Die Stimmung änderte sich. Einige Kritiker hielten sich jetzt in ihrer Kritik etwas zurück, andere fingen an, das Konzept zu loben und Artikel über mich zu schreiben, in denen ich als allein erziehende Mutter beschrieben wurde, die tapfer die mit ihrer Behinderung verbundenen Schwierigkeiten meistert.

Ich war in sämtlichen Fernsehsendern zu sehen, und man stellte mir die üblichen Fragen. Was sagte ich dazu, die Königinmutter ausgestochen zu haben? Was war es für ein Gefühl, dass mich die halbe Welt nackt sehen würde? Auf die erste Frage sagte ich, na ja, gut, eine Statue der Königinmutter wäre wohl etwas altbacken und keine besonders aufsehenerregende Wahl gewesen. Wir schreiben schließlich das 21. Jahrhundert. Und die Nacktheit? Nun, Nacktheit bereitet mir schon lange keine Probleme mehr. Mein ganzes Haus ist voller Kunstwerke, die mich nackt zeigen. Mein Sohn sieht sie. Jeder sieht sie. Die Leute, die sich gegen die Statue aussprechen, tun das meiner Meinung nach meistens deswegen, weil dadurch ihre eigenen Vorurteile ans Tageslicht befördert werden – dass sie nämlich Probleme mit dem nackten Körper, mit Schwangerschaft und Behinderung haben. Vielleicht wird ihnen die Statue mit der Zeit, wenn sie sich an ihren Anblick gewöhnt haben, helfen, sich wohler in der eigenen Haut zu fühlen, und das ist eine echte Befreiung – so habe ich es jedenfalls erlebt.

Als die beiden Skulpturen, die Marc von mir gemacht hatte, in der Liverpool Tate gezeigt wurden, bat man mich, dort öffentlich etwas darüber zu erzählen. Dabei hatte ich auch Gelegenheit, über meine eigene Arbeit zu sprechen. Die Zuhörerschaft bestand im Wesentlichen aus Behinderten, worüber ich mich durchaus gefreut habe, aber gleichzeitig hätte ich gerne zu einem etwas breiteren Publikum gesprochen. Für mich stellte das wieder einmal die gesamte gesellschaftliche Debatte über Behinderung in Frage. Ich habe den Eindruck, dass sich die nichtbehinderte Mehrheit davon nicht weiter berühren lässt. Sie interessiert sich nicht dafür, etwas über dieses Thema zu erfahren oder die ästhetische Schönheit zu sehen, die in der Darstellung von behinderten Körpern liegen kann. Wenn wir an einem Strand entlanggehen und einen Stein mit einem Loch darin finden, sehen wir ihn nicht mit Abscheu an, nur weil die meisten anderen Steine keine Löcher haben. Im Gegenteil, wir sind möglicherweise fasziniert von der Vielfalt an Formen, auf die uns der Stein mit dem Loch aufmerksam gemacht hat. Aber auf die menschliche Form, die sich zu weit von der gültigen Norm entfernt, reagieren wir vollkommen anders.

Man hat mir vorgeworfen, eine schlechte Künstlerin zu sein, und behauptet, dass ich deswegen nichts verkaufe, aber ich kann das nicht glauben. Meiner Ansicht nach stimmt es einfach nicht. Ich glaube, der Gegenstand meiner Kunst ist zur Zeit schlichtweg noch zu provozierend und verstörend. Die Leute wissen nicht, wie sie damit umgehen sollen, sie haben keinen Maßstab und noch keinen Sinn dafür entwickelt. Und aus diesem Grund hatte ich bislang keinen Erfolg als Künstlerin. Jemand sagte mir einmal: »Kein Mensch will das Bild eines Behinderten bei sich zu Hause über dem Sofa hängen haben, Alison.« Das ist wohl richtig, aber eine der Aufgaben der Kunst besteht meiner Meinung darin, die Sicht auf die Welt zu ändern. Ich glaube, dass meine Arbeit den Leuten helfen wird, Behinderung in einem neuen und positiven Licht zu sehen. Ich habe öfter mit Marc darüber gesprochen, und bei diesen Gesprächen hat er mir immer wieder gesagt, dass ich am Ball bleiben soll, dass ich meine Arbeit weiterverfolgen soll. Und das werde ich wohl auch tun. Ich habe jedenfalls nicht vor, jemals meine künstlerische Arbeit aufzugeben.

Im Moment bin ich hin- und hergerissen, ob ich weiterhin

Werke schaffen soll, bei denen es um Behinderung geht, oder ob ich in meiner Arbeit eine ganz neue Richtung einschlagen soll. Ich bin bisher zu keiner Entscheidung gekommen. Soll ich mich tatsächlich gerade jetzt als Gegenstand meiner Kunst aufgeben, da die Statue von Marc so viel Aufsehen erregt? Dabei quält mich natürlich auch die Frage, wie ich Marcs Statue, die immerhin auf dem Trafalgar Square stehen wird, jemals übertreffen kann. Ich halte sie in vielerlei Hinsicht für das ultimative Statement zum Thema Behinderung: dass Behinderung eine ebenso schöne wie anerkennenswerte Form des Lebens sein kann wie jede andere auch.

Die Statue hat natürlich einen immensen Einfluss auf mein Leben. Meine eigene künstlerische Arbeit ist dadurch in den Blick einer breiteren Öffentlichkeit geraten. Eine bedeutende Galerie im West End bot mir eine Ausstellung an, und ich erhielt die Aufforderung, der Gruppe der Britart-Künstler bei Eyestorm beizutreten. Journalisten aus aller Welt haben Interviews mit mir geführt, und sie haben mich nicht nur nach meinem Leben als allein erziehende, behinderte Mutter gefragt, sondern auch nach meiner Arbeit. Noch lässt sich nicht sagen, welche Wirkung die knapp fünf Meter hohe Statue auf dem Trafalgar Square auf die Leute haben wird. Ich denke jedenfalls, sie wird eine große Wirkung haben, egal, ob man sie mit eigenen Augen auf dem Sockel oder als Abbildung in einer Zeitschrift oder Zeitung sieht. Ich glaube, die Leute werden neugierig auf Ms Alison Lapper werden und mehr über diese Person und darüber, wie sie ist, wissen wollen. Und ich glaube, ich werde die Aufmerksamkeit genießen – denn das tue ich normalerweise.